寻路 走向西南联大

[日] 楠原俊代 —— 著

卢连涛 尤伟琼 —— 译

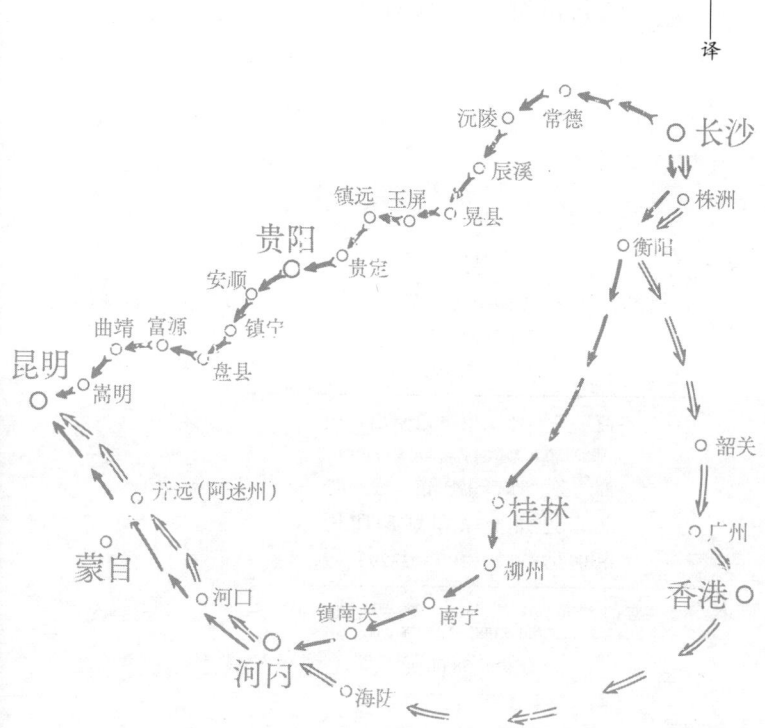

商务印书馆
The Commercial Press

图书在版编目（CIP）数据

寻路：走向西南联大 /（日）楠原俊代著；卢连涛，尤伟琼译．—北京：商务印书馆，2024
ISBN 978-7-100-23293-7

Ⅰ.①寻… Ⅱ.①楠… ②卢… ③尤… Ⅲ.①西南联合大学—校史 Ⅳ.① G649.287.41

中国国家版本馆 CIP 数据核字（2024）第 003786 号

权利保留，侵权必究。

寻路
走向西南联大
〔日〕楠原俊代　著
卢连涛　尤伟琼　译

商 务 印 书 馆 出 版
（北京王府井大街36号　邮政编码100710）
商 务 印 书 馆 发 行
北京通州皇家印刷厂印刷
ISBN 978-7-100-23293-7

2024年8月第1版　开本 880×1230　1/32
2024年8月北京第1次印刷　印张 10⅛
定价：58.00元

"西南联大文库"学术委员会

主　任：张昌山
副主任：安学斌
委　员：王文光　刘兴育　戴美政　吴宝璋　邹建达
　　　　殷国聪

"西南联大文库"编委会

主　任：张祖武　胡金明
副主任：李　宏　降富楼　孟庆红　牛治亮　武友德
　　　　郝淑美　甘健侯　陈正权　孙　剑　徐　锐
委　员：林卫东　余冰释　包云燕　李永明　张广斌
　　　　陈玉林　殷国聪　徐　波　李红英　邹建达
　　　　李　立

中译本序一

如俗话所说"好事多磨",日本女学者楠原俊代教授的《抗日战争时期中国知识分子研究——又一次长征:通往国立西南联合大学之路》一书中文译本终于和读者见面了。作为将此书介绍给中国朋友以及为此书中文译本出版搭桥的人,我了却了一桩早有的心愿,深感欣慰。

我和楠原教授最初结识是在 20 世纪 90 年代。当时我在日本京都做访问学者,曾数次参加时任京都大学人文科学研究所所长竹内实先生主持的现代中国研究会的研讨活动。楠原教授是聚会中不多见的女学者之一,听说她在同志社大学教中国语和中国现代文学,但我们之间仅限于礼节性的泛泛之交。也是在那前后,竹内实先生把他们合作编撰出版的《中国近现代论争年表》赠给我,我发现楠原教授是该书合作者之一,具体负责 1921 年至 1923 年中国现代文学论争部分的资料搜集与整理。后来,我更有幸拜读过楠原教授研究鲁迅、闻一多和韦君宜等中国作家的论文和专著,粗浅的印象是她虽为女性,也关注中国女作家及其作品,但对中国现代文学的兴趣比较广泛,视野开阔,且见识不俗。其中,这本研究中国西南联合大学的论著便是其代表论著之一,内容涉及中国现代作家、中国现代教育史以及中国抗日战争史等多方面内容。此书无论是在日本的中国文学研究界还是在海外研究中国西南联大的学术成果中都堪称翘楚，值得中国相关领域的读者了解与重视。

据我自己的有限了解，至今海外关于西南联大的介绍与研究论著屈指可数，少见有人提到楠原教授和她的这本著作。楠原教授当初送书给我，原意为对我送她《中国近现代论争年表》中译本的回赠，似乎并未想到能译为中文并出版，如今看到自己的研究论著译为中文面世，她无疑会喜出望外。

楠原教授在本书中将西南联大办学的艰难历程比喻成现代中国史上的"又一次长征"，在国内外西南联大研究中好像还没看到过类似的角度与评价，堪称既新颖又发人深省。西南联大或可称为"文化与教育长征"。比如，当初北大、清华和南开三校南迁时，开始师生们大都尽量乘坐火车或汽车等交通工具，即使最后从长沙到昆明一段步行跋涉，也主要是身体较强壮的300多名男生外加十几位教授，而且有国民党军队一路护卫。据说各地土匪虽不知书也能达理，从未抢劫过师生；师生每走一小时还要喝茶，走四十里则要休息等。然而，这一次现代中国空前的文化教育界"长征"，其所象征的文化自信心以及最终取得的教育成就，亦堪称举世罕匹。或者可以说，中国人民的抗日战争能够由守转攻并由败转胜，在某种意义上端赖长久历史积淀下如此深厚、顽强的文化自信心。可惜愚蠢如日本战争狂人并不愿意知道，中国孔圣人在匡地受到围困时宣称的"天之未丧斯文也，匡人其如予何"的宏旨与深意，否则不至于漂洋过海到华夏大地自掘坟墓。而如此深刻的文化哲理，竟由一位日本女学者在西南联大的研究中揭示并演绎出来，确实既耐人寻味又发人深省，很值得中外读者认真琢磨或推敲。

在欣慰楠原教授这本论著中译本完成并出版的时候，不能不想到云南师范大学龙美光先生的主动筹划和不懈努力。我和龙美光先生交往已久却尚未谋面，至今仍属于借助电话和电子邮件交往的文友，彼此以互通文史信息为乐事。我知道当初龙美光先生在昆明一所中学任教时，已对西南联大研究情有独钟并初露锋芒，在调入云南师范大学工作后更聚拢了不少志同道合的好友，对西南联大研究矢志不移。本书的出版，是他和好友尤伟琼、卢连涛等人不惮挫折、不倦笔耕的又一可喜成果，无论楠原教授、我还是中外读者，都由衷感谢他们的辛勤劳作。

是为序。

程麻

2017 年 7 月于北京德胜门外

（作者系中国社科院研究员）

中译本序二

时势造英雄,时代著历史。

日寇的全面侵华,直接触发了中华儿女全民族抗战的爱国激情,铸就了我国抗敌史上不朽的篇章。西南联大,就是这一不朽篇章中辉煌壮丽的一页。

卢沟桥事变爆发后,平津相继沦陷,北京大学、清华大学等知名学府纷遭罹难,南开大学更被夷为废墟。面对强寇的暴行,南开校长张伯苓公开发表演讲:"敌人此次轰炸南开,被毁者为南开之物质,而南开之精神,将因此挫折而愈益奋励。故本人对于此次南开物质上所遭受之损失,绝不挂怀,更当本创校一贯精神,而重为南开树立一新生命。本人惟有凭此种精神,绝不稍馁,深信于短期内,不难建立一新的规模。"张伯苓所言新生命、新规模,当然指在四川、重庆等地兴办的南开系列学校,同时也当包括北大、清华、南开三校行将迁校合办的西南联合大学。

1939年1月,日本《大阪每日新闻》以较大篇幅报道了中国高校内迁的情形。其中说:"虽然各大学、专门学校通过联合或者合并等方式实现开学,但都面临着校舍紧张、设备不足或者因多次迁校导致学生容纳力激减等问题。……据说更早已通过迁校的方式开学的西南联大,虽然这个新学期的申请者超过6000人,但

寻路：走向西南联大

是获得入学许可的不超过 500 人。大学的状况已然如此，中等学校以下就更不用说了。"然而，令侵略者没想到的是，这些受战争之苦而颠沛流离的大学和中等学校，不仅没有衰落，反而愈挫愈勇，愈办愈强，最终都成了抗日战争的中坚力量。

西南联大的前身为国立长沙临时大学，系当时正式办成的两所临时联合大学之一（另一所是国立西安临时大学，后改称国立西北联合大学）。长沙临时大学，名副其实，只存在了三个月。这三个月，却奠定了北大、清华、南开三校爱国师生在民族危亡的紧要关头，抗战到底、联合到底的办学根基。

1938 年 4 月 2 日，国立长沙临时大学改称国立西南联合大学。从"临时"而为"联合"，从中表达着中国高等教育誓与全民族抗战相始终、克底于成的坚定信念和坚强决心。因之，这三个月的临时大学以及后来办学长达八年的西南联大，在我国近现代教育史上，有着划时代的伟大意义。这也是西南联大在昆明完全立足后，将长沙临时大学开课时间 1937 年 11 月 1 日定为校庆日的原因。

不过，在长沙临时大学建立前，三校师生都经历了怎样的艰难与波折？会聚长沙后，三校如何完成真正的学术文化大联合？三个月的短暂办学后，长沙临大是怎样决策迁校的？其迁校情形又是怎样？这些，是关心西南联大播迁情形的同道必然关心的问题，也是我们揭开长沙临大办学的种种谜团，读懂西南联大这所战时大学的办学精神，所应探求的历史真实。

日本同志社大学楠原俊代教授的《寻路：走向西南联大》（日文原名『日中戦争期における中国知識人研究——もうひとつの長征・国立西南聯合大学への道』），就是这样一部探究长沙临时

中译本序二

大学办学历史的著作。她在书中翔实地回答了上述问题。更为重要的是，她从一个日本学者的视角，客观忠实地书写了一段中国文化抗战史、教育抗战史。

这部著作用不少笔墨追溯了战时中国高校内迁的背景，尤其是长沙临时大学从平津迁至湖南的种种情形。日文书名中的"长征"一词，源于中国工农红军的二万五千里播迁征战，也源于西南联大校歌开头的"万里长征，辞却了五朝宫阙"一句。因而，本书所谓"长征"，广义上指从平津迁长沙，再迁云南的这一段艰难困苦的万里征程，狭义上就指横跨湖南、贵州、云南三省三千五百里的步行小长征，亦即书中重点介绍的湘黔滇旅行团的壮举。

楠原教授搜罗中日两国印行的大量原版历史文献，将长沙临时大学，尤其是湘黔滇旅行团的故事娓娓道来，这增进了日本学术界、文化界、教育界对中国抗日战争真相的了解，也从高等教育史的视野彰显了中华民族不屈不挠的强大精神力量。

内迁高校复员后，海内外出现了多部可圈可点的西南联大主题作品。图书方面，最早出版的是联大外籍教授罗伯特·白英（Payne Robert）的《中国日记》（*Chinese Diaries: 1941—1946*），这本书至今没有中文全译本。已经译成中文出版的著作中，广为人知的是美国弗吉尼亚大学教授易社强（John Israel）的《革命与战争中的西南联大》（*Lian Da: A Chinese University In War and Revolution*），该书英文版于1999年出版，而楠原教授这本书的日文版面世于1997年，应该是第一部在海外出版的西南联大研究专著，也是第一部研究湘黔滇旅行团的专书。

寻路：走向西南联大

楠原教授是从研究鲁迅、闻一多、韦君宜等中国作家转入西南联大研究的。韦君宜曾在长沙与临大师生有过密切接触并在那里聆听过演讲，鲁迅的几位好友（如杨振声、章廷谦等）则到了西南联大，闻一多更是联大学生心中大师级的名教授。因此，她的这本书，是怀抱着对这样一批中国文化人钦佩和景仰的心绪完成的。她的写作凝重、沉着、朴素、理性，也充盈着对西南联大真诚的礼赞。

这本书的日文版出版十年后，2007 年 10 月，我刚大学毕业，中国社会科学院文学研究所程麻先生从北京寄了一册签名本给我。那时我关注西南联大研究已经有好几年，有关湘黔滇旅行团的图书，已网罗多部，但这本还是第一次看到。在程麻先生的鼓动下，我从那时便留心寻觅合适的翻译者，希望将这部著作译为中文版，嘉惠学林。

六年后，我从母校云南民族中学调入云南师范大学，开始专心为西南联大文化遗产的传续而工作。在这里，我结识了一批志同道合的人，几年的共事经历，使我们相互了解，彼此欣赏，令我欣喜的是，几位同人主动请缨，愿为这部译著贡献力量。于是，在程麻先生搭桥下，我们取得了楠原教授的授权，并由卢连涛君领衔，与尤伟琼教授合作承担了这本书的翻译工作。

现在，经过他们的辛勤劳作，加以谢锋、蒋晓涵等同人好友，以及张力山等师友的助力，尤其是本书责任编辑胡晓凯女士的热情张罗，这部译著就要付梓了。作为这项译事的发起者之一，我由衷地感到高兴。

最后，要感谢商务印书馆。在楠原教授这部著作的日文版面

中译本序二

世前，有关湘黔滇旅行团的两部书《西南采风录》(1946 年) 和《西南三千五百里》(1939 年)，以及反映长沙临大海路迁滇情形的《滇越游记》(1939 年)，最先也都在这里出版。现在，湘黔滇旅行团的第一部海外研究译著也在这一平台问世，这不唯是历史的巧合，更体现了商务印书馆的文化传承与历史担当。

是为序。

龙美光

2024 年 3 月 6 日于昆明

（作者系"民国书刊上的西南联大记忆"丛书主编、《靛花巷三号——西南联大书信录》著者）

前　言

在本书中，笔者希望通过探明与闻一多先生生涯密切相关的西南联合大学设立的经过，还原这一时期中国知识分子的真实面貌，进而填补抗日战争时期中国知识分子研究的一个空白。这也是笔者一直以来从事的以闻一多及其同时代文学家为代表的近代中国知识分子研究的延续。

国立西南联合大学，是一所在抗日战争最激烈的时期，即1938年4月到1946年5月短短的八年里，又或者说是长达八年的时间里，在云南省昆明市设立的大学。更准确地说，是一所因抗日战争而设立的大学，它的历史与全面抗日战争八年的历史是重叠在一起的。

1937年7月7日卢沟桥事变爆发，同月末，北平、天津沦陷。基于国民政府有关高等院校分散到后方内陆诸城市的方针，不久北平的国立清华大学、国立北京大学和天津的私立南开大学三校合并，迁至湖南省设立国立长沙临时大学（以下简称"长沙临大"），同年11月1日开始授课。

但是随着战事的扩大，日军占领了杭州、太原、上海等地。12月13日，距长沙临大开课仅仅一个多月，南京沦陷，长沙也面临战火。因此，1938年1月，在湖南长沙授课还不到三个月，学校决定迁往云南昆明。此次迁校,长沙临大组织了至少200余名学生参加的湘黔滇旅行团,他们历时68日,行程约1700公里,穿越了湖南、贵州、云南三省艰险难行的少数民族聚居区。在某种意义上,这次徒步旅行也被当时的人们誉为"长征"。

日方有关中国将很快屈服的判断被轻易地推翻了。基于对战争将扩大和长期化的判断,临时大学这样的名字被认为已经不再适用,于是在新学期开始前的1938年4月改称国立西南联合大学,此后这个名字一直存在了八年。虽说是战时的偏远之地,但在昆明的生活却实在是不寻常,历经两度避难,搬迁途中很多书籍丢失,教学科研条件极为恶劣,加之物资缺乏、物价上涨,生活也变得越来越艰难。可就是在这样的条件下,在这所中国西南腹地的大学里,云集了如此之多文学、历史学、社会学、政治学、物理学、工学等各领域的大师,孕育了包括中国第一个诺贝尔奖获得者在内的众多优秀学子,"内树学术自由之规模,外来民主堡垒之称号"。

这八年,是近代中国大学发挥"学术自由"和"民主堡垒"作用的一段重要时期。抗日战争胜利后,西南联大的教授们,有人批判蒋介石的国民党政府,有人在后来前往台湾、美国等地。由于受到战后意识形态和社会体制的制约,大陆和台湾的文献资料至今基本未能对近代中国知识分子,特别是国共统一战线下抗日战争时期的知识分子进行全面的研究。然而,出生于19世纪末20世纪初,接受过中国传统教育又有欧美留学经历,融会中西贯通古今的他们可以说在中国近代化进程中起到了一定的作用。事实上,在20世纪三四十年代,正是他们在中国各个领域扮演了重

前言

要的角色。

今天的中国，说起长征，指的是中国工农红军（共产党的军队）为躲避蒋介石国民党军队的围剿，自1934年10月开始的两万五千里（12500公里）壮烈的转移。但是，在这之后仅仅三年的抗日战争初期，清华、北大、南开三校从北平、天津经长沙至昆明的避难之行，即狭义上，长沙临大湘黔滇旅行团从长沙到昆明的徒步旅行，如西南联大校歌开头所唱的那样，在当时被视为又一次"长征"。遗憾的是，其中湘黔滇旅行团从长沙到昆明的这段"长征"，由于旅行团本部撰写的日记在送往香港预备印行之际在战乱中被烧毁，没有留下任何官方的记录，导致现有手头的资料中，从旅行团的成员数量、组织结构，到旅行团从长沙出发的日期都有很多的出入。

那么，此次西南联大的"长征"，到底是在什么样的情况下进行的？都经历了些什么？本书试图尽可能地收集整理有关资料再现这段行程，即通过整理分析中国国内外的战时记录、回忆录等，加之对仍然健在的西南联大相关人员的采访调查，对上述问题进行综合、实证的探讨，可以说是一部西南联大的诞生史。希望通过对这一可以被载入史册的"长征"的背景和实情进行详细的描述，探明抗日战争时期中国知识分子精神上的变化，也希望能够以前人所未能触及的崭新视角探究中日关系史。

就本书的撰写而言，仅资料收集就是一项极为困难的工作。本书中整理的研究内容，有一部分是作为历史的碎片广泛流传的，但大部分都是至今在中国近现代史中被留下的空白。勉强能从回忆录、校友会杂志或者当事者的口口相传中获取到一些内容，却找不到有关事实全貌的详细报告或者研究成果。因此，依据这样的记录或者文献对事实进行周密的探究不仅辛苦，对事实的取舍选择也有很多困难和商榷的余地。况且，"事实"中也留下了很多的"未知"。

包括资料收集的时间在内，本书虽说是耗费十余年之工所获得的成果，但书中既有已经探明的地方，也有止步于提出问题的地方，所涉问题今后仍需进一步研究以还原事实的全貌，还希望各位读者不吝提出宝贵意见，给予指教。

楠原俊代

1996 年 7 月 30 日

编辑说明

一、本书中圆括号（ ）内是作者的注释，六角括号〔 〕内是引用文献等的原注。

二、下划线"="标识的内容表示与事实有出入，着重号"."标识的内容表示需加以注意。

三、注释汇总在各章之末。

目 录

序　章　又一次长征——通向国立西南联合大学之路 …………… 1

第一章　抗日战争背景下的高等院校重组

 第一节　高等院校的受害情况及其重建对策 ……………………… 9
 第二节　准备开设国立长沙临时大学——长沙临时大学
    筹备委员会成立 ……………………………………………… 17
 第三节　日军占领下的北平 ………………………………………… 23
 第四节　避难之行——到长沙的旅途 ……………………………… 27

第二章　国立长沙临时大学开设

 第一节　开学前——长沙街头 ……………………………………… 39
 第二节　开学——第二次国共合作背景下的学术状况 ………… 44
 第三节　在长沙的生活——教授篇 ………………………………… 47
 第四节　在长沙的生活——学生篇 ………………………………… 52
 第五节　国立长沙临时大学南岳分校 ……………………………… 58

第三章　南京沦陷　在战火中摇曳的长沙
——从军运动、战时教育争论、反迁移运动

第一节　战火扩大——第一次长沙空袭 …………………… 73
第二节　中国共产党的抗日政策和学生的从军运动 ……… 81
第三节　战时教育争论和国立长沙临时大学的迁昆决定 … 90
第四节　反迁移运动和陈诚的演讲 ………………………… 93
第五节　"战时繁荣"下的长沙 …………………………… 100
第六节　南岳的文学院迁回长沙 …………………………… 104
第七节　异乡的新年 ………………………………………… 107

第四章　国立长沙临时大学迁校

第一节　公布迁移手续和注意事项 ………………………… 119
第二节　前往昆明的路线——陆路、海路和第三条路 …… 122
第三节　湘黔滇旅行团的行程 ……………………………… 126
第四节　志愿赴云南的学生人数 …………………………… 128
第五节　湘黔滇旅行团的组织结构 ………………………… 131
第六节　湘黔滇旅行团的辅导教师 ………………………… 134
第七节　云南的筹备工作和广州、香港、海防、河口
　　　　招待处的设立 ……………………………………… 138
第八节　走海路学生的回忆 ………………………………… 141
第九节　临时大学搬迁之后的长沙 ………………………… 147

目录

第五章 西南三千五百里（一）
——湘黔滇旅行团的长征·从湖南长沙出发

- 第一节 从益阳开始步行（2月19日长沙—2月26日常德）……………… 167
- 第二节 走进土匪出没的湘西地区（2月27日常德—3月6日沅陵）……………… 178
- 第三节 遇大雪驻足沅陵（3月7日沅陵—3月16日晃县）……………… 185
- 第四节 刘兆吉的歌谣采集和旅途中的团员们 …………… 190

第六章 西南三千五百里（二）
——湘黔滇旅行团的长征·步入充满贫困和鸦片的贵州

- 第一节 在政府周全保护之下——玉屏县政府的布告（3月17日晃县—玉屏）……………… 203
- 第二节 到访少数民族部落（3月18日玉屏—3月30日贵阳）……………… 209
- 第三节 逗留因难民而繁荣的贵阳（3月31日—4月3日贵阳）……………… 223
- 第四节 踏寻中国工农红军长征的足迹（4月4日贵阳—清镇）……………… 226
- 第五节 行走险阻的山路（4月5日清镇—4月10日永宁）……………… 231
- 第六节 安南食宿冲突（4月11日永宁—安南）……………… 237

第七节　举行台儿庄胜利庆祝大会（4月12日安南—
　　　　4月18日亦资孔）……………………………………… 242

第七章　西南三千五百里（三）
　　　　——湘黔滇旅行团的长征·行走云南平原

　　第一节　到昆明的231公里（4月19日亦资孔—
　　　　　　4月27日大板桥）…………………………………… 253
　　第二节　到达昆明（4月28日大板桥—昆明）……………… 262

终　章　从抗日战争时期的中国知识分子看抗日意识

　　第一节　从抗日到全面抗日 …………………………………… 273
　　第二节　国立西南联合大学简史 ……………………………… 278
　　第三节　结尾语 ………………………………………………… 288

附　录　抗日战争时期内迁西南的高等院校情况一览表 …… 295

后　记 …………………………………………………………… 301

译后记 …………………………………………………………… 305

序　章

又一次长征
——通向国立西南联合大学之路

国立西南联合大学校歌

满江红

万里长征，辞却了五朝宫阙。暂驻足衡山湘水，又成离别。绝徼移栽桢干质，九州遍洒黎元血。尽笳吹弦诵在山城，情弥切。

千秋耻，终当雪，中兴业，须人杰。便一成三户，壮怀难折。多难殷忧新国运，动心忍性希前哲。待驱除仇寇，复神京，还燕碣。

（*阙、别、血、切、雪、杰、折、哲、碣押韵。）

国立西南联合大学（以下简称"西南联大"），是一所在抗日战争最激烈的时期，即1938年4月到1946年5月短短的八年里，又或者说是长达八年的时间里，在云南省昆明市设立的大学。[①] 更准确地说，是一所因抗日战争而设立的大学。而前述校歌中所唱到的"仇寇"指的就是日本军队。

1937年7月7日卢沟桥事变爆发，同月29日，北平（北京）

寻路：走向西南联大

沦陷，在这之后开始了长达八年的全面抗日战争。北平沦陷后，国民政府下令北平的国立清华大学、国立北京大学和天津的私立南开大学三校合并，在湖南省长沙市组建临时大学。就这样，1937年10月25日，国立长沙临时大学（以下简称"长沙临大"）的文、理、工、法商四个学院共十七个系在卢沟桥事变爆发后不到四个月的时间里开学了，授课从11月1日开始。不过，其中文学院设立在南岳的圣经书院，被称为"长沙临大南岳分校"。所谓南岳，指的是中国五大名山之一的衡山。校歌中唱到的湘水也叫湘江，是湖南省最大的河流，向北流入洞庭湖，湖南省政府所在地的长沙就位于湘江下流的东岸。

但是随着战事的扩大，日军占领了杭州、太原、上海等地。12月13日，距长沙临大开课仅仅一个多月，南京沦陷，长沙也面临着战火。因此，1938年1月学校决定迁往云南省昆明市。这样算来，临大在湖南长沙的授课还不到三个月，就像校歌中所唱的那样，辞却了辽、金、元、明、清"五朝宫阙"所在地的北平，刚在衡山、湘水暂驻足，却又不得不继续向山城昆明迁移。

当然，被迫搬迁的不仅仅是长沙临大，国民政府也迁都重庆，包括其他大学在内，人们大量迁往内陆避难。那些刚从北平搬运到上海、南京的故宫博物院、颐和园和国子监里的文物也不得不再次转运，分散转移到贵州省安顺及四川省乐山、峨眉三个地方。这时的九州，遍地是黎民之血，作为国家基础的"桢干之质"被迫转移到大后方（重庆国民政府治下的西南、西北地区）交通闭塞的僻远之地"绝徼"。

就在这样的情况下，长沙临大组织了至少200余名学生参加的

序　章

又一次长征

湘黔滇（湖南、贵州、云南）旅行团。② 他们历时68日，行程约1700公里，穿越了湖南、贵州、云南三省艰险难行的少数民族聚居区——实际步行距离约为1300公里，行走40日。这次徒步旅行也被当时的人们誉为"长征"。长沙临大迁至昆明后，于新学期开始前的1938年4月改称"国立西南联合大学"。这是因为基于对战争将扩大和长期化的判断，临时大学这样的名字被认为已经不再适用。

西南联大的校歌中还如此唱道：千年的耻辱，最终必会得到洗雪。国家的复兴，需要优秀的人才。即使战斗到只剩几里土地，几户人家，我们打败日寇的雄心壮志仍不折服动摇。正因为祖国灾难深重，我们才更应该努力改变祖国的命运。我们要振奋精神，坚定方向，像以前的仁人志士那样跟敌人战斗到底。有朝一日必定能驱除仇敌、收复都城，回到华北（北平、天津）的校舍。

云南省全省面积的93%是山地和高原，在省政府所在地的山城昆明，这首校歌应该已被唱了无数遍。进行曲风格的校歌采用了词的形式，与岳飞的名作《满江红》使用同一词牌，由曾担任西南联大中国文学系主任的罗庸教授作词，语言学家张清常教授作曲。③

"满江红"词牌的格调沉郁激昂，被认为很适合抒发雄心壮志，而且岳飞的《满江红》歌颂爱国热情，是抗日战争中经常被引用的作品，这也许是西南联大校歌使用与岳飞这首词同一词牌的原因。据说当时也为岳飞的《满江红》配了进行曲风格的新曲子，唱起来十分雄壮。顺便提一下，1919年"五四运动"的第二天早上，当时还是清华学校学生的闻一多（1899—1946）就曾把这

3

首岳飞的《满江红》写在红纸上并贴到食堂的入口处。这位闻一多，后来成为清华大学中国文学系的教授，并参加了长沙临大湘黔滇旅行团和学生一起步行至昆明。

这里呈上岳飞的《满江红》。

满江红

怒发冲冠，凭栏处、潇潇雨歇。抬望眼、仰天长啸，壮怀激烈。三十功名尘与土，八千里路云和月。莫等闲、白了少年头，空悲切。

靖康耻，犹未雪。臣子恨，何时灭。驾长车，踏破贺兰山缺。壮志饥餐胡虏肉，笑谈渴饮匈奴血。待从头、收拾旧山河，朝天阙。

（*歇、烈、月、切、雪、灭、缺、血、阙押韵。）

岳飞（1103—1142），南宋忠臣，河南人。原本是农民，应征入伍成为大破金军的名将，主张抗金，最后因主和派的秦桧构陷被害。秦桧在岳飞死后第二年和金国签订了屈辱的和约，因此岳飞被视为爱国者受到人们的尊敬。直到今天，据说在杭州西湖的北岸有一座埋葬着岳飞的庙，庙里岳飞的石像前跪着双手被绑在身后的秦桧像，到访这里的人们或向秦桧像投掷石块，或用棍棒打他，或向他的脸上吐唾沫。

历史上，因失去中原南渡长江的不仅仅有岳飞时代的宋人，还有在那之前的晋人以及之后的明人，但是哪一个都没能再收复失地，之后便是抗日战争时期的第四次南渡长江。西南联大也是

序　章
又一次长征

从北平、天津经长沙转移到遥远的大后方昆明之后才最终在那里建立的。但是对于西南联大的师生来说，到昆明的路途并不是"退却"，而是校歌中所唱的"万里长征"。这首校歌共计93字，双调，前段诉说南迁流离之苦，后段歌颂师们的不屈壮志并表达对最后胜利的期待。

这份期待最终得以实现。如前所述，西南联大仅仅存在了八年，又或者说存在了长达八年，无论这八年是长还是短，总之西南联大的历史和八年全面抗日战争的历史是重叠在一起的。这期间，有8000余名学生在西南联大学习，其中2000余名顺利毕业，800余名因选择从军而未毕业。

语言学家赵元任（1892—1982）曾经如此述怀：中国人中有三类人，第一类是奔赴后方共度战时劳苦的人；第二类是逃到国外贪图安逸的人；第三类是成为侵略者的傀儡、卖国的人。赵元任本人属于第二类。[④]

赵元任1938年离开昆明，此后的半生都在美国度过。对于其自嘲属于贪图安逸的"第二类人"的说法我虽然不能完全认同，但借用他的话，西南联大正是"第一类人"的集合体，"内树学术自由之规模，外来民主堡垒之称号"[⑤]。其教员中有诗人及散文家朱自清，诗人闻一多、卞之琳，中国哲学史学家冯友兰，历史学家吴晗，政治学家罗隆基，社会学家费孝通、潘光旦等人，学生中涌现出中国最初的诺贝尔奖（1957，物理学）获得者李政道、杨振宁等优秀人才。

虽说是战时的偏远之地，但在昆明的生活却实在是不寻常。由于两度避难，搬迁途中很多书籍丢失，教学科研条件极为恶劣，

5

加之物资缺乏、物价上涨，生活也变得越来越艰难。对于当时枯燥乏味的生活，时任助教的鲁溪曾如此谈道："这一切，都使人觉得没有意思，觉得无聊。要不是在这个自由空气最浓的联大里，也许早就耐不下去了。"⑥在这样既单调又艰难的状况下，一直支撑了他们八年的东西，正是西南联大校歌中所蕴含的"抗日精神"。正因为有着有朝一日必定能驱除仇敌、收复都城、回到华北校舍的决心和期待，才能耐得住南迁流离的辛苦，一直保持不屈的壮志，才能完成校歌开头所唱的"万里长征"。

那么，从北平、天津经长沙到达昆明，西南联大的"万里长征"到底是在什么样的状况下进行的？都经历了些什么？本书试图尽可能地收集整理有关资料再现这段行程，从而探明抗日战争时期中国知识分子精神上的变化。

另外附带提一下，西南联大的八年，也是被誉为能代表近代中国知识分子群体的清华、北大、南开三校齐聚一堂的最后一段时期。众所周知，抗日战争胜利后，他们中有人批判国民党政府，有人在后来前往台湾、美国等地。因此，对于近代中国知识分子，大陆和台湾的研究无论哪一方都带有一定的偏颇，全面的研究至今基本没有。

序　章
又一次长征

①　在云南省蒙自和四川省叙永短暂地设置过分校，详见本书279、283页。有关国立西南联合大学及国立长沙临时大学的内容参考了以下文献，后文中除特别需要进行说明的情形外不再标明出处。

清华大学校史编写组《清华大学校史稿》（中华书局，1981年）

萧超然等《北京大学校史（1898—1949）》（增订本）（北京大学出版社，1988年）

南开大学校史编写组《南开大学校史（1919—1949）》（南开大学出版社，1989年）

西南联合大学北京校友会校史编辑委员会《国立西南联合大学校史资料》（北京大学出版社、云南人民出版社，1986年）

云南师范大学校史编写组《云南师范大学大事记（西南联合大学及国立昆明师院时期）1938—1949》（云南师范大学学报编辑部，1988年）

云南师范大学校史编写组《云南师范大学校史稿1938—1949》（云南师范大学学报编辑部，1988年）

《学府纪闻　国立清华大学》（台北·南京出版有限公司，1981年）

《学府纪闻　国立西南联合大学》（台北·南京出版有限公司，1981年）

另外，关于西南联合大学时期的大事记，《国立西南联合大学校史资料》中所收录的"大事记"和《云南师范大学大事记》两本书中的内容基本一致，本书中只在它们出现不同的时候标明具体出处，其他时候简略为"大事记"。

有关西南联合大学校歌的内容参考了《学府纪闻　国立西南联合大学》第173—174页、《传记文学》第39卷第4期（1981年10月号）88页收录的李钟湘《国立西南联合大学始末记（下）》、《北京大学校史》337等。

②　关于参加湘黔滇旅行团的学生总数，有200余人到300余人的各种说法，详见本书131页及第四章注㉒。

③　西南联大的校歌校训制定委员会成立于1938年10月6日。委员会主席为冯友兰，委员有朱自清、罗常培、罗庸、闻一多。

词作者罗庸（1900—1950），江苏省江都人，出生于北京。1920年毕业于北京大学中文系，1921年进入北京大学研究院国学门学习，历任中山大学中文系主任、浙江大学教授、北京大学教授、西南联大教授兼中文系主任，擅长骈文、诗词，抗日战争胜利后担任昆明师范学院国文系主任，1950年6月病逝于重庆。

曲作者张清常（1915—1998），贵州省安顺县人，音韵学家、语言学教授。1934年毕业于北京师范大学中文系，1937年毕业于清华大学研究院中文系，历任浙江大学中文系讲师、西南联大教授。学生时代起就专攻音韵学，从音韵学的角度

寻路：走向西南联大

研究中国古典音乐的韵律，1944年出版《中国上古音乐史论丛》(重庆独立出版社)。抗日战争胜利后，担任南开大学中文系教授、系主任，兼任清华大学、北京师范大学教授，1957年起担任内蒙古大学中文系教授、系主任，1973年之后任南开大学教授、北京语言学院教授，1984年任中国语言学会理事、中国音韵学研究会顾问。

④　ユアン・レン・チヤオ《言語学入門—言語と記号システム》(橋本万太郎訳，岩波書店，1980）的"译者后记"330页。

赵元任（1892—1982），原籍江苏省武进，生于天津。1910年留学美国康奈尔大学，1915年进入哈佛大学研究生院，1918年获得哲学博士，1920年接受清华大学的招聘回国，1924年担任清华大学研究院国学门"导师"，1929年担任北平的中央研究院历史语言研究所语言组主任。后跟随研究所转移，1934年到南京，1937年到长沙，1938年到昆明。同年秋，离开昆明到美国。之后，历任夏威夷、耶鲁、哈佛、加利福尼亚大学教授，1945年任美国语言学会会长，1960年任美国东方学会会长。

⑤　冯友兰撰文《国立西南联合大学纪念碑》，《国立西南联合大学校史资料》收录，135页。

⑥　鲁溪《我的教书生活——助教生涯》，《抗战中的西南联合大学》(神州图书公司，1946年）收录，62页。

第一章

抗日战争背景下的高等院校重组

第一节 高等院校的受害情况及其重建对策

1937年7月7日卢沟桥事变爆发的时候，清华大学正值暑假，一、二、三年级学生在北平西郊妙峰山一带的夏令营进行军事演习，土木系大部分学生正在山东省济宁县实习，四年级毕业生有200余人留校寻找工作，或准备研究生与留美公费生的考试，教职员大部分都在校内。政治学系教授萧公权对于此时的情况有如下记述：

清华园里可以听见炮声枪声。为策安全起见，学校通知教职员携带他们的家属，分别到指定的大厦底层去暂避，晚间才各回住宅。我们一家被派在图书馆底层。某天下午，图书馆门外落下一枚直径约四寸的炮弹，幸未爆炸。①

这样紧张的局势持续了二十余日后，同月29日北平沦陷，清华师生随即迁入城内。8月中，学校决定了疏散办法。然而，全员

寻路：走向西南联大

一起转移是不可能的。其中萧公权的情况是这样的：

> 那时（7月29日）敌人已经占据了北平和附近的地方。清华园前后门都有持枪的"皇军"把守，但并不禁止校内的人出入。七月三十日上午，我们一家雇了车辆，携带随身行李，出校进城，在预先定妥的一处民房住下。当天下午我独自雇车到新南院（大学的教职员宿舍）住宅里搬出了一些书籍和用具。五年的清华生活，于是告终。

中国文学系教授闻一多在7月15日致妻子的信中这样写道："耳边时来一阵炮声，飞机声，提醒你多少你不敢想的事，令你做文章没有心思，看书也没有心思，拔草也没有心思。"②另外信里还写到已将衣服清理放在箱子里，打听不到确切的消息，期待妻子回北平等事情——因为妻子高孝贞携长子、次子于卢沟桥事变前夕回湖北武汉省亲。闻一多先生也在写这封信后的第四天即7月19日，带着较年幼的三个孩子和一点随身之物离开了北平。他临走时在车站偶遇臧克家，臧克家问那些书籍呢，闻一多说："只带了一点重要稿件，国家的土地一大片一大片的丢掉，几本破书算得了什么。"③臧克家是一位诗人，也是闻一多的学生，据他记述，闻一多的房间四壁堆满书籍。

至于清华大学的情况，早在北平沦陷前已在政府命令下筹划南迁，并已南运一部分仪器设备至汉口。根据1981年中华书局出版的《清华大学校史稿》记载，9月12日，日军宪兵队侵入清华大学，大肆掠夺图书、仪器等，免于此次浩劫的图书约500余箱。第二年年初，日军又进而强占清华校舍驻兵，到8月校舍全部被占。据记载日军占领清华园的八年间，先是驻扎军队，最多

第一章

抗日战争背景下的高等院校重组

时达一万多人。后来改成医院，图书馆书库做了手术室，阅览室做了病房。旧体育馆被用作马厩和食物储藏室，新体育馆用作厨房，地板全部被拆毁。科学馆、生物馆、土木馆、水力馆等系馆建筑外观虽依旧，内部多半已空无一物。④还有资料显示，学校被用作日军的酒吧、慰安所。⑤另外，清华大学校内有一座1922年的毕业生赠送的喷泉，到现在上面都留有"毁于日本侵华期间 一九八六年修复"（刻文为"一九二二级立 毁于日本侵华期间 一九八六年修复"）的字样——顺便提一下，闻一多、罗隆基是清华学校1921级学生，因参加学生运动而留级，到1922年才毕业。并且，不仅如此，为了将"残酷兽行奇耻大辱刊之书史永警后人"，1995年12月清华大学出版社出版了朱育和、陈兆玲主编的《日军铁蹄下的清华园》。

清华学堂（建于1911年）

科学馆（建于 1919 年）

图书馆（东侧部分建于 1918 年，西侧部分建于 1930 年）

第一章

抗日战争背景下的高等院校重组

**1922年的毕业生赠送的喷泉
和"毁于日本侵华期间 一九八六年修复"的刻文**

（摄于1989年4月，喷泉位于图书馆的左前方）

北京大学方面，据1988年北京大学出版社出版的《北京大学校史》记载，1937年9月3日日军进驻国立北京大学。北京大学民主广场上广为人知的"红楼"学生宿舍成了宪兵队队部，它的地下室曾被用作牢狱，迫害爱国志士。在中国语文学系的门口，挂起了"小队附属将校室"的牌子，文学院院长室门外的标志则是"南队长室"。⑥

寻路：走向西南联大

  天津的私立南开大学方面，据记载7月29日早晨开始的空袭导致图书馆及校内主要建筑物被烧毁。第二天下午再次受到空袭。31日，日本人和朝鲜人中的无赖被派入校园，向未毁于空袭的建筑放火、掠夺学校的备用物品及师生的随身之物。就这样，南开大学及其附属学校全部化为灰烬。⑦

  日军于7月28日发起华北总攻，同月31日平津（北平、天津）地区被"扫荡"完毕。北平城内的中国军队为了使古都免于战祸主动撤退出城，8月8日，日军兵不血刃进入北平城。因此，北京大学、清华大学都免于战火的破坏，然而其光辉的传统却被践踏、被玷污了。北京大学前身为清朝末期1898年设立的京师大学堂，在"五四"新文化运动中发挥过核心作用，也是中日开战以前抗日学生运动的重要阵地。清华大学的前身是以培养赴美留学生为目的、于1911年用美国返还的部分庚子赔款设立的清华学堂（1912年改称"清华学校"），学子中涌现了众多在中国各界起着领军作用的优秀人才。可就是这样的大学，却成为了日军的"将校室"，成为了牢狱，成为了慰安所。

  但是，正如当时已62岁的南开校长张伯苓在其一生的梦想和心血全部化为灰烬的时候所说的那样："敌人只能摧毁我南开的物质，毁灭不了我南开的精神。"⑧从此以后，彻底的抗战开始了。

  卢沟桥事变爆发三十七天后的8月13日，战火扩大到了上海。由于高等院校集中于北平及沿海的上海、广州等几个城市，因此转眼间便受到了十分严重的破坏——1937年8月、9月、11月间南京的国立中央大学遭到反复轰炸。1938年4月，长沙的国立湖南大学也遭到轰炸，图书馆全部倒塌，学生宿舍两栋严重受损，

第一章

抗日战争背景下的高等院校重组

化学实验室化为灰烬。另外，广州的国立中山大学、梧州的广西大学等多所大学同样遭到破坏。⑨

面对高等院校的重建问题，政府采取了将其分散到后方（内陆地区）城市的方针。为了延续北平、天津等战地的高等教育，1937年8月，教育部开始了临时大学的筹设：

临时大学第一区——设在湖南长沙

临时大学第二区——设在陕西西安

临时大学第三区——地址在选择中

同年9月10日，决定以北京大学、清华大学、南开大学和中央研究院为核心在长沙设立西南临时大学，以北平大学、北平师范大学、北洋工学院、北平研究院为核心在西安设立西北临时大学——关于大学的编组还流传有一段逸闻，据说教育部本要把北平师范大学与北京大学、清华大学放在一组。但北师大当局则要"宁为鸡首，不为牛后"，而愿在另一组。因此政府便把规模较小、历史较短的私立南开大学与北京大学、清华大学放在一组，借以表达对南开抗日精神和牺牲的敬慰之意。⑩

实际上，清华大学要迁往长沙的传闻似乎更早的时候就已经出现，⑪在前一年的1936年3月17日闻一多致游国恩的书信中已经提到了迁校之事。另外，据萧公权所述，1937年春，湖南省教育厅厅长朱经农表示如清华迁到长沙，他愿尽力协助一切。然而萧公权认为长沙仍然很危险，于是借学校迁往长沙之机辞去了清华大学的工作，前往成都的四川大学。后来燕京、金陵、齐鲁、光华等大学迁到成都，中央、复旦等大学迁到重庆。

下面，我们来看一下从全面抗日战争爆发到1939年12月底高

15

寻路：走向西南联大

等院校的受损情况。时任教育部政务次长的顾毓琇在当时的《中国年鉴》中作了详细的记录。根据他的记述，情况如下：

  战争爆发前，中国有108所高等院校。其中91所被日军占据或是遭到破坏，14所被完全破坏。因此37所高等院校被迫迁至大后方。108所高等院校中，虽有83所以迁校在内的某种形式被继续维持下来，但有25所不得不停办。

  到1939年12月末为止，仅高等院校被确认的受损额就超过了9000万美元。其中北京大学是1628515美元（不包括土地建筑物，仅备用物品的受损额），清华大学是605万美元（土地建筑物350万美元，藏书250万美元等），南开大学是375万美元。除此之外，例如南开大学经济研究所所藏的中国北部经济实态调查资料、清华大学所藏的清朝和民国初年的历史学相关古籍以及北京大学所藏的化石等，不仅限于印刷品的形式，大量不能以金钱计算的贵重资料也丢失了。从这个意义上讲，对中国大学的破坏是对文明本身的破坏。

  另一方面，战前的学生总数是41922人，教职员约11850人（教员约7560人，职员约4290人）。其中约20000名学生，即约半数的学生和2000名教职员被战火夺去了自己的学校，1106名学生成为其他大学的临时学生、旁听生。这样的学生只有1106人，是因为有83所高等院校以某种形式被维持下来，本校学生可以继续学业，另有很多学生中断学业自愿参加军队或战时任务。此外464名学生受聘成为政府职员。另外因战争而生活陷入困境的学生被给予了奖学金，既有外国各个团体的捐款也有政府的资助，政府至今已向2709名学生发放了共计66854美元。⑫

第一章
抗日战争背景下的高等院校重组

第二节　准备开设国立长沙临时大学
——长沙临时大学筹备委员会成立

1937年8月，长沙临时大学筹备委员会在南京成立。教育部任命蒋梦麟、梅贻琦、张伯苓、杨振声、胡适、顾毓琇、何廉、傅斯年、朱经农、皮宗石为筹备委员会委员，教育部部长王世杰为主任委员。其中蒋、胡、傅是北京大学的，梅、顾是清华大学的，张、何是南开大学的，杨振声代表教育部，地方人士代表朱经农是湖南省教育厅厅长，皮宗石是湖南大学校长，二人都曾是北京大学教授。另外任命北京大学校长蒋梦麟、清华大学校长梅贻琦、南开大学校长张伯苓为常务委员，任命杨振声为秘书主任，负责办理校址勘定、经费分配、院系设置、师资招聘、学生收受以及新设备置设等事宜。与此同时，教育部向中英庚款董事会筹借得25万元用作长沙临大的筹建费用。

9月13日，在长沙召开了第一次筹备委员会会议，同月28日起，正式启用"国立长沙临时大学"的名称。

当初的计划是：

一、校址：大学本部租定长沙圣经书院，办公处设于圣经书院宿舍。男生宿舍则借用四十九标的军营，可容千人左右，女生宿舍租用圣经书院附近之涵德女校，可容一百至二百人。工学院借湖南大学工学院上课。

二、设备：设备即利用三校迁湘之原有设备，工学院利用湖南大学工学院之机器设备。图书与北平图书馆合作，双方各出5万元，为购置图书之用。防空设备拟利用四十九标之土岗，掘防空壕30个，每壕容30人，共可容千人左右。

三、经费：学校开办费预算为图书费5万元，理、工学院基本设备费15万元，其他设备费5万元。经常费预算为薪金60%，房租5%，办公费10%，设备费13%—18%，预备金12%—17%。[13]

但是，后来因长沙城内房屋不足，文学院最终设在南岳的圣经书院，也被称为长沙临大南岳分校。另外，三所大学的图书、理工系的实验器材等大半没能搬出，即便已经搬运的也还未到达长沙——据《北京大学校史》记载，清华大学虽抢运出一部分图书、仪器，但在转运途中又遭日军机轰炸，损失严重。[14]因此理学院的各系主要是借用长沙湘雅医学院的各种仪器设备。工学院的土木系设在长沙城内，电机系和机械系因无设备，转移到岳麓山湖南大学工学院，借他们的教室和设备上课，机械系的航空研究班在南昌航空机械学校寄读（江西省），化学系在重庆大学寄读（四川省），长沙临大也派出一些教师分别前往各校讲课。土木系之所以设在长沙城内是因为在山东省实习的清华学生带着教学所需的测量仪器直接从实习地来到了长沙。

图书也因经费有限无力大批购置，最终变为长沙临大和北平图书馆双方各出资4万元进行订购。此外10月6日长沙临大的预算分配比例调整为薪金65%，办公费12%，购置费14%，特别费2%，学生用费7%，同月19日决定再次削减经常费，节省出5000元作为贷金以救济经济困难的学生。

院系设置方面，对三校原来的院系进行了若干调整、归并。

第一章
抗日战争背景下的高等院校重组

10月2日，决定如下设置：

文学院：中国文学系、外国语文学系、历史社会学系、哲学心理教育学系。

理学院：物理学系、化学系、生物学系、算学系、地质地理气象学系。

工学院：土木工程学系、机械工程学系、电机工程学系、化学工程学系。

法商学院：经济学系、政治学系、法律学系、商学系。

北京大学虽然是中国最具历史的大学，但当时规模并不大，只有文、理、法三个学院共十三个系，学生总数也不过约千人。南开也只有文、理、商三个学院，较之北大更小。只有清华规模较大，有文、理、法、工四个学院，学生人数也最多。长沙临大开设之际，无法再按照原有院系设置，遂将南开的商学院合并入法商学院，北大的地质系与清华的地理系合并为地质地理气象学系，北大的教育系和清华的心理系与哲学系合并成为哲学心理教育学系。以原有形式直接被保留下来的只有清华的工学院。

此外，学校不设校长，学校的校务由三所大学的校长蒋梦麟、梅贻琦、张伯苓组成的常务委员会主持。至于四个学院的院长人选，除了工学院是清华所独有，由清华的施嘉炀任院长外，其他三个学院是一校出一个人，文学院院长由胡适（北大）担任、理学院院长由吴有训（清华）担任、法商学院院长由方显廷（南开）担任。经办校政的三个处的处长也是一校一人，总务长由北大法学院院长周炳琳担任，教务长由清华社会学系主任潘光旦担任，建设长由南开秘书长黄子坚担任。[15] 至于系务，当时院长下面并未

寻路：走向西南联大

设系主任，而是通过各系教授的互选决定系教授会主席，由其处理各系系务。另外还设立了军事训练队，由张伯苓任队长，但实际的负责人是军事管理组主任教官毛鸿。

如上所述，三所大学在联合之时，在包括长沙临大筹备委员会人选在内的诸多人事方面都作了周全的考虑。全面抗日战争爆发后，位于沿海地区的大学纷纷迁往大后方，与此同时，许多学校都采取了联合的形式，如上海的私立复旦大学和大夏大学等。但是据张起钧回忆，包括西北联大在内，解散时无一不是不欢而散，能够自始至终合作无间的唯一例外就是这所西南联大了。⑯

西南联大虽说是三校的联合，但实质上是以清华和北大为主。清华、北大都是极具个性的大学，校风也大相径庭。这里，主要依据张起钧的《西南联大纪要》来了解一下清华、北大的关系及校风的差异。⑰

清华大学的前身清华学校（1912年10月—1928年8月），是以培养赴美留学生为目的的八年制学校，其制度、内容全都是模仿美国——中等科四年，高等科四年，是以将来学生留学美国的时候，可以立即编入大学三年级为前提而设置的。与此相反，北京大学的前身京师大学堂（1898年12月—1912年5月）的学生，是诸如1903年的乡试合格者（举人）留学日本后成为教师等这样的在职人员，现任官员也不少，有政府主办的高级讲习班的感觉，当然学生大部分是已婚者。

既有如此创设以来的历史差异，也有如下所述的巨大校风差异：

一、中西不同。清华学生的英语水平，特别是会话能力相当

第一章

抗日战争背景下的高等院校重组

之高,反之在北大,就连英文专业的学生能讲一口流利漂亮英语的也没有几位,至于出国深造的更是凤毛麟角。在娱乐方面,清华的学生看电影,北大的学生听京剧。另外,清华的学生玩桥牌的风气很普遍,而北大的学生中会打桥牌的没几个,打麻将则是人人皆会,无人不晓。

二、老少不同。作为从创办时就延续的校风,清华因为初建时入学的都是13岁上下的学童,因此朝气蓬勃。在北大,无论做什么事都是"老气横秋"的风格。

三、政学不同。清华是一所以学术研究为重的学校,而北大则是一所政治色彩非常浓厚的学校。创办时即如此,"五四"新文化运动中又发挥了领导作用,学生们热衷于参加政治运动,日本发动全面侵华战争以前就是抗日学生运动的重要阵地。北大教授,也是中国最初的马克思主义者李大钊,于1920年3月在北大创建了马克思学说研究会,同年10月,北京共产主义小组也在北大成立。

尽管存在以上这些校风方面的巨大差异,但也有很多足以构成联合基础的因素在。首先,两所学校都是高水平的大学,也一直进行着兼职教授的互聘,特别是北大对于外聘清华的教授非常积极。其次,1937年夏天,清华、北大首次联合招生,考试地在故宫的太和殿,一切准备就绪,就等考生入场了,却因卢沟桥事变胎死腹中。除此之外,也有两校的教授中很多毕业于对方学校这个因素。因为北大是历史最为悠久的大学,所以清华早期的师资,很多都是北大毕业的——对学校校政颇具影响力、有清华"五霸"之称的五位教授中的刘文典、冯友兰、朱自清三人皆为北大出身。后来,随着清华毕业生中留学人数逐渐增多,北大教授

寻路：走向西南联大

中清华出身者变得更多了，比如胡适就是清华的官费留学生。因此两校就像是"婆家"和"娘家"一样的关系。

再者，梅贻琦是张伯苓创办的南开中学的第一届毕业生（第一名）。南开大学是南开中学发展后设立的私立大学，而南开中学原本是一所小私塾，全靠张伯苓一手创办、运营发展而来。张伯苓（1876—1951）生于天津，1894年以第一名的成绩毕业于天津北洋水师学堂。甲午战争之后列强掀起了瓜分中国的狂潮，张伯苓到"通济"舰上实习，亲眼目睹威海卫从日本转至英国手中的全过程。他深受刺激，痛感教育于中国富强之重要性，于是下定决心从海军退役，投身教育救国事业。1904年南开中学成立，1919年南开大学成立。这所一开始只有文、理、商三个系40余名新生的大学，经过十八年的努力，到1937年发展成为拥有文、理、商三个学院，学生总数429人的大学。另外，它于1922年设立女子中学，1928年设立小学部。南开中学与北平的师大附中可以算作当时中国最好的中学。1931年"九一八"事变以后，由于天津变成了最前线，已经发展壮大的南开大学也不得不于1935年开始进行迁校的准备，1936年在重庆近郊的沙坪坝设立了南渝中学。除这所南渝中学外，南开大学及其所有附属学校都在1937年7月末日军的攻击中化为灰烬。

总之，三所大学虽然校风大相径庭，却可以说原本就有着很亲密的关系，一边在人事方面进行着周全的考虑，一边推进在战火中迁移、联合这种初次的尝试——有记述联合之初，北大放任、清华谨严、南开活泼，而西南联大则为一大杂烩之"拼盘"，[18]但到解散之时，校风的差异几乎荡然无存了。[19]

第一章
抗日战争背景下的高等院校重组

第三节　日军占领下的北平

　　截至1937年11月20日，长沙临大总计到校学生1452人，其中清华学生631人、北大学生342人、南开学生147人、新生114人，来自其他学校的借读生218人。新生指的是北大、清华两校联合在湖北省武昌招收的学生以及从南开大学附中升入的学生。所谓其他学校的借读生，指的是因战祸而失学，在联大被视为临时学生、旁听生的人。教师的数量为清华73人、北大55人、南开20人，合计148人。

　　然而在全面抗战前夕的1936年，清华有教师210余人，其中教授90人，学生为1223人。1937年，北大有教授77人、讲师60人，学生为1011人。南开的学生总数为429人。由此来看，即便减去毕业生的人数，仍然可以推断出还有数百名学生没有来到长沙——长沙临大的学生总数减去新生和其他学校的借读生人数为1120人。不过也有后来才到达长沙的学生，如1937年11月20日南开学生数为147人，到1938年1月，增加到了203人。[20]但是另一方面，如顾毓琇记述的那样，中断学业，自愿参加军队或战时任务的学生也很多。[21]

　　下面，我们来了解一下战争爆发之后北平的状况。

　　据《清华大学校史稿》记载，卢沟桥事变爆发的时候，除了毕业生外、一、二、三年级的学生在进行军事演习。[22]可是，似乎也有未参加的学生。

寻路：走向西南联大

据郁振镛的回忆录描述，7月7日晚间他与几位朋友在清华园内的工字厅荷池畔纳凉聊天，西方传来似闷雷的炮声，以为是宋哲元麾下的第二十九军在附近的乡间进行军事演习，因此并未在意。事变的消息是从第二天早晨的报纸上得知的。之后数天，局势变得更加严重紧张，铁路交通也告断绝。7月中旬以后，北平一带几乎全为日军占领，但交通逐渐恢复。7月19日，北平与上海间列车恢复通车的时候，郁振镛便乘坐第一班列车离开了清华园，南下回到家乡浙江省。说到7月19日，闻一多也在这天离开了北平。㉓

未参加军事训练的郁振镛能够较早地离开北平，然而在北平郊外的西苑军营中接受军事训练的学生们这个时候还没有解散，他们在那里也听到了卢沟桥日军的炮声。

清华学生费自坵对当时的状况这样写道："事变后的两周，日子真难过。除了一天不知要听多少回疯狂的警报声外，古城更谣传着，日本手枪队要夜袭西苑营区。而训练也随时有解散的可能。我是家住南方北上求学的学生，于是打听北宁路何时可以通车，但听说沪平通车中断已多日了，更是焦急异常。"㉔

7月21日，军事训练比原计划提前结束了。由于情况极其混乱，费自坵顾不得放在清华园里的行李，急忙赶到前门车站买了张开往上海的车票。据他记述，此时的前门车站已到处充斥着日本宪兵。而在北宁路（北平至沈阳之间的铁路）沿线车站的月台上，更站着许多面目可憎、荷着枪的日本兵。站名忽然添加了日文，北平城里也插上了太阳旗（日之丸旗）。他感慨道："这哪还是我山川壮丽的少年中国。"费自坵从北平出发的日期不明。

第一章

抗日战争背景下的高等院校重组

同样在西苑接受军事训练的清华学生翁同文也未能整理托运衣物书籍，仅携手提包于7月25日早晨乘坐列车经天津返回故乡浙江省。㉕

短短三天后的7月28日，日军开始了华北总攻。同日拂晓，日军向中国第二十九军主力驻地的南苑发起猛攻，当天攻占南苑。一说这次战斗中中国军队方面阵亡五千多人，㉖在南苑军营里的近千名平津地区学生也大部分殉国。㉗不过，并没有清华、北大、南开学生在这个时候遇难的记录。

据时任北大秘书长、中文系教授的郑天挺记述，卢沟桥事变爆发后仍然留在学校的学生都是经济上极其困难的，学校给每个学生发放20元用于离校。因此到7月28日北平沦陷的时候，校内已经没有学生了。㉘这样的举措在清华也有，据清华的政治系主任浦薛凤记述，停留在北平的学生群起向学校借钱，声势汹汹，校方最后决定借给每个学生20元，平津地区的清华学生无论家在何处、境况如何，一律领到20元。㉙

从7月末开始，平津之间的铁路又不通车了。不过如费自圻、翁同文回忆录里记载的那样，军事训练已结束，到这个时候，清华的学生应该大半都回到了自己的家乡。虽然清华的教职员大多还在校内，7月29日北平沦陷后大家随即迁入城内，浦薛凤也在这日傍晚同家人一起移居城内的朋友家中。

浦薛凤在全面抗日战争的八年里留下了很多详细的记录，1979年他将这些记录整理后在台湾商务印书馆出版了《太虚空里一游尘　八年抗战生涯随笔》（后面简称《八年抗战生涯随笔》）一书。据该书记载，之后城门紧闭，电话不通，且隐约能听见炮声，城内与清华之间消息全断。数日之后，事态稍稍安定，浦薛凤便回到清华，雇人力车把书籍、讲义等搬运出来。城门一日开放四次，其他的同事们也冒着危险雇人力车或汽车将书籍等搬运出来。从7月末开始不通车一周有余的平津铁路，于8月8日日军进入北平城后恢复通车，不过列车变为每站必停，还有手持刺刀的日本兵在各站进行盘查。因此平时两三小时就能到达天津此时需十二小时以上。列车上十分混乱，流传着日本兵搜查没收钞票、逮捕乘客、侮辱女性等很多传言。学生前往天津者每日数百，最初未盘查，尚好，后来被拘者甚多，人们遂视赴津为畏途。[30]

浦薛凤原本计划暂借住城内朋友家，等平津之间的铁路恢复后就去家乡江苏常熟或者首都南京。可是8月13日战火蔓延至上海（淞沪会战），计划不能实现，于是与同事一家在城内合租了房子住下。他记述日军进城后流言四起，常有强索妇女等传闻，因此妇女们除了不得已的场合尽量不外出。虽然时常与同事联络，但这"难民"生活还是令人窒息。这个时候炮声每隔数日即隐约可闻得，飞机大队则往往于黎明时分掠空而过，另外在东交民巷，日本人升放气球大书"得某地""占某城"。

不久从长沙发来多封催促南下的电报，与浦薛凤一样滞留北平的同事纷纷只身前往长沙。据浦薛凤记述，最后收到梅贻琦校长发来的电报，电报说如果在10月内到达长沙的话，9月、10月的工资一起发放，之后到达的只能从到达月开始发放工资。这封电报打动了很多人的心，使他们决定南下。浦薛凤也是如此，10月14日早晨，他将6月27日刚生下孩子的妻子和四个孩子留在日军占领下的北平城内便启程出发了。

第一章

抗日战争背景下的高等院校重组

北大方面,据郑天挺记述,卢沟桥事变爆发的时候,校长蒋梦麟、文学院院长胡适等都不在北平。不久,法学院院长周炳琳、课业长樊际昌等其他负责人亦纷纷南下,于是北大的事情全由秘书长郑天挺负责。8月某日,日本宪兵搜查北大办公室的时候已是空空如也,郑天挺以外的负责人都早已避难去了。这期间,校长也联系不上,郑天挺得知长沙临大开设的消息已经是10月份了。后来他请长沙方面尽快汇款,10月底汇款到,滞留北平的教授们终于开始陆续南下。[31]11月17日是一个寒冷的早晨,这年2月刚刚丧妻的郑天挺也将五个没有母亲的孩子留在北平,只身出发了——从郑天挺的记述来看,清华方面的联络好像更加通畅些,但是也有记录显示,在天津的姑母家避难的北大物理学系教授吴大猷得知长沙临大开设的消息是在9月份。[32]

第四节 避难之行——到长沙的旅途

回到家乡的学生们知道长沙临大的开设是在9月到10月间。这时平津、华北地区已在日军的占领下,政令无法通达,于是利用广播放送和口口相传的方法将临时大学开设的消息辗转传达给各校师生。一传十,十传百,于是乎便众所周知了。学生们在"读书报国"的号召下纷纷赶往长沙——在国土沦陷、报纸也成为日本方面传播工具的当时,人人都偷听广播,以期知道一点真实可喜的消息。[33]

寻路：走向西南联大

  清华方面9月初在长沙设立了办事处，通过天津、南京、上海、汉口四地的清华同学会将长沙临大开设的消息广而告之。

  由于各地消息传播的速度以及覆盖面不同等原因，既有10月初到达长沙的学生，也有直到10月才知道长沙临大开设的学生。例如清华的翁同文和费自圻，虽然家乡都在浙江省，但翁同文是在9月知道临大开设的消息，费自圻则是在10月初。然而战火已于8月13日扩大至上海，京沪（南京、上海）一带也成为了战场。这种时候，他们的家乡自不用说，去往长沙的路途更是充满了危险。

  对于这次长沙之旅，他们留下了详细的记录。让我们跟随费自圻的脚步去了解一下当时的情形。[34]

  费自圻的家乡在浙江嘉善，是沪杭铁路中途的一个小城。对于他来说，赴长沙最便捷的旅途是先到杭州，然后循浙赣路（杭州、株洲之间的铁路）转南昌，再经萍乡到达长沙。然而，沪杭路上天天遭受日机轰炸，如何赴杭州是一个问题。但他考虑"不能吃苦和自立，何言读书救国"，最后决定冒险一试，自嘉善搭乘沪杭路快车赴杭州。

  10月16日清晨，费自圻提着简单的行囊匆匆动身，但到车站却发现原定6点到站的快车要晚点三个小时。倘若9点上车的话，到杭州正是中午，而这一段时间里，沿途均有被敌机空袭的危险。于是他上车前就计划好了站在车门口，发生意外的时候能马上跳车，手提箱决不离身，说不定紧要关头可借其遮蔽。

  果真，途中列车受到日军的轰炸起火，死伤者甚多。对当时的情况，费自圻如下写道：

第一章

抗日战争背景下的高等院校重组

当快车经过嘉兴，警报响了，列车立即停止，大家疯狂的尖叫着，我由于站在列车门口，很轻易的一跳而下，向四野奔跑。十月的江南，稻米均已收割，除了五十公尺处有一片墙外，原野平坦的一望无际。于是顷刻间，薄薄的一片墙边，拥挤了一堆比它还厚的人墙，其实这单薄的墙又如何抵挡得住侵略者的狂暴，但在我们脆弱的心中，它却如一座山似的庞大。我因跑得快，所以被后来者压在最靠墙根处，手提箱虽然小的微不足道，但我也用它护着头。四野寂静的只听到人们的气喘声和心跳。

不稍片刻，三架印着膏药标志的飞机来了，它们先在上空盘旋，螺旋桨转动的声音粗厉的咒咀这片大地，飞机转一个弯，再回头突然降低，地面上卷起一阵风，一时天昏地动，好像世界末日已至。倚在墙根，听远近炸弹爆裂，不知列车和其他的人们怎么样了。一阵寂静后，敌机又调转过头低空扫射，疯狂虐杀，难道他们连一些残余的生命也不愿放过。

等大地和天空恢复了平静，大家还不敢移动，因为那时的防空知识说，敌机很可能回头再轰炸一次。我们屏息静听。

很久很久，远处传来女人的呼叫，那是一个母亲在喊自己的孩子，声嘶力竭。接着，另一处，另一个呼喊。立刻，大家同时喊起来。空袭过去了，他们出来找自己的亲人。列车头正在燃烧，田野里布满了弹痕累累的尸体。受伤者的呻吟和痛失亲人的凄厉哀嚎，交织在这偌大一片的江南，此起彼落。

惊魂甫定，才发现自己真是死里逃生，因为在这片薄墙的两边，死伤无数。如果不是这么多旅客挡着我，说不定我也中弹了。如果不是这口手提箱保护着我的头，即使没中弹，说不定也被这堵人墙压坏了。"

　　费自坼后来与四位共患难的旅客一起雇了辆"野鸡车"（非法车辆）去到杭州，翌日，搭上浙赣路的列车直奔南昌。虽然最终平安到达长沙，但对于在嘉兴遭遇的这次空袭，他后来写道："虽然事隔已四十年，但这段经历对我来说，却是场永远忘不了的梦魇。"其实不只是费自坼一人有这样的回忆，很多人的回忆录中都详细记录了长沙、昆明等地的空袭，这些记录直至今天仍在陆续出版，这不仅是作为某个人的记录，而是作为大学的甚至是民族的记录而继续流传。

　　和费自坼一样回到浙江家乡的翁同文，没有像费自坼那样详细记述长沙之行的情况，他只记述到，后来知道了从北平出发后不久的7月28日，西苑、北苑、南苑都被日军袭击，二十九军副军长佟麟阁以下官兵多数阵亡，于是伤感军训时和他共同生活一个多月的排长（小队长）恐怕也凶多吉少。9月中接到临大开设的通知，就马上和同乡的几个学生一同前往长沙。从这里可以看出他比费自坼更早前往长沙。另外他也记述了途中遇到空袭警报，还提及经过金华站（浙赣路，浙江省）时看到许多前两天被炸死的人的棺材。[35]

　　以上的两例都是从浙江省出发前往长沙的，下面我们来探究一下从平津地区出发前往长沙的情况。

　　这个时候连接北平与汉口的平汉路，连接天津与江苏省浦口的津浦路已经不能全线运行，要到长沙必须绕道而行。首先从天津坐船到青岛，从青岛坐火车由胶济路到济南，再从济南经津浦路到徐州，从徐州经陇海路到郑州，从郑州经平汉路到汉口，最

第一章

抗日战争背景下的高等院校重组

后从汉口经粤汉路终于到达长沙东站。要到大后方的人们选择这条路，前往西北的人在郑州不下火车继续前行，前往四川的人在汉口换乘小型蒸汽船沿长江逆流而上。㊱

从日军占领区出发，途经战地，冒着被空袭的危险迂回再迂回，这样的旅途实在是艰辛。尽管如此，9月到10月期间，花费大概两周时间尚且可以从北平到达长沙。例如，清华大学中国文学系主任朱自清将妻子留在北平，于9月22日只身出发，到达长沙是10月4日。㊲清华大学学生蔡孝敏于9月23日从天津出发，到达长沙是10月4日。㊳清华大学政治系主任浦薛凤于10月14日从北平出发，到达长沙是同月27日。这样看来，从北平到长沙所需时间在9月和10月间基本没有变化，但进入11月后，交通状况就日益恶化。

首先，我们来了解一下浦薛凤的情况。㊴

10月14日清晨，浦薛凤和同事七人一同从北平出发。为了避免日本兵的盘问，无论在北平的前门站还是在列车内，他们都默默不语。黄昏时候，车抵天津车站，共行九小时。

这里插一句，据萧公权记述，北平城里车站内外到处都有军警，旅客上车前必须按男女分开，一一接受贴身搜查（妇女由女警察搜查）。萧公权于10月9日从北平出发，已从清华大学辞职的他原本打算等平津间的铁路恢复后便立即出发赴四川，可是由于女儿染了痢疾不得不拖到这一天。另外他记述到，这时正好流传着清华大学的化学系教授高崇熙等人在天津站被日军无缘无故加以扣留的传闻。㊵

已到达天津的浦薛凤一行，原定乘坐16日从大沽出航的"盛京轮",但出航时间再三延期,最终迟至18日才启航。早上8点坐上拖船,夜里11点方能登上"盛京轮"。登船后,特等舱留给欧美人用,他们被塞进拥挤不堪、连坐处都没有的三等舱。对于是直接乘船到上海还是在青岛下船的问题,大家在上船前即议论纷纷,事实上选择哪条路都有危险。最后,一行人中有三人未在青岛下船直接去了上海。

20日午后1点轮船抵达青岛。21日午后1点半乘火车从青岛出发,晚上10点半准时抵达济南。在那换乘津浦路,同日夜里11点半从济南出发。途中,他们听闻泰安滋阳之间,最是危险,日本军机的空袭如家常便饭,每日数次,所乘列车照时刻表应于翌日早晨抵达徐州,不过,一般下午才有望到达。事实上,他们此行共遇到了四次空袭警报,弄得大家跳车四处逃避,浦薛凤在逃避中还被荆棘刺伤了手,好在每一次警报或是邻站受害或已是空袭之后,均未受到直接轰炸。由于空袭频繁,列车不断晚点,直至22日夜里11点方到达徐州。在空袭警报的混乱之中,一行人中有几人没能赶回列车,好在也搭上了后续的列车迟一个半小时平安到达。

23日早上,他们在徐州的旅馆里也遇到了空袭警报。同日晚上8点,乘坐晚点一个半小时的列车从徐州出发,24日黎明到达郑州。

在郑州站,保定一带的难民接踵而至,原定24日晚7点半发车的列车迟至11点半才出发,到达汉口已是25日午后3点。

26日上午10点又从汉口出发,照时间表应于晚11点到达目的地,但列车每站必停,且停甚久,一行人直至27日东方微白之

第一章

抗日战争背景下的高等院校重组

际终抵长沙东站,见到临大方面来迎接的人。据说朱自清和陈岱孙(清华大学法学院院长)也曾在车站等候,至半夜两三点钟看列车皆未到才先后归寓。

此时,在青岛分别后选择上海路线的三人还未到达。之后,他们从南通乘船至汉口,比浦薛凤晚了二十余日才到达长沙。之所以这样,估计是因为10月20日日军参谋本部下达了在杭州湾北岸登陆的命令,11月5日日军在杭州湾登陆,因此,从上海到杭州,再经浙赣路到长沙的路线已经不可取。

另外,7月19日从北平出发的闻一多先回到了故乡湖北省浠水县,之后,暂住在武昌城内。[41]据此时曾到他家拜访的卞之琳回忆,即便在武昌,闻一多也一如既往地埋头于古书堆里[42]——此时正是大批知识分子逃离日军占领区赴大后方避难的时候,卞之琳就是在去四川大学赴任的途中经过武昌。最终闻一多于10月23日到达长沙,[43]受到朱自清的亲自迎接。

为了在11月1日长沙临大正式开课前到达长沙,清华、北大、南开的师生们可以说是在战火中奔赴长沙,不过,没有赶上开课时间的人似乎也相当之多。

清华大学中文系、历史系教授陈寅恪因父亲在日军占领北平后不久过世,因此直至11月初方从北平出发。他携家人同行,历时17天于11月底到达长沙。途中难民人满为患,在济南站,一家人还曾从车窗爬进列车。[44]

还有先前已经提到的郑天挺(北大秘书长、中文系教授),直至11月17日方从北平出发,同车赴天津的另有北大中文系教授罗常培、魏建功等人。20日,罗庸等人也同道从天津乘船南下青岛,

寻路：走向西南联大

他们本想选择与浦薛凤相同的路线前往长沙，然而在青岛下船访问山东大学时方知胶济路已断，只好再次乘船前往香港。到香港，因粤汉路被日本军机轰炸，乃乘船至广西省梧州，取道贵县、柳州转桂林，由公路入湘。一行人经衡阳到达长沙，已是距北平出发近一个月后的 12 月 14 日了。可是，好不容易到达长沙，才知前一日首都南京业已沦陷，学校又准备迁移。㊻

第一章

抗日战争背景下的高等院校重组

① 萧公权《问学谏往录》（台北·传记文学出版社，1972年）109、110页。

萧公权（1897—1981），江西省泰和人，1920年从清华大学毕业后留学美国密苏里大学，学习政治哲学，1923年进入康奈尔大学研究生院，1926年获哲学博士。同年回国，先后在南开大学、东北大学、燕京大学、清华大学等校任教。1947年任南京政治大学教授，1948年赴台，1949年赴美，之后到1968年的19年间担任华盛顿大学教授，1981年病逝于美国。著有《中国政治思想史》（重庆商务印书馆，1945年）、《中国乡村》（华盛顿大学出版社，1960年）等。

② 《闻一多书信选集》（人民文学出版社，1986年）249、250页。后面依据该书引用闻一多书信的时候，只有在同一日期的书信跨越两页以上时标记书名和页码，在同一页上时将省略书名和页码。

③ 臧克家《我的先生闻一多》，《臧克家散文小说集（上）》（长江文艺出版社，1982年）收录，485、486页。

④ 《清华大学校史稿》289、290、431页。

⑤ 孙方铎1938《重到清华》，《清华校友通讯》新40期（1972年5月）收录，88页。

John Israel, "Southwest Associated University: Preservation as an Ultimate Value," in Paul K. T. Sih ed., *Nationalist China During the Sino-Japanese War*, 1937–1945（New York, 1977), p.132. 以下简称 Sih, Nationalist。中文译本是易社强《西南联大：以自我保存为至上价值》，薛光前《八年对日抗战中之国民政府（1937年至1945年）》（台湾商务印书馆，1978年）收录，161页。

⑥ 《北京大学校史》324页。

但是，据蒋梦麟《西潮》（台北·世界书局，1988年19版）234页中记载，作为牢狱的是北京大学文学院的地下室。

⑦ Ku Yu-hsiu（顾毓琇），"Education," *The Chinese Year Book*, 1938–39 Issue (Chungking, The Commercial Press), p. 630.

⑧ 王文田《张伯苓先生与南开》，王文田等《张伯苓与南开》（台北·传记文学出版社，1968年）收录，22页。

孙彦民《张伯苓先生传》（台湾中华书局，1971年）39页。

有关南开大学请参见本书22页。

⑨ Ku, op. cit., pp. 630–631.

⑩ 《学府纪闻　国立西南联合大学》10页。

有关临时大学开设的内容，依据序章注①中列举的文献以及李钟湘《国立

寻路：走向西南联大

西南联合大学始末记（上）》，《传记文学》第 39 卷第 2 期（1981 年 8 月号）收录，72 页。

⑪ 《闻一多书信选集》245 页。萧公权，前述文献，108、109 页。
关于清华、北大、南开以外的大学的迁移地参见本书附录"抗日战争时期内迁西南的高等院校情况一览表"。

⑫ Ku, op.cit., pp.630–631, 634–635, 638–639.
Ku Yu-hsiu（顾毓琇），"Education," *The Chinese Year Book*, 1940–41 (Chungking, The Commercial Press), pp. 698–699, 701–702, 705.

⑬ 李钟湘，前述文献，73 页。

⑭ 《北京大学校史》339 页。

⑮ 1938 年 1 月 20 日第 43 次常务委员会议的决议。但是，法商学院院长方显廷在请假中，同年 4 月 19 日由陈序经（南开）就任院长。另外由于文学院院长胡适接到蒋介石的命令飞往美国，未到长沙，所以同年 4 月 19 日由冯友兰代理院长，同年 10 月 18 日就任院长。

⑯ 张起钧《西南联大纪要》，《学府纪闻　国立西南联合大学》收录，22 页。后面，所有张起钧的回忆都是依据《西南联大纪要》。另外，该文是《清华校友通讯》新 75 期（1981 年 4 月）收录的张起钧 1938《从长沙到昆明——草创期间的西南联大》的修改版。
张起钧（1916—1986），湖北省枝江县人，1916 年生于北平。1934 年考入北京大学政治系学习，1938 年 7 月从西南联大毕业。此后，执教于重庆的军需学校、湖北工学院等，抗战胜利后在北平中国大学教授中西政治思想史、政治学。1947 年起任天津《益世报》主笔，1948 年 12 月从北平南下，经南京、杭州、武昌、广州，1949 年 6 月到达台湾。先后在台中师范学校、台湾省立行政专科学校（中兴大学法商学院的前身）任教，1955 年任台湾师范大学教授，教授《老子》研究、哲学概论、《中庸》、中国哲学史等，1986 年 8 月退休，同年 12 月 1 日死于肺炎（根据《张起钧校友行述》，《清华校友通讯》新 98 期，1987 年 1 月收录，65、66 页）。

⑰ 张起钧，前述文献，18—22 页。

⑱ 杨树勋《卅年往事说从头》，《学府纪闻　国立西南联合大学》收录，232 页。据 1944 年毕业于西南联大的杨树勋的该文记载，这样的说法是大学二年级从叙永分校回到昆明的时候（1941 年 9 月前后）听人所言。
另外，当时还有"北大老、师大穷，只有清华燕京可通融"的说法（张起钧，前述文献，21 页）。

⑲ 张起钧，前述文献，19 页。

⑳ 《南开大学校史》234 页。

㉑ 参见本书 16 页。

第一章

抗日战争背景下的高等院校重组

据《北京大学校史》324、325 页记载,卢沟桥事变爆发后,"大部分"的师生都离开了北平,走向抗日战争的前线或后方。他们有的转入附近的游击区,在中国共产党的领导下,参加抗日游击战;有的投奔延安或奔赴其他地区,从事抗日救国运动;"一部分"师生则辗转南下,在后方的艰苦条件下继续进行教学。

另一方面,据《清华大学校史稿》312 页记载,抗战初期,清华大学原有教师除一部分离职外,大部分随校南迁。据《南开大学校史》268 页记载,清华、北大、南开三校大部分教师前往昆明,在西南联大再次集结。

再者,据 John Israel 前述文献 132、133 页(中文译本 162 页)记载,成千学生投笔从戎,但是大多数学生和绝大多数教师留在了学校。

㉒ 《清华大学校史稿》289 页。参见本书 9 页。

㉓ 郁振镛 1939《三十年后忆长沙——长沙临时大学一段古》,《清华校友通讯》新 26、27 期合刊(1969 年 1 月)收录,10 页。后文所有郁振镛的回忆都是依据该文。

㉔ 费自圻 1939《生平最难忘的一段经历》,《清华校友通讯》新 67 期(1979 年 4 月)收录,80 页。后面,所有费自圻的回忆都是依据该文。

㉕ 翁同文 1939《从入学时说起》,《清华校友通讯》新 67 期收录,50 页。后面,所有翁同文的回忆都是依据该文。

㉖ 王维礼《中国现代史》(辽宁人民出版社,1984 年)409 页。

㉗ 王维礼《中国现代史大事纪事本末(1919—1949)》(黑龙江人民出版社,1987 年)814 页。

这近千名殉国的学生是否包括在之前所说的五千多名阵亡者中?"南苑军营内近千名平津地区的学生"是否与费自圻、翁同文他们一样是暑假参加军事训练的学生?假如是这样,那么是哪个大学的学生呢?西苑军训的学生在 7 月 21 日解散,但是在南苑军训的学生没有解散而被卷入到战斗中了吗?军训的学生有多大规模?从什么时候开始的?全都不详。

清华 1935 年入学的翁同文在前述文献第 50 页中只记述了 1937 年的暑假政府在西苑的军营实施大学生集训,他们这一级的清华学生参加了训练,至于其他年级和其他大学的情况以及南苑的情况都没有提及。

㉘ 郑天挺《滇行记》,北京大学校友联络处《笳吹弦诵情弥切——国立西南联合大学五十周年纪念文集》(中国文史出版社,1988 年)收录,326 页。后面引用到该书的时候,简称《笳吹弦诵情弥切》。

㉙ 浦薛凤《太虚空里一游尘 八年抗战生涯随笔》(台湾商务印书馆,1979 年),17 页。另外,浦薛凤的回忆,除特别标明出处之外,全部依据该书。

浦薛凤还认为学生们像这样不管是否真实需要,群起向学校借钱,声势汹汹,实在是民族少年"劣根性"之表现。

㉚　浦薛凤，前述文献，16—24页。
㉛　郑天挺，前述文献，326、327页。
㉜　（台湾）吴大猷《我在抗战中的西南联大》，《笳吹弦诵情弥切》收录，207页。另外，吴大猷在该文中记述（208页），在战争结束前不久，他母亲去一位朋友家拜年，一架日本飞机失事，恰巧坠入朋友家中，母亲和她朋友因受伤过重而死。对于五岁失怙由母亲抚育成人的他来说，未能娱母亲晚年是他终身遗恨之大事。
㉝　张起钧，前述文献，25页。费自圻，前述文献，80页。
㉞　费自圻，前述文献，80、81页。
㉟　翁同文，前述文献，50页。
㊱　萧公权，前述文献，113页。
云镇1939《湘黔滇求学记》，《清华校友通讯》新67期收录，75页。后面，云镇的回忆全部依据该文。
㊲　季镇淮《闻朱年谱》（清华大学出版社，1986年）145页。
㊳　参见本书41页。
㊴　浦薛凤，前述文献，27—37、40页。
㊵　萧公权，前述文献，111、113页。
㊶　《闻一多全集》（开明书店，1948年，大安，1969年影印）第一卷收录"年谱"61页。后面，引用该版本的时候简略记为《闻一多全集》。另外，引用《闻一多全集》第一卷收录"年谱"的时候简略记为《闻一多全集》，"年谱"。并且，对于知道日期的场合，就不标明页数了。
㊷　卞之琳《完成与开端：纪念诗人闻一多八十生辰》，《闻一多纪念文集》（生活·读书·新知三联书店，1980年）收录，213页。
㊸　闻一多在10月23日致妻子的信里写道"我于当晚十一时半抵此（长沙）"，但是《闻朱年谱》145页中记载，10月24日到达长沙。
㊹　汪荣祖《史家陈寅恪传》（台北·联经出版事业公司，1984年）78、79页。
㊺　郑天挺，前述文献，327页。

第二章

国立长沙临时大学开设

第一节　开学前——长沙街头

往年的新学期都是从 9 月 1 日开始，但战争时期三所大学不得不迁移、联合，在此非常事态下，新学期再怎么着急开学也需要一定的时日。到 9 月 28 日，学校正式决定 1937 年度第一学期开学日期为 10 月 25 日，学生报到日期为 10 月 18 日至 24 日止，开始上课日期为 11 月 1 日。

尽管在长沙的各系按照计划于 11 月 1 日开始上课，但南岳分校开始上课却已是 11 月 19 日了。① 为了赶上 11 月 1 日的开课时间，闻一多于 10 月 23 日夜里到达长沙，他在同日致妻子的信中写道"（文学院）真正上课，恐还有两星期"，同月 26 日的书信中还写道"（同属文学院的）历史系上衡山否，现尚未定"。② 为了解南岳校舍的情况，北大校长蒋梦麟、清华工学院院长顾毓琇等人于 9 月 22 日赴南岳的圣经书院视察，③ 10 月 15 日学校决定把文学院设置于此——最终文学院的九成被设在南岳分校。④

　　有记载学生们到达圣经书院的长沙临大本部报到后，学校分发给每个学生黄布制服一套、黄布军帽一顶及黑色棉大衣一件，制服与棉大衣的领上，还有两个铜质的"临大"领章。⑤但是10月上旬提早到达的学生们，由于学校还未完全准备妥当，不得不独自或和朋友一起住旅馆、租房子。即便如此，在长沙的各系还是于11月1日开始上课了，由此可以看出校舍校地的租借、教员的招聘和接纳学生的准备都是在多么短的时间内完成的。

　　虽说只是国内迁移，但就纬度而言，北平、天津至长沙大致相当于日本的秋田至奄美大岛。因此，北平、天津与长沙无论是在饮食、气候还是人的气质方面都完全不同。特别是在饮食方面，提早到达的学生们记录下了很多令他们相当吃惊的事。在讲述临大开学后的情况之前，先来看看他们的回忆录。

　　长沙是鱼米之乡，谚云"两湖熟，天下足"，物资一向丰富。临大开设的时候，全面抗战刚开始不久，物价还未大涨，加之长沙究竟是乡僻之地，物价比起通都大邑的北平、天津自然要低一点，民风也很淳朴，虽说有大量难民涌入，物价也没有突然就上涨。提早到达长沙的同学们，先找了旅馆安顿下来，之后便到长沙街头寻觅美食。

　　张起钧对于此时的情况这样写道：

　　我刚到长沙，学校还未开伙，我到小铺子吃饭，除了一个"帽儿头"〔即白饭，盛装得高出饭碗之外四五寸，像是一顶帽子，其容量之多，一碗足可分装成三碗多〕，只叫了一碗豆腐汤，怀中掏出自带的一个咸鸭蛋，就算对付了。正在此时，一位拉洋车的

第二章
国立长沙临时大学开设

把车往门前一放，坐在我旁边，除了也叫了一碗豆腐汤外，另外还叫了一碗炒腊肉，一盘炒韭菜，看的我目瞪口呆。在北方农村，财主都没有这样豪华的，何况是车夫。⑥

据张起钧记述，南方由于物资丰富，生活水准确实比北方高。北方形成俭朴的风气，在农村即便有钱，除了春节和"吃犒劳"（雇主为了犒劳雇工定期款待他们的盛宴）外，平常根本吃不到肉，否则邻居会笑你不是"过日子人家儿"。北平总算好些，但车夫商贩之类，也食用极俭，吃的纵不是窝头咸菜，也不过是小葱蘸酱，吃点饼而已。

并且令其感到惊讶的不止于此，他还这样写道：

再看物价，同学们到长沙早的，学校还未整理就绪，住在旅馆，那时旅馆的通价，是一人一间房，灯水使用一切在内，还要大鱼大肉的开三餐饭〔早上也是大鱼大肉，湖南人不吃稀饭的〕，一天的价钱是四角钱，这在平津是绝对办不到的。到外面吃饭，除了前述专卖"帽儿头"的小店子以外，"饭"是不算钱的。记得有一次我们八个同学到附近一家"泗海春"吃饭，叫了一块钱的合菜，菜是四大盘〔湖南没有小盘〕，一个粉蒸肉，扣在那里像半个篮球，还没有垫菜，全是肉，一个红烧牛肉，足有两斤多，一个冬笋炒猪肝，光是猪肝恐怕就有一斤，再一大盘炒白菜，还有一大碗汤，八员大将白饭随你吃，今天想起来真如天方夜谭。

其他关于饮食方面的体验，还有清华大学经济系的学生蔡孝敏的"失败"经历。⑦9月23日蔡孝敏和机械系的罗世瑜二人从天津出发，10月4日中午抵达长沙。下了火车，找好旅馆，二人就忙着去逛街。久居平津，乍临"鱼米之乡"，一切都显得新奇。长沙的店铺，给他们的第一个印象是很宽很深。有一家名叫"九如"的吃食铺更是深不见底，"一望无际的架橱内摆满各式各类食品，十分壮观，令人目迷五味，馋涎欲滴"。

二人腹感饥饿，于是昂然直入附近一家餐馆。还没坐定，就有一位茶房笑脸相迎而来，询问要吃些什么。蔡孝敏点了肉丝炒面，茶房说两位的话来一个"中盘"就够了，但是他们认为那怎么够，于是点了两个"大盘"。茶房仍然唠叨着问："还有客人要来吗？"蔡孝敏咆哮道："就我们两个人，面快点来，吃完亦许要找补些别的东西。"

可是当茶房把碟匙筷子送来时，他发觉筷子特别长，比日常用的要长一倍，暗叫"不妙"，大概走进"大人国"了。不久面来了，果然装面的盘子大得出奇，每盘起码有"三人份"那样多。热气腾腾的面香，很能刺激食欲，但是能否把它全部吞下去，还是未知数。可是他想既然祸从口出，只好"面"从口入了，下定决心不能泄气，不吃完绝不上路，就好像这盘面与他有不共戴天之仇似的开始埋头猛吃。最后总算把那盘"三人份"炒面硬着头皮解决掉，可是抬头一看，发现罗世瑜愁眉苦脸，还有半盘面没有报销，这多么丢人，于是他把罗世瑜剩下的份也全部吃完。

蔡孝敏还记述他那晚没吃晚饭，至今记忆犹新。第二天早上旅馆招呼客人吃早点，本想喝点豆浆，结果大失所望，惊讶湖南同胞的早点竟是大米干饭而没有豆浆，饱腹的他只好对着饭桶连打"饱嗝"。

此时距正式开课还有些时日，于是蔡孝敏搬出旅馆与同级的

第二章

国立长沙临时大学开设

同学数人在东站路合租民房三间一同生活，之后居然还发生了下面的故事。

据蔡孝敏记述，学校后来要求一律住校。大伙儿因为朝夕相处，已生感情，一旦拆伙，无不难舍难分。其中特别是铁作声正与房东家小姐交往颇密，他便以不吃猪肉等宗教信仰方面的理由向学校申请免住宿舍并得到批准——铁作声虽然和蔡孝敏同级，但年龄大了许多，后来他与房东家小姐订了婚约，虽不知道是什么时候结的婚，但蔡孝敏与参加了湘黔滇旅行团的他在昆明再会时，房东家小姐已成为他的夫人。

于是蔡孝敏和地学系的邹新垓二人也以与铁作声相同的理由向学校提出申请。学校翻遍过去的资料，并无二人相关方面宗教信仰的记载，于是要求找师长、同学各二人来证明。这可难倒了他们，可天无绝人之路，有两位恩师时常遇见他们与铁作声在回族饭馆吃饭，便作了证明，再由同学连保，最后蔡孝敏二人也获批可住校外，皆大欢喜。

最后再来看一位文学院的学生傅幼侠的记述。10月初独自到达长沙的他在一家旧旅馆住下后，便找到两位长沙出生的同班同学，请他们带领四处熟悉一下。两位长沙本地学生对几个外省来的同学非常照顾与帮助，没过几天大家已了解了长沙的全貌——吃了长沙酒家的活鲤鱼和李合盛的驰名牛肉，天天光顾水莲米粉馆，并常买九如斋的各种糖果食品，参观了湘雅大学，游逛了八角亭。⑧年轻的学生们就这样熟悉了长沙街头。

寻路：走向西南联大

第二节 开学——第二次国共合作背景下的学术状况

11月1日，在长沙圣经书院的各系开始上课。那天是个阴阴的天气，与阳光明媚的华北大不一样，但也未下雨。⑨位于长江中流的湖南，雨水从晚秋持续至冬季，像这种阴沉多云的天气很多。

虽说是正式开课，但并未举行任何仪式。张起钧记述，唯一来"道贺"的，恐怕要算日本飞机了，那日上午9点多突然响起了空袭警报。大家也不害怕，没有躲避，还有几位学生在房子外面围着蒋梦麟校长、黄子坚教授谈天。浦薛凤也记述，那是在午饭前的事，虽然响起了警报，但是没有日本军机飞来。无论从哪一个记述来看，这日没有遭到轰炸应该是确定的。⑩

作为临大本部的圣经书院位于长沙小吴门外的韭菜园。据汤衍瑞记述，这是全长沙也可说是全湖南最讲究的建筑，其主要的建筑是一座雄伟的钢筋混凝土四层大厦，楼下是学校的办公室，底层作为防空避难所，二三四楼是教室。大厦是坐南向北，在大厦的两侧东西相对各为三层建筑的楼房，供北平图书馆办公及作为教职员宿舍。在这三座楼的前面是一个非常广阔的四方形院子，铺着整齐碧绿的草皮，草坪四周种植很繁茂的树木，并铺有相当宽的柏油路。每逢晴天，男女同学们课余都喜欢在草坪上或坐或卧享受日光。⑪

但是，并不是任何时候都能在这里享受阳光。后来当日军飞机空袭时，书院特制一面巨大的美国国旗铺开在这草坪上，向日

第二章
国立长沙临时大学开设

本军机表示这是美国的财产，万勿滥炸。看见这幕景象，长沙临大的学生感触万分，有种宛如寄身租界托洋人庇护的屈辱感。但房子是美国人的，人家这样做也无可厚非。而现实是就连这面国旗都不能作为护身符，圣经书院附近也遭到轰炸，每次警报响起时，必须跑到郊外避难。⑫

这里主要是法商学院的授课地点，钢筋混凝土的四层宏伟建筑的二三四层都用作了教室，可即便如此，要容纳三所大学的学生，教室是不够的。于是只好增加每天的授课时间，晚上直到很晚都安排有课。⑬

礼堂平时作为图书馆使用，里面放了些木书架、桌子和椅子。尽管只有少量的一点，毕竟可以供同学阅览三校勉强抢运下来的图书——长沙临大的图书只有6000余册，与此相比，1935年时北大的藏书有中文书籍170415册、外文书籍79873册、中外文杂志400余种、中外文报纸20余种，另有一定数量的孤本、珍本、善本；全面抗日战争爆发前，清华藏书有中、日文书籍25万余册，西文书籍8万余册，中西文杂志、期刊合订本3万余册。⑭

由于余下的图书不足，图书馆采用开架式，图书不外借，只能在馆内阅览——这种方式在迁至云南后也因同样的理由延续下来。⑮同时，学校也在向学生收购书籍，据傅幼侠记述，在南岳，外国语文系主任叶公超教授通知学生们如果带有书来可以让与图书馆。傅幼侠有一本《十九世纪诗人》拿去给了图书馆，付了他12元，这比他购买时的价格还高了一些。⑯即便如此，在战火中赶来的学生也不可能带有太多的图书，对于图书的不足也没有什么好的办法——然而三校有大师云集的优势，人才济济，课程充实，弥补了图书的不足，这也是很多回忆录中所记载的。

另外长沙临大开设初期，由于还未到达的教授很多，许多课程无法开设，书籍也少，因此经常举办讲座。讲座时就将礼堂内的书架往墙边一移空出中央，学生们就站着听讲。[17]

当时正是第二次国共合作刚刚开始的时期，因此无论是政治上还是思想上持不同立场的各界名人都被请来演讲。例如，湖南省政府主席张治中讲的是抗战形势；《大公报》主编张季鸾讲的是对战局形势发展的预估；国民党高级将领陈诚讲的是战略与士气；原共产党总书记陈独秀，他刚从监狱释放出来不久，讲的是对国际形势发展的预测；八路军驻湘办事处代表徐特立讲的是延安情况和动员民众参加抗战。[18]

有关徐特立的演讲，《北京大学校史》记载："（共产党人士）徐特立介绍延安和八路军抗日情况及动员民众问题的讲演，引起学生极大的兴趣，'大家都用严肃的态度听讲，以热烈的情绪鼓掌，掌声时常打断他的讲话'（马伯煌《徒步三千流亡万里》）。"[19]然而，也有资料显示徐特立在演讲时严厉抨击长沙临大当局是"唯心派"。[20]

尽管如此，从共产党员徐特立到国民党军人陈诚，以及被共产党除名后又被国民党投入狱中五年的陈独秀都在长沙临大进行过演讲。虽说有国共合作的时代背景，但这也可以反映出长沙临大即清华、北大、南开三校"兼容并包"的传统学风。[21]

第二章
国立长沙临时大学开设

第三节 在长沙的生活——教授篇

为了赶上临大的开学时间，从10月至11月间师生们陆续抵达长沙。

下面来了解一下当时教授们的情况。包括要前往南岳的人，到达的教授们暂且被安顿在圣经书院的教员宿舍。

当时的圣经书院正在一片紧张而兴奋的气氛之中，闻一多在《八年的回忆与感想》中如下谈道：

记得教授们每天晚上吃完饭，大家聚在一间房子里，一边吃着茶，抽着烟，一边看着报纸，研究着地图，谈论着战事和各种问题。有时一个同事新从北方来到，大家更是兴奋的听他的逃难的故事和沿途的消息。

大体上说，那时教授们和一般人一样只有着战争刚爆发时的紧张和（对日军的）愤慨，没有人想到战争是否可以胜利。既然我们被迫得不能不打，只好打了再说。人们对于保卫某据点的时间的久暂，意见有些出入，然而即使是最悲观的也没有考虑到战事如何结局的问题。

那时我们甚至今天还不大知道明天要做什么事。因为学校虽然天天在筹备开学，我们自己多数人心里却怀着另外一个幻想。我们脑子里装满了欧美现代国家的观念，以为这样的战争一发生，全国都应该动员起来，自然我们自己也不例外。于是我们有的等着政府的指示：或上前方参加工作，或在后方从事战时的生产，至少也可以在士兵或民众教育上尽点力。事实证明这个幻想终于只是幻想，于是我们的心理便渐渐回到自己岗位上的工作，我们依然得准备教书，教我们过去所教的书。[22]

这篇《八年的回忆与感想》是根据闻一多的演讲作的笔记，联大的纪念文集中也有收录。[23]然而从某种角度说，这是一篇有关临大、联大八年的官方的回忆，所以有关生活方面的不便、不满等琐屑的事什么也没有提及。这些事情在当时的私人信件和个人随笔中被更加直截了当地谈到。

例如一日三餐。先到达长沙的教授们自己组织了一个小厨房，晚到的浦薛凤和闻一多等人因为人数已满加入不了，只得等学生们食毕后去大食堂吃客饭。[24]

对于这客饭，浦薛凤记述道："每顿两角，米硬如豆，菜冷似冰。"闻一多也在10月26日致妻子的信中写道："到这里来，并不象你们想的那样享福。早上起来，一毛钱一顿的早饭，是几碗冷稀饭，午饭晚饭都是两毛一顿，名曰两菜一汤，实只水煮盐拌的冰冰冷的白菜萝卜之类，其中加几片肉就算一个荤。加上这样一日三餐是在大食堂里吃的，所以开饭时间一过了，就没有吃的。"

在战争这种非常时期，突然要收容这么多人，可想而知准备工作尚未完全妥当，意想不到的不便之处也甚多。闻一多在上述书信中还写到茶水也不能很好地提供，很是为难——虽然信中提到了这些状况，但闻一多也写到这并非诉苦，国难的日子里这样反而良心甚安，饭量也并未减少。听说南开校长张伯苓先生还自己洗手巾、袜子，他自己也在照办。他猜想到南岳的话，那边人数少些，也许情形会好一点，于是产生了对南岳的期待。

第二章
国立长沙临时大学开设

面对这种状况,浦薛凤立即购买了藤椅、茶杯茶盘、热水壶、镜子等用具。据其记述,他与单身赴任的同事们居住同层,日夕相见,毫不寂寞——另记述清华同事中家眷先后来到长沙者约有十人,这样算来单身赴任的清华教员约六十人。总之,长沙圣经书院宿舍的生活正如浦薛凤所述那样,仿佛恢复到了二十余年前的学生生活。

这样的状况持续了二十余日后,浦薛凤便和新到的教授们另组了小组,加入小厨房,包了每月十元的饭,于是吃饭问题总算解决。据其记载,陈之迈以及叶公超的组各自包了每月十六元至十八元的饭。另付每月一二元,饭后还可以喝到咖啡。虽然宿舍里没有自来水也没有抽水恭桶,久而久之也就习惯了。

另一边,到了南岳的闻一多在11月8日致妻子的信中如下写道:

原来希望到南岳来,饮食可以好点,谁知道比长沙还不如。还是一天喝不到一次真正的开茶。至于饭菜,真是出生以来没有尝过的。饭里满是沙,肉是臭的,蔬菜大半是奇奇怪怪的树根草叶一类的东西。一桌八个人共吃四个荷包蛋,而且不是每天都有的。

记得在家时,你常说我到长沙吃好的,你不知道比起我来,你们在家里的人是天天过年!

或许之前其妻总是说"两湖熟,天下足",到了被誉为"鱼米之乡"的湖南长沙之后一定能常吃到美味大餐。据记载这日他和清华的同事孙国华到南岳的街上,二人吃了二十个饺子,一盘炒鸡蛋,一碗豆腐汤,总算开了荤。

南岳

（摄于 1981 年 10 月末，后面有关南岳的照片摄于同一时间）

另外，南开的英文系教授柳无忌也写道："初到（南岳）时最不习惯的一日三餐，湖南厨子煮米饭硬得粒粒可数，难以吞咽，没有时间细嚼，一下子同桌的人把碟子里的菜一扫而空，剩下那些菜辣辣的不好上口。"[25]

但是，虽说如此，南岳是五岳之一，山上有七祖怀让（唐代的禅僧）曾待过的名刹，乃湖南省的旅游名胜。如今游览南岳的游客们都对在山顶看日出充满憧憬，如果是秋天的话还可以在舒适的旅店品尝到山里特有的山珍美味，饱享游玩之乐。

对于在湖南这片土地上生活的人们来说，南岳即便在当时也是上天眷顾之地。包括长沙市，虽然对于疏散到这里的临大师生来说，十分不适应当地的饮食习惯，不满的地方也不少，然而咸

第二章
国立长沙临时大学开设

味和辣味强烈的食物其实是符合当地人口味的。再考虑到长沙的圣经书院是"全湖南最讲究的建筑"这一点，不难想象对于提供这个场所的湖南省政府来说，工作已经是做到尽善尽美了。

南岳的饮食问题，不久之后也以与浦薛凤一样的方式解决了。叶公超自告奋勇担任教职员伙食团经理，请来一个大师傅。[26] 闻一多在11月16日致妻子的信中写道："我这里一切都好，饮食近也改良了。自公超来（南岳），天天也有热茶喝，因他有一个洋油炉子。"

然而，冯友兰在1948年10月出版的《文学杂志》第3卷第5期（本期是为纪念这年8月去世的朱自清先生的纪念特辑）发表的《回念朱佩弦先生与闻一多先生》[27] 一文中，对于长沙临大南岳分校的饮食情况如下写道：

那时候生活还便宜，教授饭团的饭，还是很好。同人们于几个钟头的工作以后，到吃饭的时候，聚在饭厅，谈笑风生。有一次菜太咸，我说："菜咸有好处，可以使人不致多吃。"一多用汉人注经的口气说："咸者，闲也。所以防闲人多吃也。"[28]

出现如此咸的菜，也许是饮食改善前的事了。而且，在朱自清先生的纪念特辑上大谈当时饭菜的"差劲"是不合适的，其实是借吃到了太咸的菜来回忆当时轻松有趣的交谈，仅凭这也不能说明避难生活如何艰辛。

生活上，物价还很便宜，薪水虽然打了折扣，但过得还是充裕的。[29] 不过这样的说法应是与日后在昆明的生活相比而言。1937年上半年大学教授的薪水大概是350元，而到1943年下半年变为了3697元，可是物价上涨了400倍以上，所以实值上只相当于战前的 8.3 元。[30] 从 1937 年 9 月开始，政府以抗战为由，紧缩文教经费，将原核定各国立学校的经费改按七成拨发。因此教员的薪水也从 9 月份开始按七成（超过 50 元的部分按七成）支付。[31] 这七成的薪水还一再拖延拨给，成了分期付款。

　　以闻一多的情况来看，支付七成薪水应为 280 元，但是 9 月、10 月的薪水都在这个基础上再扣去了救国公债 40 元而为 240 元。也就是说，他的薪水变为了原来的六成多。根据闻一多致妻子的信中记述，10 月 26 日，领到 9 月份的剩余部分和 10 月份的一部分合计 97.45 元，其中 50 元为 10 月份的。在 11 月 16 日的信中他还写道："十月份（学校的）经费据说已来，但薪水尚未发下。"10 月份剩余薪水发放的通知单直到 12 月 10 日才寄到。而且处于这次发了薪水，下次发放不知又要等到何时的状况。[32] 即便如此，在南岳街头，仅仅一元钱就可以买到鸡蛋 36 个、橘子 39 个、花生一大包。[33] 因此虽然薪水减少了，但与日后在昆明的生活相比，可以说是过得很充裕的。

第四节　在长沙的生活——学生篇

　　长沙临大初开学时，男生按照规定一律入住从湖南省政府借用的"四十九标"营房，接受军事管理。[34] "标"是清末的陆军编制单位，与现在的"团"规模相当。据西南联大"大事记"记载，

第二章
国立长沙临时大学开设

军事管理办法于 11 月 29 日开始实施。根据此办法三校学生一律按大队、中队、区队编组成队——区队长是学生,中队长以上由教官担任。不仅全体住校,每天升旗、降旗,甚至睡的位置,都按队中编制的次序进行。㉟

学校当局接收四十九标的营房后即积极加以整修,并增添盥漱的设备,但也无非是面盆架、盛水木桶以及烧水的大锅炉等。由于人数较多,所以同学们洗脸甚至洗澡大多在屋檐下或是露天院子里。热天的话这样还行,但天气转凉,大家只好到外面的公共澡堂去洗澡了。好在长沙公共澡堂很普遍,价钱也不贵。㊱

据张起钧记述,当初,四十九标的卧房内都是大通铺,只铺草席,并无床桌之类。尽管如此,刚到达不久的学生们席地而坐,互说国家大事和自己逃难的经过,倒也怡然自乐,并不觉得苦。㊲

不久摆入了排列成排的木床,房间很大,但一间房要容纳几十人,房内除了床架及狭窄的通路以外,就没有什么余地了。虽然如此,据郁振镛记述,当时大家都"身无长物",除了一个床位可供身体睡眠之外,也不需要什么额外空间。几十个人挤在一处的宿舍,难免有异味,但"久而不闻其臭",日子久了也无人注意。㊳

此外,汤衍瑞有如下记述:

湖南秋冬季阴雨的时候较多,我们的宿舍几乎都是二层。楼下光线欠佳,且比较潮湿,非有床不可。楼上光线较好而且干燥些,所以同学们就睡在地板上。但楼上的缺点是外面下雨屋内很多地方也下小雨。好在长沙出产的菲菲伞〔油纸竹骨做的,面上画有各种不同花朵或图案的非常美丽的小雨伞〕和油布(涂了桐油的防湿防水布；桐油是油桐的种子榨的油，是湖南的特产）非常有名，遇到雨天，同学们为防雨起见，在睡觉以前先在被窝上盖好油布，再在枕头上张开一把菲菲伞，倒也高枕无忧，一夜睡到大天亮。

最初食堂里只有桌子没有凳子，大家都是站着吃饭。湖南人的习惯三餐都是干饭，同学们最初不习惯。因为实施军事管理，吃饭也要听口令"开动"才能吃，吃完了要听到"解散"的口令才能离去。这种生活方式大多数同学尚能勉强适应，但是少数同学不免有点吃不消，于是由医生开证明有病，经学校核准后，到外面租房子住，可以过着自由自在的生活。当时长沙物价远较平津、上海便宜，找医生开证明要交法币一元，租房子月租也不过二三元，后来因为称病的同学不断增加，训导长潘光旦[39]要严格核实，必须由公立医院证明，所以不时与同学发生争执。[40]

与此相反，郁振镛的记述却是伙食是自理的。他记述长沙是鱼米之乡，初到的时候，伙食很便宜，凑七八个人，每人出三四块钱，便能就近在饭馆内按月包饭。每日两餐，鸡鸭鱼肉全齐，吃得不亦乐乎。一部分有家庭接济的同学租赁居民房，三四个同学合租，所费不多，而且早晨房东还供给一顿饭吃。[41]看来也有相当数量的人像蔡孝敏、铁作声那样在外租房子。[42]

另外，云镇记述每人每月从学校领取理发、洗澡和伙食费六元。抗战初期湖南物价尚且平稳，一日三餐三角钱的客饭，可以吃到一大盘炒肉丝。[43]补充一下，云镇在湖南大学上课，宿舍也在湖南大学。据他记述，在宿舍每到开饭时间，大家即向饭厅集合

第二章

国立长沙临时大学开设

用餐。如果因事进城返校时已错过开饭时间，可以到厨房要一碗免费供应的米浆就豆豉炒辣椒。

用餐到底是否自理，只凭这些还不能确定，不过看来即便是在严格的军事管理下，学生们偶尔也能享受到长沙的美味。

关于宿舍的恶劣条件，还流传着下面的故事：

在男同学搬进四十七标宿舍不久，有一天上午三位校务委员——北大校长蒋梦麟、清华校长梅贻琦、南开校长张伯苓，由杨（振声）秘书长陪同前来宿舍实地巡视。巡视完毕蒋常委认为宿舍过于破旧，设备简陋，影响同学身心，不宜居住。张常委则认为际此大敌当前，国难方殷，政府在极度困难中，仍能顾及青年学子的学业，实属难能可贵，何况青年们正应接受锻炼，现在能有这样完善的宿舍应当满意了。梅常委因为从前是南开中学毕业的学生，是张常委的学生晚辈，所以不便表示意见。蒋常委听了张常委的意见后便接着说："假若是我的孩子，我就不要他住在这宿舍里。"张常委很不高兴的说："假若是我的孩子，我一定要他住在这宿舍里。"㊹

虽然这段谈话到此结束，恐怕正如蒋梦麟所说的那样，这些宿舍的条件真的是差到不适宜居住。不过，不久之前张伯苓的儿子在战争中牺牲，㊺如果蒋梦麟知道这件事的话，也应该能够理解他所说的话吧——自此以后张伯苓对于长沙临大的事很少过问，一切交由南开大学秘书长黄子坚负责，自己专心办理在四川重庆沙坪坝的南渝中学。

对于长沙临大的生活，张起钧甚至说北大、清华一向被称为自由主义的"大本营"，对于散漫自由惯了的学生们来说，在长沙临大的军队式生活倒也有趣,尤其生活规律,对健康很有帮助,他自己便是一洗旅途的颠沛,而养得胖胖的了。[46]不过,这恐怕是对于刚到达不久的学生们来说的,对于早就到达长沙的学生们来说应该不是这样的,而应如汤衍瑞写的那样"尚能勉强适应"吧。

另外在长沙的这短短三四个月,从物质生活上看可以说是临大、联大学生的"黄金时代"了。[47]在八年全面抗战中,物资越来越缺乏,生活越来越艰难。尤其后来昆明物价高涨,生活更是苦不堪言。若以此来论,学生们在长沙确实是过了一段"好生活",但可惜当时并没有这样想,正如张起钧说的那样"人在福中不知福"。[48]

下面,对先前未涉及的有关长沙临大开学后学生生活方面的内容再进行一些补充说明。

关于衣服[49]

先前提到,到长沙临大本部报到后,学校分发给每个男学生黄布制服一套、黄布军帽一顶及黑色棉大衣一件。在这之中,棉大衣甚至被称为"救命宝贝"。因为战争爆发后,学生们放在宿舍的衣服、随身物品等大多没有带走便去避难。而在长沙的时日,正值秋冬至初春,天气多数是阴沉沉寒森森的,雨天很多。在这样的日子里,棉大衣既能御寒,又能当雨衣穿,夜里还可作为一层薄被盖,可以说是昼夜与共,形影不离。有人在从长沙到昆明的行军中把它作为褥子用,也有人一直穿到毕业,胸前早已油光闪闪,两肘棉花已现出且变为灰色的了,依然赠予学弟,誉之为"传衣钵"。

而且这件大衣的用途还不止于此。据说制服与棉大衣的领上有临大领章,穿起制服,戴上军帽,披上大衣,招摇过市,像个

第二章
国立长沙临时大学开设

军曹。在战时的长沙，免不了兵荒马乱，这身行头无形中也是一重安全保障。

关于吃[50]

小吃（简单的料理）方面，长沙有湖南特制的米线（即用大米粉做的面条，很细很滑，不仅限于湖南，在中国南方被广泛食用），炒来吃或是下汤来吃都别有风味。小铺子里的酒酿蛋，价钱很公道，迟睡的同学多以此为宵夜。平时喜欢吃的零食有一种叫"大红袍"的花生米和凉薯（产于四川、湖南、广西等南方地区，块根像红薯那样甘甜多汁，可以生吃）。另外长沙盛产橘子，价格便宜。据浦薛凤记述，岳麓山畔就有橘园，橘子树实为其生平第一次见到。

关于游玩[51]

每逢十余个日不见太阳、夜不见月亮的阴雨天后，一旦晴日当空，大家不免鼓掌欢呼，引为乐事。天气晴朗的周末，同学们多结伴去岳麓山远足，也可以与在岳麓书院的理工学院朋友聚首。岳麓山林木茂盛，下望湘江蜿蜒如带，置身其间，颇可一舒胸头闷气。

这里补充说明下若干的地理问题，岳麓山位于长沙湘江西岸，是南岳衡山的山麓部分，因此得名。岳麓山东麓有座岳麓书院，是宋代四大书院之一。北宋开宝九年（976），由潭州太守朱洞创立，南宋时期张栻（1133—1180）、朱熹（1130—1200）曾在这里讲学。现在岳麓书院位于湖南大学校园内。

关于交通、湖南人的性格[52]

长沙多雨，下雨天道路泥泞，不能走路。市内唯一的交通工具是人力车，下雨时，车夫脚下穿一双又大又厚的半截钉靴，一手执油纸伞遮雨，一手拉车。这样的行头，不要说跑，连走都走不快。如果催车夫快些，车夫会把车往地上一放，说"你要快，你来拉车"或者"你自己走吧"之类。据说有一次北大校长蒋梦麟先生坐车赶时间开会，就请车夫拉快点，结果就被这样反驳。

这与北平车夫恭敬从命的态度恰成对照，学生们对此非常惊讶，认为湖南人脾气"倔"，顽固而不懂变通，但也有人认为从这里可以看出车夫有不可轻侮的尊严。

第五节　国立长沙临时大学南岳分校

文学院所在的南岳圣经书院在距离长沙约120公里的地方。乘公共汽车经湘潭、过衡山，总共要走四五个小时才到南岳市。[53]从长沙到南岳的沿途两侧，印证了"两湖熟，天下足"的谚语，稻田开阔，一望无际，处处是灌溉用的池塘。如果是收割季前，晴朗的天空下，凉爽的秋风吹拂着稻穗，泛起金黄的波浪。稻田远端山峦起伏连绵，南岳是其中的主峰，山峦的大部分露出瓦砾色的地表，唯独南岳树木葱郁，孤峰独秀，高高耸立。据傅幼侠记述，从南岳市下车，步行上山，约走两公里多路，转过两个小山头，顺狭窄小路向右一拐弯，便看见白龙潭，南岳圣经书院也就在眼前了。[54]

11月3日，暂住长沙圣经书院教员宿舍的朱自清、闻一多、冯友兰、叶公超、柳无忌等十余名文学院教授组成第一队，拖着

第二章

国立长沙临时大学开设

行李乘长途汽车来到南岳山中的长沙临大文学院校址。之后陆续抵达的尚有数人，开学时共有 19 位教员。文学院的学生约 80 余人，11 月 16 日他们来到后，南岳山中顿时热闹了起来。至 11 月 19 日总算开始上课。⑤

据柳无忌记述，北大的<u>吴俊升</u>为文学院院长，叶公超为<u>西洋</u>文学系主任。该系是文学院最大的一系，系中教授除叶公超和柳无忌外，教英国文学的有南开的罗皑岚、北大的燕卜荪（William Empson，曾到过日本的英国诗人、评论家），以及教法文的吴达元、教德文的杨业治，一共六人。六人中除叶公超年岁稍长外，其余诸人都是 30 岁左右的少壮派。其他系的教授，中文系有朱自清（主任）、闻一多、浦江清，历史系有刘崇鋐（主任）、容肇祖、郑秉璧（编注：郑秉璧为北大哲学系教授，此处应为柳无忌的记忆偏差），哲学心理教育系有冯友兰（主任）、金岳霖、沈有鼎、吴俊升、罗廷光、周先庚、孙国华诸人。⑥

据傅幼侠记述，南岳圣经书院面对一脉小溪，涧上有一座石桥，溪涧两旁尤其向高处走去都是梯田，田中之水也都是满的，随时从上层流入下层，然后归入溪涧里。初冬的时候，衡山山脚下一带多雾，雾浓时如云彩落地，蒙蒙细雨连日不停。

溪涧前大约二百步，路旁有块大石头，上书"白龙潭"三个大字，白龙潭是一个高百尺、略有坡度的悬崖。到达南岳的第二天，还发生了一件不幸的事，一名北大学生在白龙潭失足坠落而亡。

进入南岳圣经书院的大门后有一条石子路，路通向可以容纳二百多人的大饭厅。饭厅之左侧有二三栋两层木造的学生宿舍，饭厅之右侧有一排教室，前面有大片草坪。教室之最右方为图书馆，再过去便是女生宿舍。院中树木繁茂，尤以大竹子最多，每一竿竹子，均有碗口粗细，高三丈以上，枝叶扶疏，随风轻荡，甚是秀美。[57]

初到时，教授们高居于小山坡上的一座洋房里，下望溪谷，仰视丛林密布的群山，风景优美极了。可是从下面的教室、饭厅及学生宿舍走上去要爬三百多级台阶，甚是不便。幸亏不久就搬到下面去了。[58]

这里再通过闻一多的《八年的回忆与感想》来了解一下当时的生活，他是如下谈及的：

在南岳的生活，现在想起来，真有"恍如隔世"之感。那时物价还没有开始跳涨，只是在微微地波动着罢了。记得大前门纸烟涨到两毛钱一包的时候，大家曾考虑到戒烟的办法。[59]

南岳是个偏僻地方，报纸要两三天以后才能看到，世界注意不到我们，我们也就渐渐不大注意世界了，于是在有规则性的上课与逛山的日程中，大家的生活又慢慢安定下来。半辈子的生活方式，究竟不容易改掉，暂时的扰动，只能使它表面上起点变化，机会一来，它还是要恢复常态的。[60]

南岳山中交通甚为不便，无报纸可看，大家便聚在一起闲谈，长沙有人来就去打听消息。[61]闻一多也于12月11日致长子的信中提道："我在此间有许久未见报纸。"[62]后来交通情况更加恶化，从长沙寄一封信要花四五日才能到达。[63]本来就已经迟发的薪水即便发放，因为没有银行也无法兑现。[64]

位于山中偏僻之地的南岳分校虽然有着诸多不便，但其背后的衡山却有探索不尽的名胜之地。正如之前所述，位于湖南省中

第二章
国立长沙临时大学开设

南岳

部的衡山也称南岳，是与泰山（东岳）、华山（西岳）、恒山（北岳）、嵩山（中岳）齐名的五岳之一。北至湘乡、湘潭、长沙，东至衡山、衡东，南至衡阳，蜿蜒数百里山峦连绵不断。大小合计72峰，主峰祝融峰海拔1290米，在上面可以俯瞰群山，饱览日出美景——本页的照片"南岳"是从祝融峰顶往下一点的地方向南眺望的风景。从这张照片也可以看得出，衡山重峦叠嶂探索不尽。

山居生活虽然单调，但最初几个星期天气尚佳，教授与学生游山的兴趣甚大。就连不善走山路的柳无忌也曾登祝融峰观日出，去水帘洞赏瀑布。㉟

傅幼侠如下回忆当时的游山情景：

衡山之各阶层庙宇不少，从（南岳圣经）书院上山沿路偏右走上一个小山峰，那里有一座很整齐的庙宇〔似乎是叫元通寺〕。红墙绿瓦，竹树参天，古香古色，异常幽静。殿中两侧壁上悬有镜框，内中是在菩提叶上工画的细五彩人物宫殿，手笔的精致与唐伯虎、仇十洲不相上下。我等出校散步，时去欣赏。后来时局紧张，各地风声鹤唳，庙中僧人为保存古物，也将这种名画收藏起来了。

从书院出发上山，要走四十华里才到衡山峰的祝融峰。一路上水田竹树，白云绕路，风景十分幽美。最妙的是虽然登山愈走愈高，而梯层水田亦是一无穷尽。

由祝融峰顶向下看，向东望便是衡山，南望为衡阳。⑯

祝融峰

（摄于1981年10月末。虽然才10月末，但寒风嗖嗖地吹，四处挂着冰柱，下面深深的谷底让人冷到浑身打战。据说谷底可以看到红色的"飞仙"二字，向谷底纵身一跃，会使人产生如仙人般在空中飞翔的幻觉）

第二章
国立长沙临时大学开设

登上了祝融峰的傅幼侠等人自然还在天明之前起身观赏了日出景色。

另外师生们也到南岳市溜达,那里有市场、庙宇、图书馆,还可以在中国旅行社的招待所歇脚。⑰

总之只要不下雨,不怕无处可去。虽说这样,在经常下雨的湖南,又数衡山的雨尤其多。闻一多就曾记述自3日到达以来,8日才第一次见到太阳。⑱

只是,学生宿舍五人一间,有床无桌,油灯又暗,不能看书,晚上只好聊天。在这样的生活中,学生们办有壁报,登载颇多描写现实生活的诗文。其中也曾登载过哲学系冯友兰教授的绝句。⑲

关于这些绝句,冯友兰有如下记述:

南岳有个二贤祠,据说是张南轩与朱子相会之处。其中有嘉会堂。榜曰"一会千秋"。我到那里,想起来晋人宋人的南渡,很有感触。回到文学院宿舍,作了几首诗。其中二首是:

二贤祠里拜朱张,一会千秋嘉会堂。
公所可游南岳耳,江山半壁太凄凉。

洛阳文物一尘灰,汴水繁华又草莱。
非只怀公伤往迹,亲知南渡事堪哀。

佩弦(朱自清)很赞赏这两首。学生开了一个诗朗诵会。佩弦就拿这两首去朗诵。⑳

诗中冯友兰想到朱熹、张栻相会于此的时候,南宋已丧失半壁江山,国都的文物被破坏殆尽,曾经繁华热闹的汴水边(北宋的首都汴京,现在的开封)也杂草丛生成为荒地,二人可游玩的地方只有南岳。此情此景与当时的状况何其相似,因此,冯友兰发出了"非只怀公伤往迹,亲知南渡事堪哀(亲身体会到南渡之后无尽的伤悲)"的感慨。

冯友兰的这两首诗恐怕也曾被登载在壁报上,而且从冯友兰的描述可知,同学们不仅办了壁报,还开了诗朗诵会。

另外似乎还举办过晚会。据翁同文回忆,有一天晚上聚会,北大教师容肇祖讲话,说他学阳明有得,眼前所见无非圣人,赢得热烈掌声[71]——从讲究知行合一的阳明学的角度来看,仅仅依靠见闻和读书无法内化知识,只有像长沙临大学生这样躬行实践,才能知德合一人格高尚,可称为圣人。柳无忌也曾记述道:"日子虽说寂寞空虚,却也过得快。圣诞前夕晚饭后,燕卜荪哼了几曲洋歌,除夕之夜(译注:应指12月31日跨年夜)文学院师生们开了联欢会,颇为热闹。"[72]或许容肇祖的那番讲话就是发生在跨年夜的联欢会上。

第二年即1938年的元旦,中文系教授朱自清、浦江清等游观河林,其间二人作联句一首,[73]此作品以"戊寅元日纪游,与朱佩弦联句"为题收录于《浦江清文录》。《浦江清文录》于1958年由人民文学出版社初版,1989年发行第二版。包括这首联句在内,长沙临大南岳分校时期他的六首旧诗被收录其中。或许这些作品也曾被登载在壁报上。

即便是在偏僻不便的山中暂住,也正如闻一多所述的那样,半辈子的生活方式,究竟不容易改掉,教授们各自继续着自己的研究。汤用彤在写他的中国佛教史,闻一多在考订《周易》,沈

第二章
国立长沙临时大学开设

有鼎在研究《周易》的占卦方法,朱自清在南岳图书馆为《文选》研究收集资料,[74]南岳的生活比长沙还要安定。

冯友兰在十余年后回忆当年的情景时也谈到,在南岳的时间,虽不过三个多月,但是教授学生,真是打成一片,那个时候文学院的学术氛围可以说比三校的任何时期都浓厚。有个北大同学说,在南岳一个月所学比在北平一个学期还多。

虽然冯友兰还追述自己当时的生活是既严肃又快活。然而这是在抗日战争胜利后的回忆。事实上长沙第一次受到日本军机的轰炸是在南岳开课仅仅五天后的11月24日,而且不久之后号称"世外桃源"的南岳山中,也响起了两次空袭警报,铿锵的锣声打破了山居的沉寂。[75]战况已恶化到这种地步,应该如柳无忌所述的那样"日子寂寞空虚"吧。

有关长沙空袭我们放在下一章进行说明,这里先根据傅幼侠的回忆,来了解一下当时学生们在南岳的生活状况:

校门前常有些提篮的小贩,卖大红袍〔花生米〕和凉薯〔即地瓜〕等土产物。我们同屋除小崔外都喜欢喝两杯酒,常买些大红袍和大曲来,大家猜拳消遣,小崔则最喜欢躺在床上盖上棉被高卧,因为那时常是阴雨绵绵,天气清凉。(如前所述,学生宿舍有床无桌,油灯又暗,无法看书。)

出了校门沿着石板路顺水田向山上走不到二三百步,有两间土房似乎是一个住家临时改设的小饭铺。记得那湖南厨子作的菜,口味相当好,而价钱也公道,我最喜欢去吃炒面。

住在书院天天吃包饭,大家不免感到苦闷;刘介儒兄是长沙人,家业商行,为人爽朗,最懂吃吃喝喝,他年纪也较略长,我

寻路：走向西南联大

和老沈、小崔诸人便不时追随刘兄下山到南岳山饭馆去吃喝一大顿，每人也不过分担几毛钱。湖南菜十分丰富，如大盘炒腊肉及整只鸡炒辣子鸡丁，也只有在富庶的湖南省才能大盘上桌。大家酒足饭饱上山回校，须买一只洋蜡，用半张报纸包上，蘸上水将蜡燃着，便成为一只小火把，发出足够的光辉，照明一条曲折盘山的小路，一到白龙潭便算到书院了。㊆

第二章
国立长沙临时大学开设

① 柳无忌《南岳山中的临大文学院》,《笳吹弦诵情弥切》收录,56 页。
② 《闻一多书信选集》255 页。
③ 《一樵自订年谱》,《顾一樵全集》(台湾商务印书馆,1961 年)第 12 册收录,107 页。
④ 浦薛凤,前述文献,39 页。
根据郑天挺前述文献 327 页记载,12 月 14 日到达长沙的他"在长沙史学系讲隋唐五代史"。但是根据柳无忌前述文献 56 页记载,历史系的刘崇鋐等人在南岳分校。
⑤ 郁振镛,前述文献,11 页。
云镇,前述文献,75、76 页。云镇是南开学生,1939 年毕业于电机系。根据他的记述,学号的前面清华学生附加了 T,北大学生为 P,南开学生为 N,此后的新生为"联"这样的字符。另外,因为写到在青岛站遇到陈寅恪教授并与之同行,因此估计到达长沙是在 11 月末。他还记述到,接到长沙临大开设的通知是在 10 月。自从 7 月 31 日天津沦陷后,经常看到日军升起的"庆祝某某城市攻克胜利"的气球。待到济南,该城已停市,家家关门闭户,因日军已迫近,车站上难民汹涌,车厢已有人满之患,而车窗上仍不断有人向内爬进。
⑥ 张起钧,前述文献,31、32 页。另外,张起钧还这样写道:"尤其妙的是农村中那种朴实的心态,有一次李迈先同学等五六个文学院的同学,从南岳回长沙,在衡山车站等车,和一家小铺子讲好,一块钱十个菜一碗汤〔饭当然是白吃〕,菜量很丰富,大家方在庆幸便宜,不想十个菜上足后,还在往上端菜,结果上了十二道菜,才算罢休。原来那老板娘作完十个菜后,感觉赚钱太多,心里不过意,又补了两道,试问今天那里去找这样的事。"
⑦ 蔡孝敏 1939《临大联大旧人旧事》,《清华校友通讯》新 65 期(1978 年 11 月)收录,6—8 页。
⑧ 傅幼侠《衡山负笈》,《学府纪闻 国立西南联合大学》收录,84 页。
⑨ 张起钧,前述文献,28 页。
⑩ 张起钧,前述文献,28 页。
浦薛凤,前述文献,45 页。
另外,闻一多也在 11 月 2 日致孩子们的信中写道:"昨天这里有过一次警报,但敌机并未来。"
⑪ 汤衍瑞 1938《回忆西南联大前身——长沙临时大学的点滴》,《清华校友通讯》新 65 期收录,4 页。汤衍瑞是西南联大的第一届毕业生。后文汤衍瑞的回忆全部都是依据该文。
⑫ 张起钧,前述文献,29 页。

寻路：走向西南联大

蔡孝敏"清华大学史略"，《学府纪闻　国立清华大学》收录，82页。
另外，后者记述圣经书院是英国财产（所以使用英国国旗），但是《云南师范大学校史稿》第5页记载为美国教会所有。
⑬　郁振镛，前述文献，10页。
⑭　《北京大学校史》301、339页。《清华大学校史稿》142页。
⑮　张起钧，前述文献，27页。
⑯　傅幼侠，前述文献，86页。
⑰　《云南师范大学校史稿》8页。郁振镛，前述文献，10页。
⑱　《云南师范大学校史稿》8页。张治中和陈诚的演讲参见本书第三章第四节。
另外，郁振镛前述文献第10页如下写道："记得第一个来演说的是张治中，劈头便把大家疼骂一顿，说'际兹国难当头，你们这批青年，不上前线作战服务，躲在这里干什么！'骂得大家都没什么好气。后来来了陈诚将军，则把大伙喻为国宝，说国家虽在危难之中，但十年生聚十年教训，国家以后的命运，全在我们这班青年身上。说得大家飘飘然。"
⑲　《北京大学校史》327页。
马伯煌《徒步三千流亡万里》，西南联合大学北京校友会校史编辑委员会《笳吹弦诵在春城——回忆西南联大》（云南人民出版社、北京大学出版社，1986年）收录，31页。后面引用该书的时候简略记为《笳吹弦诵在春城》。
⑳　徐特立对长沙临大当局的批判参见本书98页。
㉑　《北京大学校史》327页。《云南师范大学校史稿》8页。
㉒　闻一多《八年的回忆与感想》，《闻一多全集》第三卷己集收录，17页。后文引用该文时，都是依据《闻一多全集》第三卷己集中收录的版本，仅注明《八年的回忆与感想》和页码。
㉓　《联大八年》（西南联大学生出版社，1946年）（未见）、《抗战中的西南联合大学》（神州图书公司，1946年）、《笳吹弦诵在春城》等收录。
㉔　闻一多于10月26日致妻子的书信，《闻一多书信选集》255页。后面引用闻一多于10月26日致妻子的书信时，出处相同。
浦薛凤，前述文献，38页。后面有关浦薛凤到达长沙前后的情况的描述依据浦薛凤前述文献38—40页。
㉕　柳无忌，前述文献，56页。
㉖　柳无忌，前述文献，56页。
㉗　唐沅、韩之友等《中国现代文学期刊目录汇编》（天津人民出版社，1988年）1928页。另外，"佩弦"是朱自清的字。
㉘　《闻朱年谱》146页。
㉙　柳无忌，前述文献，57页。
㉚　杨西孟《九年来昆明大学教授的薪津及薪津实值》，《观察》第一卷第三

第二章

国立长沙临时大学开设

期（1946 年 9 月 14 日）收录，7 页。杨西孟是北大经济学系教授。

㉛ 《北京大学校史》338、341 页。据该书记载，全面抗日战争爆发后，私立南开大学的经费来源枯竭，而由中华文化教育基金董事会支付的清华大学经费后来也告中断，到这个时候，清华、北大、南开三校的经费改为完全由国库支付。

㉜ 《闻一多书信选集》256、258、263、266 页。

㉝ 柳无忌，前述文献，57 页。

㉞ 蔡孝敏《临大联大旧人旧事》7 页。

㉟ 张起钧，前述文献，30 页。

㊱ 汤衍瑞，前述文献，4 页。

㊲ 张起钧，前述文献，29 页。

㊳ 郁振镛，前述文献，11 页。

㊴ 据"大事记"记载，1937 年 11 月 1 日，决定由潘光旦、黄子坚、毛鸿、钟书箴担任学生宿舍管理委员会委员，潘光旦为负责人。

㊵ 汤衍瑞，前述文献，4 页。

㊶ 郁振镛，前述文献，11 页。

㊷ 参见本书 42、43 页。

㊸ 云镇，前述文献，76 页。

㊹ 汤衍瑞，前述文献，4、5 页。据汤衍瑞记述，女生宿舍借用圣经书院隔壁的女子中学的宿舍，所以往返学校很轻松，设施和环境也比男生宿舍好。此外，也有女生宿舍是租赁附近民房的说法。(蔡孝敏《清华大学史略》80、81 页)

㊺ 《张伯苓与南开》34 页。《张伯苓先生传》7 页。张伯苓不仅失去了南开大学及其附属学校，在这不久之前，他参加抗日战争的第四子张锡祜（1913—1937）在驾驶飞机赴前线时，因飞机失事，牺牲在江西南昌。

㊻ 张起钧，前述文献，29、30 页。

㊼ 张起钧，前述文献，30 页。

㊽ 张起钧，前述文献，31 页。

㊾ 参见本书 40 页。后面有关长沙临大发给的衣服依据郁振镛前述文献 11 页、云镇前述文献 76 页。另外据郁振镛记述，虽然女生是否也发给免费衣物记不清楚了，不过没有人再拿衣饰来耀人眼目，大家都穿得很朴素。

㊿ 郁振镛，前述文献，11 页。云镇，前述文献，76 页。浦薛凤，前述文献，41 页。

㊉ 浦薛凤，前述文献，41 页。郁振镛，前述文献，12 页。

㊒ 郁振镛，前述文献，11 页。云镇，前述文献，76 页。浦薛凤，前述文献，40 页。

㊓ 傅幼侠，前述文献，84 页。

㊔ 傅幼侠，前述文献，84 页。

㊺ 柳无忌，前述文献，54、56页。

但是，据傅幼侠前述文献84页记述，他10月初到达长沙，之后过了不到两三个星期便和大家一起乘公共汽车前往南岳书院。

另外本书49、51页中提到，闻一多在11月8日的书信中记述来到南岳后"还是一天喝不到一次真正的开茶"，而11月16日的书信中写到自叶公超到来之后，"天天也有热茶喝"，因此11月3日的时间点，叶公超是否已经到达南岳还留有疑问。

关于朱自清、闻一多同日到达南岳的记述，从《闻朱年谱》145页的记载及闻一多于11月2日致孩子们的书信来看应该是没有问题的。

关于南岳的开课时间，闻一多在10月23日致妻子的信中写道"真正上课，恐还有两星期"，在10月26日的书信中写到11月3日"还到衡山上去"，同属文学院的"历史系上衡山否，现尚未定""恐怕要十一月半后才能上课"（参见本书39页），另外在11月1日的信中写道"后天（3日）才搬到南岳，一星期后才上课"。从这些地方可以看出，计划变更了好几次。

㊻ 柳无忌，前述文献，55、56页。临大、联大的文学院院长应为本书19页写的那样，关于吴俊升请参见本书93页。

㊼ 傅幼侠，前述文献，83—85页。

㊽ 柳无忌，前述文献，54页。

根据闻黎明、侯菊坤《闻一多年谱长编》（湖北人民出版社，1994年）510页记载，南岳的教授宿舍开始两人一室，不久，晚到的教师增加后变为四人一室。后面引用《闻一多年谱长编》的时候，简注为《年谱长编》和页数。另外，日期明确的时候，除了特别需要的情况，不注明页数。

有关闻一多到达后所住的宿舍，他在11月8日致妻子的信中写道："至于住的地方，是在衡山上的一所洋房子，但这房子是外国人夏天避暑住的，冬天则从无人住过。前晚起风，我通夜不睡着。有的房间，窗子吹掉了，阳台上的栏杆吹歪了。"包括吃的东西在内（参见本书49页），那里并不享福。

但是同日在致孩子们的信中写道："我们现在住的房子，曾经蒋（介石）委员长住过，但这房子并不好，冬天尤其不好。这窗子外面有两扇窗门，是木板做的，刮起风来，劈劈拍拍打的响声很大，打一下，楼板就震动一下，天花板的泥土随着往下掉一块。假使夜间你们住在这样一间房里，而且房里是点着煤油灯，你们怕不怕？这就是现在我所住的房子。但是这里风景却好极了。最有趣的是前天下大雨，我们站在阳台上，望着望着一朵云彩在我们对面，越来越近，一会儿从我们身边飘过去，钻进窗子到屋子里去了。"继五岳中的泰山之后又能游玩衡山，他感到很高兴。

㊾ 如本书52页所写的那样，由于当时薪水延迟发放，下次何时能够发放都还未知，所以闻一多在写给家人的信中反复要求节约，他自己也开始节约，在12月致妻子的信（《闻一多书信选集》270页）中写道："再报告你一件大事。纸烟寻常一天吃两包，现在改为两天吃一包。现在做到这一步，已经很不容易了。"

第二章
国立长沙临时大学开设

⑥ 《八年的回忆与感想》18 页。

至于长沙香烟的情况，浦薛凤如下写道："物价倍涨，香烟尤甚。初来时白姑娘牌仅七分一包，后增八分，今则不特无货，且索价高至一角三分。哈达门牌初仅八分，今则一角四。白金龙颈两角五。"而且，他还记述了由于价格上涨决定放弃购买香烟的梅贻琦校长说"觉得并非不抽不可"，不过自己因心里烦闷紧张，欲戒除香烟而难成。（浦薛凤，前述文献，72 页）

⑥ 柳无忌，前述文献，57 页。

⑥ 《闻一多书信选集》266 页。

⑥ 浦薛凤，前述文献，39 页。

⑥ 闻一多在书信中如下写道（《闻一多书信选集》263、264、266 页）：

11 月 16 日致妻子："十月份（学校的）经费据说已来，但薪水尚未发下。一俟发下，定即寄归。我手中亦只有十余元。在长沙大陆银行存了五十元，不拟挪用，并且这里离长沙太远，也无法取出。"

11 月 27 日致妻子："这里（10 月剩下部分的）薪水还未领到。据说本月底金城银行要来设办事处。本来即令薪水领到，没有银行，还是无法兑现的。"（10 月份的薪水中 50 元已经发放，参见本书 52 页）

12 月 11 日致长子："十月份薪水条子，昨日才寄到。但我又已经将图章交给叶（公超）先生，托他在长沙去领去了。我曾托叶先生代寄一百元回来……下次又不知道又要等到何时才能发下。"

⑥ 柳无忌，前述文献，56 页。

⑥ 傅幼侠，前述文献，86 页。

⑥ 柳无忌，前述文献，56 页。

⑥ 翁同文，前述文献，50 页。闻一多 11 月 8 日致妻子的信。

⑥ 翁同文，前述文献，50 页。

⑦ 冯友兰《回念朱佩弦先生与闻一多先生》，《闻朱年谱》收录，146 页。后面，本节中引用冯友兰的回忆都是根据《闻朱年谱》146 页收录的《回念朱佩弦先生与闻一多先生》。

⑦ 翁同文，前述文献，50 页。

⑦ 柳无忌，前述文献，57 页。

⑦ 《闻朱年谱》146 页。

⑦ 《云南师范大学大事记》7 页。

⑦ 柳无忌，前述文献，57 页。

⑦ 傅幼侠，前述文献，85 页。

第三章

南京沦陷　在战火中摇曳的长沙
——从军运动、战时教育争论、反迁移运动

第一节　战火扩大——第一次长沙空袭

长沙第一次遭到日本军机的空袭是在 11 月 24 日，也就是长沙临大开始上课刚三周有余，南岳分校上课仅仅五日之后。据《湖南近百年大事纪述》记载，这日，敌机 4 架来袭，在小吴门和长沙站一带投弹 6 枚，死伤民众 300 余人。①

有关第一次长沙空袭的情形，从在这次恐怖经历中险些丧命的蔡孝敏的回忆录中可以有所窥视：

二十六年（1937 年）十一月<u>二十三日</u>，我吃完午餐，从浏阳桥雇了一辆人力车，想去四十九标（临大宿舍）。上车不久，经过长沙火车站附近时，忽然眼前白光刺目，耳膜震得发痛，整个人被一阵旋风卷下人力车，车夫亦不见了！我不知究竟发生什么意外，只见街心空无一人，两旁人行道则人潮喧扰，纷纷向商店及

寻路：走向西南联大

住户涌入，我亦下意识的冲进一家店内，匍匐地上，同一瞬间竟有一位仁兄躺在我背上。这时我的意识逐渐恢复平静，听到空中有飞机声由近而远，理解到刚才是敌机闯入长沙市区上空投弹，残杀我无辜军民同胞。半小时后，解除警报，大家从地上爬起来，互庆更生。

走出店门，街景触目惊心，除掉被炸死的同胞用白布遮住看不见外，很多断肢缺腿的人，到处呻吟，许多救护人员正施行急救，希望能挽救他们的生命。突有一位老太太疾言厉色的指着我大叫："全是你们把炸弹带来的！"原来我穿的学生制服是草绿色的，她老人家以为我是中央军队，我猜她一定遭受重大打击，她的亲人必有伤亡，她既然迁怒于我，就让她发泄一下内心的悲痛吧！所以我不与争辩，默然离开，但更加深我痛恨日本军阀的认识。

没想到我们的防空哨，对来袭敌机，竟未发现，而让其长驱直入，真不像话。那天事前既没有挂球，敌机侵入时，连"空袭警报"和"紧急警报"都没有鸣放，置同胞生命财产如儿戏，太不可思议了！

像这种草菅人命的大过失，想不到竟救了在下一条小命，此话怎讲？原来我平时遇有空袭警报，全躲到火车站前面的公共防空洞里面，而那天敌机投弹，火车站前的防空洞不幸命中头彩，所有入内躲避者，没有一人活命。假若那天空袭按时鸣放警报，我照例会到火车站前的防空洞去躲，必死无疑。本人幸逃劫数，应该感谢谁，四十年来，仍未想出答案。②

蔡孝敏还记述这一日正逢其离开家乡天津两个月整，所以记得特别清楚。

第三章

南京沦陷　在战火中摇曳的长沙

赵元任的夫人杨步伟也记录下了有关这次长沙空袭的情形。③赵元任一家于1937年8月从南京来到长沙避难。此后不久便听闻他们南京的房子在日本军机的轰炸中中弹烧毁。据记载赵元任对失去的家产并不在乎，就是舍不得那些被烧毁的书籍，乃至半夜睡不着觉。然而在长沙仅仅安稳地度过了三个多月，日本军机就又追到了长沙。

据杨步伟回忆，日本军机和在南京一样地低飞，机上的人都看得见。最初的两次没有轰炸，只是警报响了。但是11月24日这次就真轰炸了，地点在长沙火车站，伤了很多人。并且杨步伟继续写道：

一点钟后湘雅医院有人打电话给我，叫我一同去救受伤的人去，因为我一到长沙后就加入了红十字会服务。

到了火车站，看他们乱的一塌糊涂。医药材料都没有，受伤的人也无处送，只得就地安插。好在火车站地方还大一点。

还有一阵人啼啼哭哭的，我问为什么？他们告诉我车站旁边一个礼堂办喜事被炸中了，新郎未死，而新娘只剩了一条腿，还穿着红绣花鞋呢。我赶去看已搬走了。我看没有需要我的事，就回家。

大三两女也正回来，一头灰土，因为她们正由周南学校派出去慰劳军队。大女是在军乐队里，她们到了半路，轰炸机到了，就避在路边小店门口，震动的一头的灰土，老三说幸亏炸弹没到我头上。

另据浦薛凤的《八年抗战生涯随笔》记载，这日久雨天晴，云开日朗。午饭后，浦薛凤洗完脸欲回房休息，被邀玩桥牌，遂至同事房间打牌。过了许久，忽然蓦地听到一声巨响，如即在楼下。接着又闻轰然一响，全楼震动。悟及此为空袭的他们拟跑往地下室，却感到日本军机已经迫近，在一楼的饭厅中徘徊时，又闻炸声连接两响，急忙躲在桌子底下。待日本军机飞走乃闻警报声。

浦薛凤回到宿舍，发现自己房间的窗户玻璃已粉碎，玻璃粒屑落满地面。暗幸如果在房间休息，或是如平时一样在自己房间打桥牌，必遭碎玻璃之袭击而受伤——关于打桥牌，浦薛凤曾记述，并不是在国难之时尚图逸乐，实在是不得不借此以解烦减忧。

事后知长沙站轨道两旁有大孔六七个，靠此边者恰好是空地，故损失较少。但是越过轨道之另一边，则系人烟稠密区，死伤逾百。听闻有一旅馆中正在举行婚礼，新郎新妇以及所有男女老少亲朋宾友，无一幸免。

此后，对于何以未及时放警报众说纷纭，有云恐市民奔避塞途，要人们汽车不得疾驰而过，有云新主席张治中有来湘讯，故来示威，新旧交替之时，呈不负责不管事状态，等等。无论哪种原因，浦薛凤万没想到第一次机来弹下，而毫无警报。初抵长沙，即闻有过警报，但敌机迄未光临。④

下面来一瞥当时的战况。

在华北方面日军以河北省（平津、冀东）为据点，北窥绥远、察哈尔，西攻山西，南攻豫北（河南省北部），向东侵入山东。沿平汉线南下的日军 10 月 10 日占领石家庄，17、18 日占领邯郸、磁县，又于 11 月 5 日攻占河南安阳。在津浦线方向于 10 月 5 日占领了山东省西北角的德州。另外沿着纵贯山西省的同蒲线于 9 月

第三章

南京沦陷　在战火中摇曳的长沙

15日占领大同，11月8日占领太原。绥远省方向于10月16日达到包头。就这样日军10月中旬基本占领了河北、察哈尔、绥远、山西各省的战略要地，并且继续向山东、河南推进，战线日益扩大。⑤

与此相反，在上海方面，由于中国军队的顽强抗击，战事处于胶着状态。于是日军10月20日下达了在杭州湾北岸登陆的命令，11月5日日军在杭州湾登陆，随即向黄浦江进军。已腹背受敌的中国军队自11月9日开始撤退，同月12日上海沦陷。⑥

据《战史丛书　中国事变陆军作战史（一）》记载，在8月至11月8日的不到三个月内，日军仅在上海方面的伤亡人数就超过4万。⑦另一方面，据《抗日战争纪事》记载，日军在淞沪战役（淞沪指吴淞和上海）中投入兵力22万余人，伤亡5万余人，中国军队投入兵力70余万，伤亡人数达25万以上。⑧

此后，华中方面的战线也迅速展开，枫泾、嘉善、平湖以及吴兴、长兴、宜兴相继沦陷。11月16日，日军逼近常熟近郊，18日嘉兴沦陷，21日常熟、吴县（苏州）沦陷，27日无锡沦陷⑨——说起来，嘉善是费自圻的故乡，常熟是浦薛凤的故乡。另外，关于这个时候日军对枫泾、嘉善的进攻情况在参加了杭州湾登陆作战的日军下士官火野苇平的文章《土地与士兵——杭州湾敌前上陆记》（1938年《文艺春秋》11月号）中有详细记载。

就在这样的状况下，清华、北大、南开三校的迁校工作继续向前推进着。

据浦薛凤记述，长沙与北平不同，没有英文报纸，不能读到路透社的原电，甚以为苦。不得已只有听无线电，从香港站和上海《大晚报》所发英文放送中可听到路透社当日的新闻。即便如此，有关战况的信息似乎大部分是来源于口传的小道消息。

《中国抗战画史》中记载浦薛凤的家乡常熟于11月21日沦陷，而浦薛凤则记述常熟究竟于何日沦陷不甚清楚，因为报纸刊登之日，已距事实有若干天，大约是在11月12日至14日。有关常熟沦陷的情况也众说纷纭，有说守军未曾激战，全线溃退，城内外或许不至过于糜烂。也有说轰炸甚烈，城内化为白地。他到达长沙后，收到双亲于11月1日和11月9日所写的两封书信，不过同时寄出的包裹却没有收到。据来信所写，10月12日城内受到日本军机的轰炸，二老和房子尚能无恙，而四周邻近则多断垣残壁。然而，至此以后音信全无。

从北平出发前，他每次给双亲写信总劝其到宜兴张渚镇暂避，以为张渚在山中，附近当无战事。万一不幸敌军深入亦可安居不动，听天由命。且屡次禀告要走早走，临危机时，则以静止不动为宜。

虽说如此，浦薛凤最初未料常熟竟亦失陷，且宜兴、溧阳亦相继陷敌。其听闻苏州、宜兴一带，守军不战而溃，从苏州河撤退时，大炮未及携走，而只得先将渡桥自毁。

因开学的日子迫近，并且路途滞阻，而双亲亦未必肯离开故乡，故其数次踌躇，未归去迎来二老。最终故乡落入敌手，就连消息也不得而知，只得祈求上苍保佑平安。

浦薛凤还记述妻子、父母、兄弟姐妹离散各地，通信也往往中断，故乡落入敌手，这个时候的不安，实在难以表达。而且，

第三章

南京沦陷　在战火中摇曳的长沙

不仅仅是他，大部分的教授、学生的心情也都如此，就在这样的气氛下长沙临大开学了。

此时长沙秋意正浓，菊花盛开，红叶满山。浦薛凤与长沙临大同事数次渡过湘江至岳麓山游玩。秋日晴空下的岳麓山红叶并不输北平西郊玉泉山一带，每次游玩他都百感交集。出游至此一则胸襟稍舒，再则兼避空袭。湖南大学的校址至今仍在背靠岳麓面向湘江、脱离尘俗的岳麓书院。在那附近有麓山寺碑和以杜牧《山行》中的诗句"停车坐爱枫林晚，霜叶红于二月花"命名的爱晚亭。向山上攀登不远处还有清末民初出生于湖南的革命家黄兴和蔡锷的墓。据曾在湖南大学上课的云镇记述，每当警报响起常常躲进这些名胜古迹，坐在这里可以清楚地看到敌机在城中上空的活动。⑩

长沙最高的建筑是长沙城墙东南角的天心阁，从那里俯视长沙市区一览无余，望着缓缓向北流淌的湘江和平缓的岳麓山形，顿时心胸舒畅。

浦薛凤也曾与友人到此游览数次。某日傍晚，浦薛凤独自一人登楼小坐，诗兴油然而生，吟诗"独到天心望日落，何时汉月照清华"二句。盖由天心阁联想到北平颐和园万寿山的龙王庙，由夕照景色而想到清华的夜景。在去拜访避难于湘潭的朋友时也曾游玩此地。可盆菊虽好，无心赏玩，秋光纵美，只觉思家，独居长沙，痛苦万分。⑪

湘江

1972年9月连接长沙市区与橘子洲、岳麓山的湘江大桥建成。
右岸是长沙一侧，左岸是橘子洲。
（摄于1981年9月末，后面长沙的照片摄于同一时间）

从岳麓山顶眺望湘江和长沙市

（湘江中的沙洲就是橘子洲）

第三章

南京沦陷　在战火中摇曳的长沙

从天心阁看到的长沙老城

（隔着湘江，前方能看到的就是岳麓山）

第二节　中国共产党的抗日政策和学生的从军运动

前文提到，到11月20日的时候，长沙临大的学生总数为1452人，教员148人。大部分教授、学生都已到达，长沙临大的教学终于走上了正轨。

此时，浦薛凤一周授课五小时，这与在北平的清华大学时一样，不过也有人一周只上两三个小时。据浦薛凤记述，上课秩序极佳，他所教授的政治学概论班里学生约有120人，教室狭小，最初还有站着听讲的，学生们都认真作笔记，大有清华之风。[12]

在南岳分校的柳无忌担任英国文学史（学生14人）、英国戏剧（学生30余人，他的日记所载如此，数量似乎太多）、现代英国文学三门功课。据柳无忌记述，这三门功课他在南开都教过，但赴长沙时匆忙间未带任何书籍与笔记——卢沟桥事变爆发之时正值暑假，他与妻子一起住在上海的父母家。他们在天津的住所已被日军占领。有一天，忽然接到临大开设的通知，于是在战火中他离别了父母、妻子及出生不到一个月的女儿，只身前往长沙。

据他记述，幸好当时年轻，记忆力强，又不知从何处弄到了《剑桥英国文学史》、《英诗金库》（*The Golden Treasury of English Songs and Lyrics*）与几本英国伊丽莎白时代的戏剧，于是开课。学生读书不易，既无课本，亦缺少参考书，教室内一块小黑板还是后来才搬进去的。考试成绩不差，大概是死记笔记的关系，在这种情况下也未可非难。[13]

但是这样的状况并没持续多久，11月24日长沙空袭之后，能安心上课的环境就没有了。那日以后警报多次响起，日本军机开始频繁地对长沙实施轰炸。据浦薛凤的《八年抗战生涯随笔》记载，25日、26日、27日、28日连续四日有警报，每次入圣经书院地下室躲避，惶惶然感觉不安。而且第一次长沙空袭之后，就一般情形而言，走者走，不到者不到，秩序虽好，精神大差。图书馆初思认真购些杂志书籍，及南京沦陷，则积极措施完全停顿。[14]

如前节所述，当时，战线急速扩大，中国军队节节败退，甚至首都南京也岌岌可危，11月20日国民政府最终宣布迁都重庆。12月1日，日军大本营下令攻占南京，12月13日南京沦陷。之后，日军并未减弱攻势，12月15日占领江苏扬州和安徽芜湖，12月24日占领浙江杭州。不仅如此，12月27日日军在山东省沿津

第三章

南京沦陷 在战火中摇曳的长沙

浦线占领济南,第二年的1月10日占领了青岛,同年1月11日占领济宁。⑮

此时,大部分学生的家乡,或被日军占领,或成为战场。由于收不到从家里寄来的书信,就连父母的安危也无从知晓,生活费更是到了中断的地步。失去家园,国都沦陷,长沙也每天面临着空袭的危险,临大笼罩在深深的悲痛、愤慨以及不安之中。许多学生表示,书不能再读下去了,"国家兴亡,匹夫有责",有些学生投笔从戎,奔赴前方,有些学生去延安抗大⑯学习,还有一些学生参加了"战地服务前团"⑰。

对于这个时期的长沙临大,《南开大学校史》中有如下记载:

11月12日日军占领上海。12月13日国民政府的首都南京沦陷,34万⑱军民惨遭日军杀害。愤怒的爱国青年再也不能安于课室内平静的书桌。

中国共产党及时指出爱国青年的方向。

12月31日周恩来在武汉向大学生作《现阶段青年运动的性质和任务》的报告,明确指出现阶段青年运动要挽救民族危亡,完成救国的重大任务。青年应当到军队中去,到乡村去,到战地去,发动民众,组织民众,争取抗战最后胜利。

共产党人徐特立也在长沙临时大学发表演说,号召民众动员起来,参军参战。于是,抗日救亡的歌声响彻临大校园,"到前线去!""参军去!"激励着广大同学。

学校支持学生的要求,常委会决定:"凡服务与国防有关机关者,得请求保留学籍,其有志服务者,并得由学校介绍。"

许多学生纷纷提出申请。在湘江之滨,在白龙潭畔,欢送会

寻路：走向西南联大

一个接着一个，留下来的与即将远行的学友，临别赠言，互相砥砺。爱国青年一批一批地离校，一时间，临大的学生只剩千人。[19]

但是，根据"大事记"记载，向学生发出"凡服务与国防有关机关者……"的布告是在12月10日，是南京沦陷以前的事了。同日也确定了国防服务介绍委员会和国防技术服务委员会的委员。这两个委员会于同月29日合并为国防工作介绍委员会。

周恩来的演讲是应共产党武汉大学地下党支部的外围组织"抗战问题研究会"的邀请进行的。迁都重庆、南京沦陷后，武汉成为国民党统治区事实上的政治、军事、文化中心。12月，延安的中共中央决定在武汉设置中共中央长江局，对外称为中共中央代表团。周恩来当时作为副书记，与王明（书记）、博古、叶剑英、董必武等人一起到武汉赴任。

在此前后，中共中央相继在西安、南京、武汉、长沙、迪化（现在的乌鲁木齐）、广州等地开设八路军办事处或通讯处。1938年1月11日《新华日报》在汉口正式创刊发行。《新华日报》是在国民党统治区公开出版的中共机关报。八路军是"国民革命军第八路军"的简称，为抗日战争中中国共产党领导的人民军队，在抗日民族统一战线成立之后由中国工农红军的主力部队改编而成。1937年9月，改称国民革命军第十八集团军，但此后仍习惯称为八路军。

1937年12月9日，徐特立以国民革命军第十八集团军高级参议及驻湘代表身份到长沙赴任，开设八路军驻湘通讯处（后改为办事处）。他的主要任务是开展统一战线工作，即号召各界爱国人士参加抗日战争，动员群众募捐物资，支援抗日战争。与此同时，

第三章

南京沦陷 在战火中摇曳的长沙

兼有秘密恢复共产党组织，为其发展创造有利条件的任务。从他受邀在长沙银宫电影院、第一师范等处多次发表有关国内外形势及共产党的抗日主张的演讲来看，在长沙临大的演讲或许也是该系列活动的一环。

随着战争的爆发，北平、天津、上海、南京一带的文化教育机关和工厂陆续迁往内陆。共产党地下组织为在这样的新形势下广泛开展抗日活动，号召各单位的党员随其厂校内迁。于是1937年7月下旬来到长沙的学生们组建了平津各大学留湘同学会，而后加入同月中旬成立的湖南省政府的御用团体——长沙抗敌后援会，并使其改组为湖南人民抗敌后援会。此后他们在共产党的领导下，深入群众进行抗日的宣传和组织工作，8月、9月、10月相继成立湖南妇女抗敌后援会、湖南学生抗敌后援会、湖南文化界抗敌后援会。不仅仅在长沙市，岳阳、衡山、南县、益阳等县也诞生了很多称为抗敌工作团或抗敌宣传队的组织。在长沙临大，由北大、清华的学生共产党员十余人组成的党支部也于10月成立。就是在这样的形势下，八路军驻湘通讯处开设。12月19日中苏文化协会湖南分会成立，并创办了机关刊物《中苏》半月刊，宣传马克思主义和全面抗战，介绍苏联社会主义革命和社会主义建设的经验。另外《火线下》三日刊、《前进》周刊、《民族呼声》旬刊、《大众日报》等报纸杂志也经长沙市共产党员之手相继创刊。[20]

关于留在长沙临大的学生人数，前面提到《南开大学校史》中记载，一时间，临大的学生只剩千人。而在《清华大学校史稿》中则有如下记载：

寻路：走向西南联大

一些进步学生突破国民党的封锁，有的奔赴山西临汾参加八路军，有的进入延安抗大学习……同时，国民党的中央军、胡宗南的第七预备师炮兵学校等单位却来校"招生"。1938年春，原清华大学工学院电机、机械二系三、四年级二十多个学生全部被征调入国民党的交通辎重学校。到临大结束迁昆明时，临大学生已由一千五百余人减至六百人了。[21]

留在长沙临大的学生到底是1000人还是600人，数字上有很大的出入。有资料显示，据不完全统计，南开大学的学生中上前线，或到政府军事学校及部队，又或去八路军根据地的70余人[22]——其中参加武汉救亡总会训练班5人、湖南国民训练班17人、湖南战地服务团13人、空军学校22人、军政部学兵队7人、军事工程4人，参加第13军、14军及第181师工作的5人，还有一些学生去临汾、西安、郑州、开封等地。后来有的还牺牲了年轻的生命。

看来当时确实有相当数量的学生从学校离开，可真没想到学生数量的变动会如此之大。闻一多也谈道："讲到同学们，我的印象是常有变动，仿佛时常走掉的并不比新来的少，走掉的自然多半是到前线参加实际战争去的。但留下的对于功课多数还是很专心的。"[23]

也有学生参加八路军、进入延安抗大学习，如《清华大学校史稿》中记载的那样。

离开长沙临大的学生主要是三、四年级的，似乎工学院的学生尤其多。我们可以从他们的回忆录中了解当时学生们的行动。

据工学院电机系十级[24]学生、当时四年级的张去疑记述，学

第三章

南京沦陷 在战火中摇曳的长沙

校里发起整班整批的从军。例如四年级学生中，机械系和航空组的全员进入空军学校（原文为"空军机校或航校"），电机系和其他各系联合起来整批的进入空军电讯班，也有进入装甲兵团、化学兵团的班级，就像是新生选择专业一样决定从军的去处。他本人也和一群关系要好的同学一起进入了空军电气士班。进入空军电讯方面的学生约有12人。㉕

据同为工学院十级的陈乃能回忆，大部分学生参加了陆军或空军，少数人北上延安去了抗大。他当时也和级友以及十一级（三年级）学生一起赴金井陆军机械化学校接受了八个月的训练，然后正式参加了陆军机械化部队。㉖

至于文学院中国文学系十一级的张卜庥，一开始本打算好好读书，他带上衡山的有关"说文"类书籍比长沙临大图书馆中的还要多。可谁知战况恶化，家乡也陷入险境，由于担忧母亲的安危，他急忙回了家，之后度过了一年的逃难生活。其间，参加过战时工作团从事演戏、歌唱、宣传工作，辗转了不少地方。1938年末在故乡附近的太行山上参加对日游击战时还差点被俘。㉗

十一级的林徵祁，1937年11月考入中央陆军军官学校。㉘

政治系十一级的周应霖考入中央军校第四分校，于是向长沙临大递交了休学申请返回家乡广州。然而回乡时，适值其弟也考取空军学校，而父亲希望仅有的两个儿子中有一人不要到战场去，于是回长沙临大复学。然而从联大毕业后，1940年秋他还是进入了四川成都的中央军校本校学习。当时大学毕业后考入军校的人很多，仅是他所属的炮兵第二队就有18人。他于1943年2月从军校毕业后从军，而他的弟弟于1941年阵亡。㉙

寻路：走向西南联大

另外，经济系十级的洪同成为了第一军随军服务团的副团长，随军辗转西北从事战地服务工作。第一军随军服务团，其前身是湖南青年战地服务团，在长沙临大的学生加入后改组而成，团长为李芳兰。李芳兰是湖南人，曾在协和医学院学习护理。湖南青年战地服务团便是她在全面抗日战争爆发后，召集为前线伤员提供救护的医生、护士成立的。洪同推迟了两年于1940年毕业，1962年起历任台湾"清华大学"总务长、训导长、教授。李芳兰1978年的时候居住于美国。[30]

以上所述的都是清华大学的学生。据柳无忌记述，南开大学的学生中也有很多人去了前线。有学生说着"将来或许至太行山一带发动游击战"就离开了学校。而且不仅是男学生，女学生中也有打算去从事战时工作的。浦薛凤的同乡，清华大学地学系的女生陈树仁就是其中之一。[31]

柳无忌回忆当时长沙的情况不如南岳平静，师生都有离校者。不过，如前所述，南岳也有张卜麻这样离校的学生。据柳无忌记述，即便在报纸要晚两三天才能看到的南岳山中，长沙第一次遭受空袭的消息，在当日晚饭时分就已经传开，大家都为之不安。对于那日南岳的天气，他在《南岳日记》中写道："阴、晴、风、冰雹。近处山头已积雪，远望一片白色，冬天真的已来到了！"谁曾想到，在距第一次长沙空袭正好五十年后的同一日，居住在美国的柳无忌根据当时的日记，写下了回忆录《南岳山中的临大文学院》——这篇回忆录被1988年刊发的西南联大五十周年纪念文集《笳吹弦诵情弥切》所收录。[32]

当时与柳无忌一同在南岳分校的闻一多也在12月26日致父

第三章

南京沦陷 在战火中摇曳的长沙

母亲的信中写道:"此间上课情形不比寻常,教员请假他去者往往一去数星期。"另外,同月致妻子的信中写道:"如果搬到长沙,再加上战事不太紧急,我拟先回家一看。同人们请假的颇多,所以我这时请一二星期的假,实际上也无大关系。这次所开两门功课(诗经和楚辞),听讲的人数甚多,似乎是此间最大的班,我讲得也很起劲,可惜大局不定,学生不能真正安心听受耳。"

在南岳分校学习的傅幼侠也记述许多教授未到校,因缺少参考书,毕业班准予免作论文,他那年只要读每周八小时的必修科即可毕业,是以甚为清闲。[33]

总之,如闻一多所写的那样,南岳的状况也不比寻常,被不安和紧张所笼罩着,越来越不适合上课了。虽说如此,如果不从事战地工作的话,也没什么大事可做,反而很清闲。长沙的话这种紧张的状态估计更甚吧,例如在长沙居然发生了这样的事:清华大学数学系的郑之蕃教授,夫人又生病,为了离开长沙去避难,与许多人合包飞机一架,大洋四千四百元,郑家负担一千元,经多番周折12月末终于成行。[34]

学生的生活方面,如先前所述那样,很多学生的家乡被日军占领,因此家里的经济接济断绝,不得不把已经很紧缩的生活费用再加节约。在鱼米之乡享用过长沙美食的学生们没过多少好日子,手头慢慢拮据起来,物价也渐渐高涨起来,吃饭只好舍饭馆而就饭摊,食无鱼肉也不当一回事了。与此同时,同学中有些回家乡,有些从军,几乎每天都有人离校。在这样不安的环境下,留在校内的同学们心境也开始激荡了。[35]

寻路：走向西南联大

第三节 战时教育争论和国立长沙临时大学的迁昆决定

11月24日以后，长沙的空袭日渐频繁，已经不再是可以安心授课的状态。距11月12日上海沦陷仅仅过去一个月，位于上海以西三百公里的首都南京沦陷，战争日益扩大，时局越来越紧。12月13日南京沦陷后，日军继续沿长江一线步步进逼，粤汉路天天遭到轰炸，武汉甚至长沙都已岌岌可危。

长沙临大何去何从，成为当时的一个主要问题。临时大学要继续办下去，唯一的办法只能搬迁到远离战区的地方，而不能坐以待毙。因此学校中再度搬迁的声音开始出现。这弦歌之声究竟能维持到几时？师生们都对学校的前途忧心忡忡，在南岳也对此传说纷纭。

可是当时也面临着民情方面极大的压力，不是能够提出长沙临大搬迁此种意见的氛围。抗战兴起，民众士气非常高涨。但是战局与期待相反，转眼间首都南京沦陷，更有一种悲愤激昂的气氛，谁也不敢公然议论迁校之事。当时的舆论不认为长沙临大搬迁是为百年大计着想，却认为是动摇军心的"败北主义"。不仅临大当局不敢公开表态，就是教育部也不敢定夺。㊱

反对迁校的声音与当时盛行的战时教育争论相结合，引发了对知识分子在这场反侵略的抗日战争中应当承担怎样责任的争论。恰在此时，是否实施战时教育，换句话说，战时的教育与平时的教育有何异同，教育应该如何改变以救国难等问题正被激烈地争

第三章
南京沦陷　在战火中摇曳的长沙

论着。这也是抗战爆发后，在教育方面一直存在的争论最激烈的问题。

一部分人主张彻底改造一切的正规教育，实施战时的非常教育。他们认为高中及大学院校应该停办，使学生和教员能够应征服兵役。或者即便不完全停办，中小学及大学院校也应该改变课程与教学方法，废止平时的正规教育，实施适应战争需要的非常时期教育。㊲

长沙临大也有一部分学生要求学校实施战时教育。学生们认为平时的教育已经不太适合战时的需要，学生应该随时准备以身报国，一旦国家危急，总不能还抱着庄子、楚辞或是莎士比亚上前线。应该有一种有别于平时的战时教育，包括打靶、下乡宣传之类。㊳

如上所述的战时教育论，在南京沦陷后变得更加盛行。不过，国民政府基于教育本身原无所谓战时与平时之分，即"平时要当战时看，战时要当平时看"这样的方针，将教育目标设定为支援抗战与准备建国两点。因此，政府虽然针对希望从军的学生实施了种种适应战争需要的临时措施，但学校的正规教育依旧被维持，教育、文化迁往大后方的工作也在继续推进。㊴

对于政府这样的方针，诸如在重大危机迫近的"生死关头"、必须动员领导湖南民众的关键时刻，迁往遥远的大后方，道义上难道说得通吗？搬迁的决定表明维系战前的高等教育比国家的防卫更加优先吗？这样的反驳当然会有。

但是，就在激烈辩论的最高潮，学校当局继续推进着再度迁校的准备。虽想一口气转移，但光是长沙临大的学生、教职员及其眷属加起来就有约两千人，⁴⁰还涉及大学的图书、仪器设备，况且是在战火中转移，这可不是件容易的事。

实际上在决定迁至云南昆明之前还有迁往广西的考虑。据《南开大学校史》记载，广西省政府主席黄绍竑曾给南开大学校长张伯苓写信建议在广西设立分校。于是张伯苓和南开大学理学院院长、化学系教授杨石先一同前往南宁、桂林等地作了考察。可是考虑到虽然安全比任何事都要重要，但广西的交通实在不便，于是此事作罢⁴¹——浦薛凤记述是清华大学的梅贻琦校长与外国语文学系主任叶公超教授去的桂林。⁴²此外，闻一多在12月15日致妻子的信中写道"迁桂林日期现尚未定"，⁴³在12月26日致父母的信中写道"迁桂林之议，现已作罢，因桂林房屋不敷故也"。由此可见，这一时期确实作了有关迁至桂林的商讨。

在此之后，基于校址最好远离前线并且有通往海港的便利交通这样的考虑，决定迁至云南省的昆明。因为云南有滇越铁路、滇缅公路可以通到国外，图书、仪器设备的搬运、补充都比较容易。滇越铁路是从云南昆明到今越南海防的国际铁路。滇缅公路是连接昆明和英属缅甸（今缅甸）的公路。

那么，长沙临大迁至昆明是什么时候决定的呢？闻一多1月3日致父母的信中有"临大全校现又有迁云南昆明之议"和"文学院决迁回长沙"的记录。可是如先前所述，当时面临很大的舆论压力。于是北京大学校长蒋梦麟专程晋谒蒋介石，以蒋介石亲自决定临大迁至昆明这种形式敲定了这件事。⁴⁴"大事记"中记载，1938年1月19日商呈教育部后决定迁往昆明，1月20日第43次常务委员会议上通过迁往昆明的决议。但是，据浦薛凤记述，1月

第三章

南京沦陷 在战火中摇曳的长沙

11日,迁滇之计划已蒙政府许可。㊹

顺便提一下,1938年1月1日,国民政府为使行政院成为战时行政机构进行了改组,由孔祥熙任行政院院长,陈立夫任教育部部长,顾毓琇任教育部政务次长,张道藩任教育部常务次长,吴俊升任高等教育司司长。顾毓琇曾是清华大学工学院院长,吴俊升曾是北京大学教育学系教授,在长沙临大任南岳的文学院院务委员会召集人兼主席,两人都以此契机从临大辞职,到位于汉口的教育部办公处赴任。此外清华大学政治学系教授陈之迈是教育部战时教育委员会委员。由此可以看出长沙临大和教育部有着很深的关系。㊻

第四节 反迁移运动和陈诚的演讲

长沙临大搬迁的消息传开后,果然尽是反对的声音。首先出来反对的就是湖南省政府主席张治中。

据《云南师范大学校史稿》记载,张治中认为搬迁完全没有必要,长沙绝对安全,湖南省政府也将尽力支持临大办学。退一步讲,即使要搬迁,也不必远道迁昆,可以搬迁到湖南省境内的任何一县,否则湖南省限于自身的人力、物力、财力,实难提供任何支持。㊼

张治中希望稳定湖南的局势,极不愿意由于临大的搬迁引起长沙民众的动摇,他竭力挽留临大继续驻足长沙。㊽关于此,也有以下的这些资料佐证。

寻路：走向西南联大

根据宋廷琛的《记陈诚张治中在国立长沙临时大学的演讲》记载，迁昆之时，最需要的乃是交通工具。于是北大校长蒋梦麟和清华校长梅贻琦二人去拜访湖南省政府主席张治中，希望能调拨车辆帮助搬迁。不料张治中大发脾气说现在军情紧急，军运都来不及，哪有车辆供临大搬迁用。而且他还自告奋勇于1938年1月12日跑到临大演讲，一上台就破口大骂："你们学生如果怕死就走到云南去好了，我绝对不派车送你们去的。"之后又接着说"湘江可容数十万人"。他的意思是教授学生应该效法屈原投湘江自尽。简直语无伦次，痛骂一通后，悻悻而去。[49] 同样浦薛凤的《八年抗战生涯随笔》中也记载，在长沙临大迁校计划获得政府许可的第二天，即1月12日早上，张治中来到临大演讲，痛骂道"湘江可容十万人而有余耶"。[50]

对于迁校的问题，激进的学生们更是激烈反对，他们贴出壁报，这样主张道："学校应知国破山河在，庸人何必自扰之，离开京津才立足方定正期弦歌不辍，不料又要搬迁，既荒费学时又劳民伤财。"[51] 也就是指责学校既知道首都南京已经沦陷，在此国家存亡之际，普通人何必惊慌失措呢。从北平、天津迁至此，总算可以在长沙安定下来，正准备勤勉学业，却不料又要搬迁，这不仅是浪费上课时间，更是人力、物力的浪费。

由于当时在危机迫近的长沙可以很容易地加入救亡工作，而如果学校搬迁的话，救亡工作和学业就成了完全分离的两回事，因此临大从长沙迁至遥远的昆明，对于他们来说是难以接受的。"在长沙呢？还是到云南去？"简直成了强迫学生作出"救亡呢？还是上学呢？"这样二选一的决定。辩论从教室到宿舍，在临大

第三章

南京沦陷 在战火中摇曳的长沙

的每个角落,比起那场有关战时教育的争论更为激烈。学生自治会以防备长沙有事为由反对临大迁校,并派代表到位于汉口的教育部请愿。此举得到了当地报纸的支持,报纸一致攻击迁校一事,认为"大学生不该逃避"云云。[52]

对于学生们的这种动向,清华大学校长梅贻琦在2月7日致原清华大学工学院院长、时任1月1日改组后的行政院教育部政务次长的顾毓琇的信中如下写道:

> 至学生反对迁滇之举,系由少数不愿离湘〔原因亦颇复杂〕学生所鼓动,彼等上月底曾拟开会未成后,征求签名得三百数十人,遂以学生会名义拍电汉口当局,今早闻又推举代表二人赴汉,不知其意果何在也。[53]

他后面还写到,当时长沙临大的学生总数包括南岳分校在内也不过一千数十人而已,其中八成希望去云南。关于迁往云南之事,总之没有必要改变,对于学生的请求,只要教育部、临大当局态度坚决就没有什么问题。如果当时临大的学生人数是一千数十人,其中签名反对搬迁的学生三百数十人,那么是否能将此看作梅贻琦所写的由于少数学生的鼓动姑且不论,但可以推测,实际上反对的人数已经上升到了相当的数量,学校也必定一片骚然了。

进入1938年后,日本军机对长沙的空袭更加猛烈,如先前所述那样,同学中有些回家乡,有些从军,几乎每天有人离校。在这样的日子里,据清华大学土木工程系十一级(1939年毕业)的冯钟豫记述,某日蒋梦麟校长邀请陈诚将军到临大演讲。陈诚在演讲中分析了对日抗战的前途,他如下讲道:

寻路：走向西南联大

对日作战是长期战争，政府有信心必将获胜。其后建国大业，更为长期，更为困难，更为重要。我国受高等教育的人很少，当前政府虽需要青年参加军旅抗战，但更需要储才建国。希望临时大学学生能为将来负担责任作准备，迁到大后方去读书，帮助国内统一，等候国家在更重要时机受征召。

据冯钟豫记述，听了陈诚的这场演讲后，很多学生改变了想法，准备前赴昆明。[54]

还有清华大学外国语文学系十二级（1940年毕业）的查良铮，虽未明示是什么时候进行的演讲，但他对于陈诚的这次演讲也如下写道："他给同学们痛快淋漓地分析了当前的局势，同时征引了郭沫若、周恩来、陈独秀等对于青年责任的意见。而他的结论是：学校应当迁移。我这里得说，以后会有很多同学愿随学校赴云南者，陈诚将军是给了很大的影响的。"

另外，西南联大政治学系1940年毕业的宋廷琛则记述了在中国军队从上海撤守、南京也岌岌可危的1937年12月初，陈诚将军来校演讲的情形。[55]

据宋廷琛记述，讲台上的陈诚，眼睛炯炯有神，态度谦虚，口口声声自称是"败军之将"，赢得了学生们的好感。他详细分析了上海的战局，说"目前虽然一时失利，但我们要以空间、时间来消耗日本战力，我们抗战到底的决心是绝对不会改变的"。

陈诚的演讲到底是在1937年12月初与1938年1月或2月至少进行了两次，还是仅仅作了一次，只不过是冯钟豫和宋廷琛的记忆有冲突而已，实际的情况不得而知。不过，陈诚的演讲确实如实地展现了当时国民政府的看法。

第三章

南京沦陷 在战火中摇曳的长沙

在当时的中国,每一万国民中,仅有大学生一人,也就是说接受过高等教育的人实在是少得可怜,而与此相反,由于人口众多,并不存在缺乏兵源的问题,完全没有必要立即面向数量极少的大学生征兵。因此政府基于抗战长期化的判断,为了保全知识青年成为将来的建国栋梁,对其暂时免征,维持了一直以来的教育,积极地推动高等院校向大后方迁移。[56]

教授们的看法大都与政府相同,认为应该努力研究,以待将来建国之用。何况学生受了训,不见得比大兵打得更好,因为那时的中国军队确乎打得不坏。[57]

到长沙临大演讲的陈诚(1898—1965)和张治中(1890—1969)都是先前提到的淞沪战役中的勇将。中国考虑在上海方面集中主力将其作为主战场,而华北方面采取退避作战的策略,因此淞沪战役中投入了蒋系的精锐部队。如前所述,由于中国军队的顽强抗击,战事陷入了胶着状态,双方都损失惨重。[58]最终,由于日方掌握制空、制海权,中国军队全面撤退。这个时候的陈诚将军是第三战区前敌总指挥兼第十五集团军总司令,第三战区的作战区域是苏南(长江以南)和浙江,之后其任武汉卫戍总司令兼湖北省政府主席。张治中将军是淞沪警备司令兼第九集团军总司令,1937年11月20日起任湖南省政府主席。[59]据宋廷琛记述,陈诚到临大演讲,正好是其从上海撤退后健康欠佳在长沙休养的时候。

对于这一时期学生们的一系列动向,比如战时教育争论、从军运动和反迁移运动,《清华大学校史稿》是如下记述的:

他们(学生们)曾经提出配合抗战,实施"战时教育"的要求。在教师中,不少人把抗战胜利的希望全部寄托于国民党。认为"上有一个英明领袖，下有五百万勇敢用命的抗战将士⁶⁰"，反正没问题，仍然钻进书本，不问政治。

一些学生参加了街头宣传与劳军等抗日活动，并出版了《火线下》刊物，向湖南青年传播抗日救亡的革命种子。一些学生还发起从军运动，邀请八路军驻长沙办事处的负责人徐特立来校演讲，介绍延安和八路军抗日情况，给同学们很大鼓舞。一些进步学生突破国民党的封锁，有的奔赴山西临汾参加八路军，有的进入延安抗大学习。⁶¹

然而据季镇淮的《闻一多先生事略》记载，徐特立的演讲不仅仅是号召"动员民众，参军参战"，他大拍桌子拉长声音，尖锐地斥责长沙临大再谋迁校当局为"唯心派"。⁶²另据闻黎明的《闻一多年谱长编》记载，12月13日南京沦陷之日，徐特立到临大演讲，反对临大的西迁。

为此，教育部曾密电长沙临大校方，提出"为防热血青年受人煽惑起见"，禁止所有校外人员来校演讲，"以杜流弊"。⁶³陈诚也赶忙来校演讲，说学生是"民族的最后一滴血"，劝学生"安心读书"，"不要蠢动"。同时，国民党的各单位却来校招生或征兵。⁶⁴

可是，上述密电是1938年2月14日所发，湘黔滇旅行团从长沙出发是2月19日。如果是出于防止"煽惑"的目的，难道不为时已晚了吗？还是说学生们的动摇如此强烈，直到出发之际对于云南之行犹豫不决的人还很多？因为冯钟豫记述听了陈诚的这场演讲后，很多学生改变了想法，准备前赴昆明。说不定陈诚的演讲也是在这封密电发出时匆忙进行的。

另据《北京大学校史》记载，长沙临大开设时，教授中有的

第三章

南京沦陷 在战火中摇曳的长沙

"等着政府的指示,或上前方参加工作;或在后方从事战时的生产,至少也可以在士兵或民众教育上尽点力"。学生中不少人则要求实施战时教育,以便做好随时以身报国的准备。但是由于国民党政府害怕人民群众在抗战过程中的广泛动员,因而这些希望都落了空。于是教授们也就重新去教"过去所教的书",学校教育仍然是平时的一套。既然实施战时教育的要求不能实现,许多学生便自动走向前线。⑥

看来关于战时教育争论,即便当局方面全面禁止校外人士来校演讲,但结果仍然如闻一多所说的那样"两派人各行其是,愿意参加战争的上了前线,不愿意的依然留在学校里读书"。⑥

闻一多在《八年的回忆与感想》中继续谈道:

在这里我们应该注意:并不是全体学生都主张战时教育而全体教授都主张平时教育,前面说过,教授们也曾经等待过征调,只因征调没有消息,他们才回头来安心教书的。有些人还到南京或武昌去向政府投效过,结果自然都败兴而返。至于在学校里,他们最多的人并不积极反对参加点配合抗战的课程,但一则教育部没有明确的指示,二则学校教育一向与现实生活脱节,要他们炮声一响马上就把教育和现实配合起来,又叫他们如何下手呢?

而且,如前所述,这个时候奔赴前线的学生之中有相当数量的人后来回到昆明的西南联大复学并毕业了。⑥查良铮也写道:"许多参加救亡工作的同学回来复学了。"⑥不过,当初他们从大学离去的时候,最终回到学校复学并毕业这些恐怕连做梦时也未曾考虑过。

下面,我们来了解一下未能到达长沙临大而在陕西省西安参

寻路：走向西南联大

加从军运动，后来到昆明的西南联大复学的靳广濂的事例。靳广濂1935年入学清华大学历史学系，本应于1939年毕业，最终于1943年毕业。

他在军事训练结束后乘车前往天津，不料却在车站被日本兵逮捕并接受了宪兵的审问，好在其学生身份未被识破而逃过一劫。之后，辗转流浪至西安。彼时，学生辍学从军风起云涌，而西安新成立的军事机关林立，很需要人员，于是他放弃了前往学校的打算而留在当地的军事机关工作。

他记述在西安曾遇到空袭差点丧命，还目睹日本军机连续五天过西安北郊远去兰州轰炸。

随着时间的流逝，他开始厌倦军事机关刻板的工作，渐萌南下复学之心。可是，由于正值抗战中期，物价上涨且军中的待遇实在微薄，节衣缩食积攒了一年多才勉强凑足南下的路费。遂于1941年7月出发赴昆，预料9月到达，却因交通极差迟至10月中旬方到达。此时，新学期开学已一个多月，但总算作为特例获准复学。⑥⑨

第五节 "战时繁荣"下的长沙

这里，再次简单地回顾一下从长沙临大开设到决定迁往云南的经过。

1937年7月7日，以卢沟桥的纷争为开端的"七七"事变爆发，北平的清华大学、北京大学以及天津的南开大学三校被迫集

第三章

南京沦陷 在战火中摇曳的长沙

体搬迁。在事变爆发前战争的气息已笼罩北平的那个春天，由于受到湖南省教育厅朱经农的邀请等原因，三校迁至已有所准备的长沙，同年 10 月 25 日在湖南省联合开设长沙临大，11 月 1 日正式上课。然而随着日军进攻的扩大，整个华北地区、上海都被波及，战争全面升级。11 月 12 日上海沦陷，首都南京也岌岌可危，同月 20 日国民政府宣布迁都重庆。同月 24 日，长沙第一次受到日本军机的轰炸，死伤者甚多。12 月 13 日南京沦陷。于是临大当局开始作再次迁往内陆安全地带的准备，第二年即 1938 年 1 月 11 日获得政府对迁至昆明的许可。

那么在此期间，湖南省长沙的状况是如何变化的呢？我们主要通过浦薛凤的《八年抗战生涯随笔》来一窥究竟。[70]

虽说国民政府于 11 月 20 日宣布迁都重庆，但实际上政府各部门分散到了湖北省的汉口、湖南省的长沙等地。直至第二年 6 月武汉会战开始后，同年 8 月 4 日驻汉口中央各机关才全部移往重庆。[71] 可以说，在这段时间内武汉成为了事实上的军事、政治、经济中心。[72] 据浦薛凤记述，政府机关中的实业、教育、军政、铁路等部门，全部或一部分迁至长沙及其附近。

浦薛凤初到长沙之时，街上很少能看到汽车，据说全城的汽车不过数十辆。然而至南京沦陷前，由于政府机关争相搬至长沙避难，汽车日渐增多，满街尽见南京的车，甚至到了拥堵的地步。江苏省、浙江省的中上层人士尽向武汉、长沙迁移，使得长沙人口骤增，稠密之程度较之世界上任何都市，有过之而无不及。街头闻人声谈话，逐渐变成江浙一带口音。无论昼夜，无论晴雨，无论假期或平素，满街只见人头攒动，旅店因告客满，饭馆亦难觅座。浦薛凤许多在南京、上海一带生活多年未见的老友，往往无意中于街上、于饭馆、于岳麓山中不期而遇。在这样的日子里，他曾吟诗"京舆满街悲陷落，乡音到处识流亡"。

对于南京来的避难者，他写道："其一，为迁移之狼狈。闻大抵限半日或一二天内动身，不得不于匆慌中略携小箧，登轮或乘车。然此犹公务员之特殊权利有离首都之机会。至于老百姓，则直是无法可走。其二，为裁员之众多。例如铁道部，闻本有八百多人，初裁为三百余，到汉后又加裁撤，仅剩八九十。余部亦大同小异。此辈失业大是问题。幸而尚有遣散费，可领薪二三月不等。"目睹如此窘状，浦薛凤第一次深切体会到从前读史书时所云"狼狈迁都之窘状"到底为何。

不过，也有人认为由于中央机关迁往长沙以及随之而来的人口急增，湖南省的经济反而得到了极大发展，给老百姓带来充分的就业机会，不再有失业的情形。地主抱怨他们不能掌握长工，长工已经能不再依赖地主。工资提高了，物价也开始上涨。湖南的人们都欣喜他们的米和桐油的价格较过去涨了一些。[23]蒋廷黻回忆1938年春的湖南，正沐浴在"战时繁荣"中。据他所述，在战区，当然所有的人都很艰苦。然而战区以外的地区，艰苦的主要是公务员、教员等这些薪水阶级，其他的人还不太感到经济的压力。只不过，用煤油灯的人家改用桐油灯，抽纸烟的人改抽水烟，家织布代替了机织布，又恢复了旧时代的生活。

此外，据浦薛凤记述，不仅仅是难民，伤兵也到处都是。曾有人告诉他夜间少外出为宜，清华大学社会学系教授陈达就遇到过刚坐上车，竟被伤兵拦住去路索要钱财的事。不过，后来张治

第三章

南京沦陷 在战火中摇曳的长沙

中来湘主持军政,从严办理,于是风气一变。

对于伤兵问题,《湖南近百年大事纪述》中记载至1938年1月初,湖南省驻有伤员三万以上。前一年的11月张治中接任湖南省政府主席后,将伤兵问题列为"十大要政"之一,采取"刚柔并济""恩威并用"的政策。1938年1月1日,颁布了"改进伤兵管理办法"。总而言之,就是试图将伤兵分配到有军队驻扎的大县分散管理,除长沙市以外,分驻于常德、衡阳、邵阳、桃源、衡山、湘乡、湘潭、益阳等县。长沙市在四十九标设伤兵休养院。这里曾是长沙临大的男生宿舍,由此看来,应该是在临大学生从长沙出发以后发生的事了。

该书记载伤员们虽然都进了收容所或医疗所,但是那里的生活护理条件极差。在衡阳一千多伤员住在临时搭盖的收容所里,由于工程质量低劣,建筑物倒塌,造成了巨大的伤亡〔1938年3月16日湖南《大公报》〕。特别是国民党政府规定,负伤兵员都"不发饷",这就严重地威胁着伤员的生活,引起伤员的不满,各地相继发生事件。例如1937年末,桃源一千二百名伤员向伪桃源县政府每人借饷5元,遭到拒绝后,发生了流血事件,三名伤员死亡〔1938年1月3日湖南《大公报》〕。伪省政府在无可奈何的情况下虽答应"垫发",但仍经常拖欠达数月之久,他们还对伤员采取残酷的镇压手段,通令各地方政府和地方团、队,"凡是发现有不法伤兵,准许就地拘拿,就地枪决,并准许先杀后报"〔1938年1月5日湖南《大公报》〕。于是,湖南省各县经常发生枪杀伤兵事件,其数字无法统计。[74]

寻路：走向西南联大

第六节　南岳的文学院迁回长沙

如果如蒋廷黻所述，长沙正沐浴于"战时繁荣"之中的话，那么武汉的情况也应该差不多吧。

对于此，身处湖南南岳山中的闻一多在1937年11月27日致妻子的信中写到，国民政府迁重庆，武昌（妻子所在地）也就变得不是很安全。不过目下觉得还不要紧，回乡过年，或是一个办法。[75]虽然是第一次长沙空袭之后不久写的信，但这时还看不出有强烈的危机感。

然而仅仅两个星期之后，闻一多便强烈劝说在武昌的妻子早日回到他的故乡湖北省浠水县巴河镇。他在南京沦陷两日前的12月11日致长子闻立鹤的信中写道："我在此间有许久未见报纸，故武汉情形，完全不知。近数日来始稍得消息，闻武汉人心颇恐慌，政府并且劝令人民搬下乡去。似此情形，则汝等自宜早些回乡为妙。"而且谆谆告诫长子："你同你母亲都不愿回乡，这是不对的。"他认为回乡不但安全能使其放心，并且可以省些用度，对孩子们的健康也有好处。信中还提到学校定于来年1月31日起放寒假一星期，届时他再请一星期假也回故乡。

下面，继续来读一读闻一多后续的书信，会有与先前引用过的内容重复的部分。仅从这些书信中就可以看出，在当时，要对"今后的前景"作出预测是多么的困难啊！

12月15日致妻子：

第三章

南京沦陷　在战火中摇曳的长沙

本拟寒假回家一行，现又往桂林移，将来能否案时回来，殊成问题。……迁桂林日期现尚未定。

12月26日致父母：

学校迁桂林之议，现已作罢，因桂林房屋不敷故也。但近数日来又有（文学院）迁回长沙之议，现正在磋商之中。

此间上课情形不比寻常，教员请假他去者往往一去数星期。男（我）拟迁回长沙后请假回家一看。……男妇（我妻）来信云与三嫂同行返乡，目下不知已到家否。

闻校中经费并不困难，但能继续上课，薪金谅不成问题，所愁惟在时局更趋恶化，学校须根本解散耳。

12月致妻子：

如果搬到长沙，再加上战事不太紧急，我拟先回家一看。同人们请假的颇多，所以我这时请一二星期的假，实际上也无大关系。

如上述信中所计划，1938年1月2日，闻一多匆忙回到长沙，3日晚上乘坐特快列车出发回乡。

他在1月3日致父母的信中如下写道：

文学院决迁回长沙。

男（我）与同事三数人因有蒋梦麟先生私备汽车之便，已于昨日先行迁回，其余同人及学生至早亦须一星期始能动身，因交通工具尚未觅妥也。临大全校现又有迁云南昆明之议。

男恐西迁之后路途遥远一时不能回家，故决定立即回家一看。好在文学院一时不能到此，无课可上，大约请假两星期尚不致十分耽搁功课也。兹定今晚搭特别快赴鄂（湖北），因不知由汉（武汉）至巴（浠水县巴河镇）间之交通情形，故何日到家现尚难卜也。

寻路：走向西南联大

学生离校者甚多，大约愿随校西迁者不过数百人而已。

据柳无忌记述，这学期南岳只上课两个月，自11月19日至下一年1月20日。柳无忌离开南岳是在课程结束后的第二天即1月21日，朱自清、浦江清两位到校门口送行。据他记述这时教授中已走了一半以上。[76] 从闻一多与同僚数人已于1月2日回到长沙来看，南岳的授课虽说有两个月，却的确是"此间上课情形不比寻常"。不过，据西南联大的"大事记"记载，长沙临大的授课是从11月1日开始，而1937年度第一学期的考试是从1月24日开始。可以说在长沙进行了将近三个月的授课。

另外柳无忌还记述道："回首两月前此间人才云集的盛况，不觉凄然。"

学生们是何时离开南岳的不是很清楚，不过从时为北京大学四年级学生的曹美英的回忆中可以略知当时的情形：校方择定了全校返回长沙的日期。那日早餐后，按北大、清华、南开及借读各校分别整队再连成长队，在细雨蒙蒙中出发。下了通向南岳的石阶小路，立马就是宽阔的、泥泞的、一步一滑的红土公路，队伍便自行解散了，各寻各自的路走。雨大一阵、小一阵地下起来。曹美英和朋友共撑着一把伞，鞋子早被泥水湿透了。就这样到了衡山县，穿过县城到达车站，候车时间不长便乘上火车返回长沙。在长沙她们住临大的女生宿舍。广州出身的同学们准备旧历正月回家过年，不觉之中已结伴回乡，在广州自己的家中，等着和要去昆明的学生一起赴昆。[77]

第三章

南京沦陷　在战火中摇曳的长沙

第七节　异乡的新年

据在长沙的浦薛凤记述，这一年的年末由清华原校长周诒春（1883—1958）设宴，共到两桌，因大部分人是只身前往长沙赴任，因此除政治学系教授张奚若和物理学系教授周培源的夫人外均为男客，其乐趣完全无法与往年的跨年宴会相比。而今家庭南北离散，客地精神寂寥，时局前途惨淡，相形之下，几若隔世，又如入梦。

元旦日天晴，浦薛凤去看了淞沪会战的电影，之后又理了发。虽然十分想念北平的妻子却联系不上，而且1月3日又得知11月12日家乡常熟危急时，大姐一家在逃难途中失散，好不容易到达武汉的姐姐已身无一物，这令其十分痛苦。好在同月9日，忽得姐夫自江西鄱阳来信，遂知二人皆平安。然而，他的父母、二姐全家和三姐全家音信全无，不知平安与否。[78]

在中国，人们庆祝旧历的正月。这一年旧历的正月初一是新历的1月31日。这个时候，浦薛凤已经离开长沙到了广州。[79]据郑天挺记述，旧历除夕即1月30日晚，长沙临大举行聚餐，有24位教授出席。当时除了蒋梦麟校长夫妇和北京大学理学院数学系主任江泽涵教授夫妇外，其他人家属均留北平。如果不是战乱纷离，除夕是不会有此聚会的。[80]

对郑天挺来说，这是第一次只身在外过年，更何况这一年中国事、家事遭遇了巨大变故。在旧历的去年除夕，他的爱妻忽然

寻路：走向西南联大

病痛卧床，正月初五送入德国医院，因难产而动手术，初七（新历2月17日）即去世。之后，战争爆发，他将失去母亲的五个幼子留在日军占领下的北平独自来到了长沙。另外，浦薛凤也是将前一年6月末刚生产的妻子和四个孩子留在北平独自赴任，还有柳无忌，将父母、妻子以及出生不满一个月的女儿留在上海独自而来。㉛

1月2日匆忙从南岳返回长沙的闻一多，请了两周的假于第二天晚上乘特快列车返乡，1月29日晚上其又返回了长沙。他在1月30日致妻子的信中写道："同人已有数批出发（赴云南）了，我即须照相，以备护照之用。其他琐事甚多，幸而未在家中过年，不然将来不及矣。"

另外，他在2月15日致妻子的信中如下写道：

离家将近一月，未接家中一字。这是什么缘故？出门以前，曾经跟你说过许多话，你难道还没有了解我的苦衷吗？出这样的远门，谁情愿，尤其在这种时候？……只是求将来得一温饱，和儿女的教育费而已。这道理很简单，如果你还不了解我，那也太不近人情了！

这里清华、北大、南开三个学校的教职员，不下数百人，谁不抛开妻子跟着学校跑？连以前打算离校，或已经离校了的，现在也回来一齐去了。

你或者怪了我没有就汉口的事，但是我一生不愿做官，也实在不是做官的人，你不应勉强一个人做他不能做不愿做的事。我不知道这封信写给你，有用没有。如果你真是不能回心转意，我又有什么办法？

第三章

南京沦陷　在战火中摇曳的长沙

出了一生的门,现在更不是小孩子,然而一上轿子,我就哭了。母亲这大年纪,披着衣裳坐在床边,父亲和驷弟半夜三更送我出大门,那时你不知道是在睡觉呢还是生气。

到昆明须四十余日,那么这四十余日中是无法接到你的信的。如果你马上就发信到昆明,那样我一到昆明,就可以看到你的信。不然,你就当我已经死了,以后也永远不必写信来。[82]

而且,闻一多在第二天即2月16日致父亲的信中也写道:"自出门来,于今将近一月,未接家信。到昆明须四十余日,此中即有信来亦接不到。……男妇非不知书,儿辈亦略识字,过去亦常通信,何以此次狠心至此。"另外还告知了长沙临大搬迁地的通信地址"云南昆明国立临时大学办事处"。[83]

闻一多在信中所述四十余日无法收到家中来信是因为他选择参加了湘黔滇旅行团步行前往昆明的路线。"汉口职位"之事,是指恰好此时学生时代起的朋友、已成为教育部政务次长的顾毓琇邀请他到教育部工作的事。关于此事,闻一多在1月26日致顾毓琇的信中已婉言谢绝。[84]当时教育部在汉口,如果成为教育部官员的话就可以和妻子一起生活,因此妻子对于闻一多的云南之行应该是强烈反对的,这从他离乡的那日妻子没有出门送行也可略知一二。然而闻一多还是将妻子和五个孩子留在家乡独自回来了——最小的女儿还未满两岁。

据闻一多在4月30日致妻子的信中记载,到达昆明后收到妻儿3月3日的书信,信上说以前还写过三封信来,[85]可惜闻一多并未收到。由于与妻子的意见对立,他就这样心情不畅地离开了家乡,[86]并且到从长沙出发之时的约一个月时间也未接到家中一封书信,

寻路：走向西南联大

更何况到昆明的路途何止预想的四十余日，总共在途六十八日，这期间他对妻子的误解该有多大啊。因此，《闻一多书信选集》中收录的旅行途中所写三封书信都是写给父母的。

到底有多少人饱尝了这离别的悲伤。如果没有爆发战争的话，家人们就可以在一起享天伦之乐。浦薛凤亦然，郑天挺、柳无忌、闻一多亦然，而且不仅仅是他们，对于长沙临大的教职员、学生以及当时所有的人们来说，恐怕亦是如此。

第三章
南京沦陷　在战火中摇曳的长沙

① 湖南省志编撰委员会《湖南省志·第一卷·湖南近百年大事纪述》第二次修订本（湖南人民出版社，1979 年）750 页。后文简称《湖南近百年大事纪述》。
② 蔡孝敏《临大联大旧人旧事》8 页。据蔡孝敏记述，从第二天的报纸得知是 2 架日军轰炸机各带 4 枚炸弹空袭长沙。这与《湖南近百年大事纪述》中敌机 4 架投下 6 枚炸弹的记载不一致。
③ 杨步伟《杂记赵家》（台北·传记文学出版社，1985 年再版）105、106、108 页。有关赵元任参见本书序章注④。
④ 浦薛凤，前述文献，45—47 页。
⑤ 曹聚仁、舒宗侨《中国抗战画史》（中国书店，1988 年。联合画报社，1947 年影印版）100、113—116、143、444 页。
藤原彰『日本の歴史　第五巻　日中全面戦争』（講談社，1989）118 頁。
⑥ 防衛庁防衛研修所戦史部『戦史叢書　陸海軍年表』（朝雲新聞社，1980）。后文引用该书的时候，简略记为书名（日期）。
《中国抗战画史》109、119 页。
刘绍唐《民国大事日志》（台北·传记文学出版社，1989 年）第一册 572 页。
⑦ 防衛庁防衛研修所戦史室『戦史叢書　支那事変陸軍作戦〈1〉』（朝雲新聞社，1975）387 頁。根据该书记载，从 8 月出兵到 11 月 8 日，在上海方面的伤亡人数累计为"阵亡 9115 人，受伤 31257 人，合计 40672 人"。
⑧ 陈之中、谭剑峰《抗日战争纪事》（解放军出版社，1990 年）28 页。后面引用该书的时候，如果日期明显则省略页数，只记书名。
陈旭麓、李华兴《中华民国史辞典》（上海人民出版社，1991 年）447 页记载，淞沪战役日本陆海空军合计投入 30 万人。
⑨ 《中国抗战画史》122 页。但是，关于沦陷的日期，中日两国、各书中的记载皆有异同。例如《抗日战争纪事》中记载，日军占领嘉兴、常熟、苏州是在 11 月 19 日。另外，根据『戦史叢書　支那事変陸軍作戦〈1〉』中的附表一"曆日表"记载，日军占领太原是 11 月 8 日，而《中国抗战画史》收录的"抗战大事记"445 页中记载，11 月 12 日中国军队从上海、太原撤退。
⑩ 云镇，前述文献，76 页。
⑪ 浦薛凤，前述文献，39—45、47、49 页。
⑫ 浦薛凤，前述文献，39 页。
⑬ 柳无忌，前述文献，54、56 页。
⑭ 浦薛凤，前述文献，47、39 页。
⑮ 《中国抗战画史》144、445 页。『戦史叢書　陸海軍年表』。

寻路：走向西南联大

⑯ 中国人民抗日军事政治大学（简称抗日军政大学、抗大）是在抗日战争时期，中国共产党为培养干部而设立的学校。前身是 1936 年 6 月 1 日在陕西瓦窑堡创办的"中国抗日红军大学"，1937 年 1 月迁至延安，改称中国人民抗日军事政治大学。毛泽东任该校教育委员会主席，林彪任校长兼政治委员。毛泽东亲自为抗大确定了"坚定正确的政治方向，艰苦朴素的工作作风，灵活机动的战略战术"的教育方针和"团结、紧张、严肃、活泼"的校风。学生大部分是部队的干部，也有一些从全国各地到陕北的知识青年。学习内容是马列主义基本知识、抗日民族统一阵线、游击战、中国历史等。八年全面抗日战争中，抗大开设了 12 所分校，合计培养军事、政治干部 20 余万人，成为革命干部学校的典范。

⑰ 《云南师范大学校史稿》9 页。

⑱ 关于南京大屠杀的遇难人数，《抗日战争纪事》31 页、翁玉荣《中国革命史图集》（吉林美术出版社，1989 年）210 页都记为"30 万人"。

⑲ 《南开大学校史》240 页。

⑳ 有关当时中国共产党在武汉及湖南省的活动，依据以下的资料：
怀恩《周总理生平大事记》（四川人民出版社，1986 年），193—195 页。
中共中央文献研究室《周恩来年谱 一八九八——一九四九》（中央文献出版社、人民出版社，1989 年）393—398 页。该书记载，周恩来、王明、博古等人到达武汉是 1937 年 12 月 18 日。
中共湖南省委党史资料征集研究委员会《湖南党史大事年表》（湖南人民出版社，1986 年）117—123 页。
《湖南近百年大事纪述》731—734 页。
中共湖南省党史委《湖南人民革命史》（湖南出版社，1991 年）473、474、481—484 页。该书 486 页记载，长沙临大的共产党员有 20 余人。
《北京大学校史》345 页。本书所述长沙临大共产党支部的党员有 10 余人。
鬲斯平《忆我的父亲鬲伯赞》，中国人民政治协商会议天津市委员会文史资料研究委员会《天津文史资料选辑》第 44 辑（天津人民出版社，1988 年）收录，10 页。

㉑ 《清华大学校史稿》390、391 页。该书 292 页记载，1938 年春，清华工学院电机、机械系三、四年级共 28 人参加了国民党陆军交辎学校。但是，清华大学校史研究室《清华大学史料选编》第三卷下（清华大学出版社，1994 年）412 页中，将其作为 1938 年春加入装甲兵团的国立清华大学机电系三、四年级学生（依据清华大学档案）收录了 28 人的名单。

㉒ 《南开大学校史》240 页。
截至 1937 年 11 月 20 日到长沙临大报到的南开大学学生 147 人，1938 年 1 月增加到 203 人（参见本书 23 页），其中 70 余人离开了学校。

㉓ 《八年的回忆与感想》18 页。

㉔ 十级是当时的四年级，即 1934 年入学，预定 1938 年毕业的年级，《清华

第三章

南京沦陷　在战火中摇曳的长沙

校友通讯》毕业生名录中以毕业年份为准，记为1938级。因此十一级就是当时的三年级。

㉕　张去疑1938《毕业五十年的回顾》，《清华校友通讯》新103期（1988年4月）收录，36、37页。张去疑后为台湾"清华大学"动力机械系教授。他在重庆接受了五个月的训练，后因病到昆明休养，之后复学，于1939年毕业。

张去疑列出了进入空军电讯方面的学生6人的名字，其中在《清华校友通讯》毕业生名录中能找到的有姚传澄、沈在崧和汪复强3人。姚和沈之后复学，姚传澄于1941年、沈在崧于1944年毕业。另一人汪复强没能毕业，写着1938级肄业。

㉖　陈乃能1938《岁月催人老　且共话当年》，《清华校友通讯》新103期收录，44页。陈乃能之后留在军队从而没能毕业，《清华校友通讯》毕业生名录中写着1938级肄业。

该文列出了与他一起赴金井陆军机械化学校的11名学生的名字，其中在上述名录中能找到的有梁伯龙、杨德增、胡笃谅、郁兴民、吴仲华和孟庆基6人，都是机械工程学系的学生，此后也都复学毕业。十级的梁伯龙于1939年，杨德增和胡笃谅于1940年毕业。十一级的郁兴民于1939年，吴仲华和孟庆基于1940年毕业。

㉗　张卜庥1939《逃兵的话》，《清华校友通讯》新67期收录，58页。他后来打算回联大复学，但因交通阻断无法到达昆明，只得在陕西省的西北大学学习（原文为"借读"），1941年毕业。据《清华校友通讯》毕业生名录记载，张卜庥是河南修武人，在清华大学中国文学系学习二年半。

㉘　林徵祁（1917—1990）出生于福建省闽侯县，是林则徐的五世孙。后任军令部第二厅第三处参谋，抗日战争中留在军队未复学。根据林徵祁的记述，他于1935年进入清华大学，学习两年，又在长沙临大学习一学期后从军，未正式毕业。但是《清华校友通讯》毕业生名录中将其作为"西南联大、北大、南开1939级者"收录（专业不详）。林徵祁1939《挂单的清华人》，《清华校友通讯》新67期收录，60页。《林徵祁先生事略》，《清华校友通讯》新112期（1990年7月）收录，90、91页。

据《林徵祁先生事略》记述，战后他于1946年进入"中央通讯社"，成为一名记者。1952年担任韩国特派员，1955至1974年调派纽约分社。1974年回台任"中央通讯社"副社长，1978年任社长。1981年离开"中央通讯社"，历任香港时报、"中央日报"董事长等职，1988年正式退休，1990年4月死于癌症。林徵祁夫妇有一女，离散于大陆40余年，1989年12月终于与被允许访台的女儿重逢。

㉙　周应霖1939《四十年体验多》，《清华校友通讯》新67期收录，84—86页。

㉚　李芳兰《清华园参观记》，《清华校友通讯》新64期（1978年7月）收录，16页。洪同1938（原名洪绥曾）《匆匆一瞬又十年》，《清华校友通讯》新63期（1978年4月）收录，69页。洪同《在这三千六百五十个日子里》，《清华校友

寻路：走向西南联大

通讯》新103期收录，58页。另外，洪同于1985年满70岁退休，此后每年都受聘为"兼任教授"，1988年的时候，还在台湾"清华大学"保留着宿舍和研究室，每周教授四小时的课程并承担《校友通讯》的事务。

㉛ 柳无忌，前述文献，57页。浦薛凤，前述文献，48、61页。陈树仁本来要去前线，但到了汉口后，1938年1月又返回长沙。后随学校转移昆明，1939年毕业。

㉜ 柳无忌，前述文献，54、57页。

㉝ 傅幼侠，前述文献，87页。

㉞ 浦薛凤，前述文献，51、52页。另外，《国立西南联合大学校史资料》收录的西南联合大学教职员名录中，郑之蕃（号桐荪）为理学院算学系教授，因此，后来他应该是到了昆明。

㉟ 郁振镛，前述文献，10页。

冯钟豫1939《四十年来》，《清华校友通讯》新67期收录，64页。但是该杂志的目录中题为"四十年后"。

㊱ 《云南师范大学校史稿》9页。张起钧，前述文献，32、33页。柳无忌，前述文献，57页。浦薛凤，前述文献，47页。

㊲ 教育部部长陈立夫《战时教育方针》（民国二十八年十月），《中华民国重要史料初编——对日抗战时期　第四编　战时建设（四）》（中国国民党中央委员会党史委员会，1988年）收录，48页。
Ou Tsuin-chen, "Education in Wartime China," in Sih, *Nationalist*, p. 96. 中文译本吴俊升《战时中国教育》，薛光前，前述文献收录，110页。

㊳ 《我们的道路（代序）》（作者名未标明），《抗战中的西南联合大学》收录，1页。《八年的回忆与感想》19页。

㊴ Ou, op.cit., pp. 90, 97.（中文译本，104、111页）。
国民政府交议：《战时各级教育实施法案》（民国二十七年七月十四日国民参政会第一届第一次大会第九次会议提案），《中华民国重要史料初编——对日抗战时期　第四编　战时建设（四）》收录，28页。
吴俊升《自订年表初稿》，吴俊升《庚午存稿》（台湾商务印书馆，1991年）收录，132、133页。
陈立夫、吴俊升的前述文献中记载，蒋介石在1939年3月召开的第三次全国教育会议的训词中指示，教育应循常轨，不分战时平时，所谓常轨也者，即是"平时要当战时看，战时要当平时看"。

㊵ 宋廷琛1940《记陈诚张治中在国立长沙临时大学的演讲》，《清华校友通讯》新92期（1985年7月）收录，67页。宋廷琛，西南联大政治学系1940年毕业。

㊶ 《南开大学校史》241页。

㊷ 浦薛凤，前述文献，59页。

㊸ 闻一多在同封书信中还给妻子写道："手中之钱，务当撙节为要。因以后学校移桂林，汇款更费时日，且亦未必随时有款可汇也。"

㊹ 《云南师范大学校史稿》9页。张起钧，前述文献，33页。

㊺ 浦薛凤，前述文献，59页。

㊻ 《民国大事日志》第一册579页。《一樵自订年谱》109、110页。吴俊升《自订年表初稿》，吴俊升《庚午存稿》收录，132页。另外顾毓琇（字一樵）在到教育部任职的时候，给从学生时代起就成为好友的闻一多写信，邀请他到教育部工作，不过闻一多在1月26日的信（顾一樵《怀故友闻一多先生》，《文艺复兴》第三卷第五期，1947年7月1日出版，535页）中谢绝了。那封信的内容如下：

承嘱之事，盛意可感。惟是弟之所知，仅国学中某一部分，兹事体大，万难胜任。且累年所蓄著述之志，恨不得早日实现。近甫得机会，恐稍纵即逝，将使半生勤劳，一无所成，亦可惜也。老友中惟我辈数人，不甘自弃，时以事业相砥砺，弟个人得兄之鼓励尤多，每用自庆。但我辈作事，亦不必聚在一处，苟各自努力，认清方向，迈进不已，要当殊途同归也。

㊼ 《云南师范大学校史稿》10页。

㊽ 《南开大学校史》241页。

㊾ 宋廷琛，前述文献，67页。

㊿ 浦薛凤，前述文献，58、59页。

另外，据郁振镛记述，第一个到长沙临大演讲的人是张治中，或许他在临大演讲了两次。参见本书46页及第二章注⑱。

(51) 《云南师范大学校史稿》10页。另外壁报"庸人何必自扰之"在引文中为"庸人何必自忧之"，估计是引文误将"扰"排版为"忧"。

(52) 查良铮《抗战以来的西南联大》，《教育杂志》第三十一卷第一号，抗战以来高等教育专号（1941年1月10日）收录，1页。后面，查良铮的回忆全部依据《抗战以来的西南联大》。

查良铮（1918—1977）是穆旦的本名，出生于天津市，中国现代诗人、翻译家。清华大学外国语文学系十二级学生，1940年毕业。从联大毕业后，留校任助教，1942年，作为翻译随军赴缅甸战场，九死一生。战后，留学美国芝加哥大学攻读英美文学和俄罗斯文学。回国后，任南开大学副教授。但是，在接下来的反右派斗争、"文革"的20年间，其被免职并禁止写作，怀才不遇终其一生。有关查良铮的诗及其生涯，在秋吉久纪夫的《穆旦詩集》（土曜美术社，1994）中有详细记载。

Israel, op.cit, p.136.（中文译本，165页）《南开大学校史》241页。

(53) 《西南联大建校书简》，《清华校友通讯》新105期（1988年10月）收录，4页。另据"大事记"记载，顾毓琇离开长沙临大是1月22日。

(54) 冯钟豫，前述文献，64页。

(55) 宋廷琛，前述文献，67 页。

(56) Ou, op.cit, pp. 96–97, 119.（中文译本，110、111、143 页）

(57) 《八年的回忆与感想》19 页。

(58) 参见本书 76、77 页。

(59) 关于陈诚和张治中，参见本书 151 页及第四章注 (73)。

(60) 虽然标注为引自《八年的回忆与感想》（20 页），但《八年的回忆与感想》中为“下面有五百万勇敢用命的兵士抗战”，而《清华大学校史稿》中写为“下有五百万勇敢用命的抗战将士”。参见本书 98、229 页。

(61) 《清华大学校史稿》390 页。

(62) 季镇淮《闻一多先生事略》，许毓峰等《闻一多研究资料》（北岳文艺出版社，1986 年）收录，40、41 页。另外，该文是《闻一多纪念文集》中收录内容的再录。参见本书 46、83 页。

(63) 联大档案《部令（密）》卷，1938 年 2 月 14 日教育部给长沙临大密电，《清华大学校史稿》，390 页。

(64) 参见本书 86 页。

(65) 《北京大学校史》327、328 页。引号内的引用部分标注为引自《八年的回忆与感想》（17 页）。参见本书 47、48 页。

(66) 《八年的回忆与感想》19 页。本页中引自闻一多的内容都是同一出处。

(67) 参见本书 86、87 页及第三章注 ㉕—㉗。

(68) 查良铮，前述文献，2 页。

(69) 靳广濂 1939《毕业五十年琐忆》，《清华校友通讯》新 107 期（1989 年 4 月）收录，115、116 页。

(70) 浦薛凤，前述文献，43、44、70、48 页。

(71) 姚崧龄《张公权先生年谱初稿》（台北·传记文学出版社，1982 年）上册 205 页。

张嘉璈（1889—1979），字公权，江苏省宝山县（今属上海市）人，留学日本庆应大学攻读经济学。1917 年任中国银行副总裁，1928 年任中国银行总经理。1935 年起历任国民政府铁道部长、交通部长，抗战胜利后任军事委员会东北行营经济委员会主任委员、中央银行总裁。1949 年起担任澳大利亚大学经济学院教授，1953 年赴美，在洛约拉大学做客座教授，1961 至 1974 年任斯坦福大学胡佛研究所高级研究员，1979 年 10 月 13 日因心脏病病逝于美国。

(72) 《中国抗战画史》188 页。

(73) 蒋廷黻英文口述稿，谢钟琏译《蒋廷黻回忆录》（台北·传记文学出版社，1984 年再版）210 页。

蒋廷黻（1895—1965）出生于湖南省宝庆府（今邵阳）。1912 年至 1923 年赴美攻读历史学，获哥伦比亚大学博士学位。回国后，任南开大学历史系教授，1929 年

第三章
南京沦陷　在战火中摇曳的长沙

起任清华大学历史系教授兼系主任。1935 年任国民政府行政院政务处长，1936 年 11 月至 1938 年 1 月任驻苏大使，回国后继续担任行政院政务处长，1947 年任中国驻联合国常任代表，1961 年任台湾外事部门驻美负责人，1965 年退休后，本打算回台于"中央研究院"近代史研究所从事研究，不幸病逝纽约。

本书中所引湖南的状况，是其 1938 年 1 月结束驻苏大使职务，经巴黎、马赛、地中海、红海、印度洋、新加坡、昆明回国，2 月末抵汉口后不久归故里湖南省时的见闻。

⑭　《湖南近百年大事纪述》748—750 页。
⑮　本书本节中引用的闻一多书信，依据《闻一多书信选集》264—271 页。
⑯　柳无忌，前述文献，56、57 页。
⑰　曹美英 1938《播迁中的联大女同学》，《清华校友通讯》新 108 期（1989 年 7 月）收录，94 页。曹美英《怀念慧可》，《清华校友通讯》新 107 期收录，126 页。另外，曹美英当时是北京大学四年级学生，其作为西南联大 1938 年毕业生被收录于《清华校友通讯》毕业生名录中。在《播迁中的联大女同学》末尾所留的曹美英联系地址为美国的西雅图。
⑱　浦薛凤，前述文献，53—55 页。另外，《学府纪闻　国立西南联合大学》中重新收录了浦薛凤前述文献中的两篇，但其记载出席年末宴会的女性只有张奚若的夫人（浦薛凤《长沙鸿爪》，《学府纪闻　国立西南联合大学》收录，68 页）。
⑲　浦薛凤，前述文献，64 页。参见本书 125 页。
⑳　郑天挺，前述文献，326—328 页。
㉑　参见本书 26、27、82 页。
㉒　《闻一多书信选集》276、277 页。
㉓　《闻一多书信选集》279 页。
㉔　参见本书 93 页及第三章注㊻。据《年谱长编》518 页记载，顾毓琇邀请闻一多到最高当局的咨询机构——战时教育问题研究委员会工作，是在闻一多 1 月 3 日离开长沙回故乡途中、落脚武汉时候的事。
㉕　《闻一多书信选集》284 页。参见本书 267、268 页。
㉖　闻一多从家乡出发，估计是 1 月 20 日前后的事。因为在 2 月 15 日致妻子以及 2 月 16 日致父亲的信中写道"离家将近一月"，而且在 2 月 11 日致父母的信中写道"出门将近二十日"。尽管如此他到达长沙是在 1 月 29 日晚，可知交通状况极差。另外在 3 月 3 日妻儿的来信中提及在这之前还写过三封信，但此时闻一多并未接到。闻一多的妻子收到了写着"离家将近一月，未接家中一字……如果你马上就发信到昆明，那样我一到昆明，就可以看到你的信。不然，你就当我已经死了，以后也永远不必写信来（2 月 15 日所写）"内容的信，想必非常伤心。

第四章

国立长沙临时大学迁校

第一节 公布迁移手续和注意事项

清华、北大、南开三所大学从纬度大致相当于日本秋田的北平、天津,千里迢迢南下到纬度相当于奄美大岛的长沙,联合成立了长沙临大。从日军占领区出发,途径战地,冒着被空袭的危险几度辗转终于到达长沙的他们,恐怕谁也不曾想到临大要再度搬迁。

例如,浦薛凤就曾写道:"湘汉(湖南、湖北)而有问题,则大局之分晓可定。无论若何,半年之内,必可安心上课。"① 可谁知上海沦陷后,不仅芜湖和首都南京不守,就连青岛、杭州也相继沦陷,湘汉粤桂(广东、广西)亦已备受威胁。大部分学生的家乡被日军占领,家里的经济接济渐渐断绝,生活变得相当之苦,鱼米之乡的长沙也不再是可以享用美食的地方了。就这样,在长沙临大授课还不足三个月、南岳分校授课仅仅两个月后,学校被迫再迁内陆的云南昆明,不得不再次踏上流浪的征程。

寻路：走向西南联大

说起云南省，与越南、老挝、缅甸国境相接，对他们来说，是从未到过的中国西南部的"僻壤极地"。北平甚至有句俗话把很痛苦的事叫作"受云南大罪"，足见对云南的陌生了。② 正如西南联大校歌中唱到的那样，云南是交通不便的僻远之地"绝徼"。然而迁往云南昆明的方案还是在激烈的反对声中得到了政府的批准，考试被提前，迁校的准备继续向前推进着。

下面，通过"大事记"来了解迁移的准备过程。

1938年1月19日，大学当局商呈教育部后决定迁往昆明。20日，第43次常务委员会议上有关迁昆事宜决议发放给教职员路费津贴每人六十五元，学生每人二十元；教职员学生统限于3月15日以前在昆明校址报到；为了方便迁移，在昆明、河口设立办事处，在海防、香港、广州设招待处，并推定负责人——当然现实不可能都按照计划那样顺利进行，例如湘黔滇旅行团到达昆明就已是4月28日。

另外，《修正学生赴滇就学之手续及路程》月内在常委会获得通过，于1月21日正式向学生公布，明确了赴滇就学志愿书的受理手续及身体检查的日程等。③ 依该规定，赴滇许可证分为甲、乙两种，甲种给旅行团成员，乙种给其他的学生。

对于持甲种许可证的学生，给出了以下要求：

甲、到校医室注射伤寒预防针。

乙、到团部报到取得团籍。

丙、听团长之指示，预备旅途中需要物品，打成行李一件，其重量不得超过八公斤，体积不得超过四立方尺。

丁、候学校公布日期及地点，将本人不能随队携带之书籍什

第四章
国立长沙临时大学迁校

物，装成一箱，加锁交本校委托之运输机关，掣取收条。每人仅限一件，重量不能超过二十五公斤，过量不运。

对于持乙种许可证的学生，给出了领取护照、列车的减价乘车证明文件、二十元川资津贴的相关手续，也说明了种痘要求，到广州、香港、海防后可至本校招待处接洽食宿、购票，广州的本校招待处开设在岭南大学（其他地方的地址以后公布）等事宜。

另外，持甲种许可证也就是参加旅行团的学生须注意下列各项：

一、自长沙至昆明之膳宿，由学校经理，行李由学校运输，健康由学校医生及护士随队照料，安全由学校请地方当局沿途保护。但学生经报到入团之后即不能半途退出。半途退出者，除重病者外，学校即不继续照料。

二、中途除规定路程中乘车船之段，费用由学校担任外，其个人雇用代步工具者，一切手续及费用概须自理。

三、旅途中，无论个人或团体，须绝对服从团长、各队长及辅导团之指导。

……

持乙种许可证的其他学生须注意下列各项：

一、自长沙至昆明车船票之购置，行李之运送，膳宿费用等概须学生自理，学校除发给川资二十元外，只负指导、介绍、证明等责任。其不自长沙首途者，本校概不发给川资津贴及证明文件〔在广州、香港、海防等地，本校当竭力接洽免费或减价住宿地点〕。

二、凡在本校所备之宿舍寄宿者，至多不能超过三日，学生所至各地，均须服从本校各招待处负责人之指导。

三、旅行途中在国境内概须穿着本校制服，在香港及海防等地宜着便服，各种证明文件，须随身携带。

四、旅行途中有误车误船，或证件遗失等事，本校概不负责及补发。

五、本校驻广州、香港招待处，2月10日起开始办公，3月5日撤消；海防、河口招待处，2月15日起开始办公，3月10日撤消。

六、凡曾领川资津贴者，至迟须于3月31日向本校昆明办事处报到，否则取消其学籍。

第二节　前往昆明的路线
——陆路、海路和第三条路

面对大部分人都未曾到过的云南，到底应该选择怎样的路线进行迁移才好呢？据说对于这个问题作出贡献的人是雷树滋教官[④]。

雷树滋是云南人，经常往返于云南与南京、上海之间，对于到云南怎么走十分熟悉。因此常务委员会议上征求意见时，他就具体提出了陆海两路进发的计划。陆路自湘西（湖南省西部）经贵州而入云南，这是大家都知道的路线。海路则是沿着粤汉路由长沙乘火车到广州，再从香港搭乘法国海船到海防，然后乘滇越路火车经河口（中越边境中国一侧的站）到昆明。虽然海路需数易舟车，且路程遥远，但是却较陆路方便迅速，云南赴内陆经商者无不走此路。

第四章
国立长沙临时大学迁校

雷澍滋提议的两条路线，立即得到了委员会的赞同，先前提到的《修正学生赴滇就学之手续及路程》中，湘黔滇旅行团走的就是陆路，其他大半的学生和大部分的教职员都是走海路。去云南，除此之外还有第三条路。那是一条乘汽车由长沙经广西省的桂林、南宁、龙州，从镇南关（今友谊关，中越边境）进入越南，再乘火车经河内到达昆明的路线。[5]

有关此时长沙的交通状况，据浦薛凤记述，航空既昂贵，复少搭机机会。有钱有力者订票还要远至三四个月之后，则教书匠只有望天兴叹而已。至于陆路，桂林或贵阳方向的大汽车，每日只1辆，每日只售20座，亦已预订至4月或5月。说到徒步，既有行李，况公路有伤兵，湘西有土匪，完全不是能走着去的。[6]

这里提到的伤兵问题前面已有说明。[7]所谓湘西的"土匪"，源于1936年到1938年间湘西发生的苗族"革屯（屯政改革）运动"。苗族是中国少数民族之一，半数以上居住在贵州省，与四川、贵州交界的湘西地区乾城（今吉首）、永绥（今花垣）、凤凰、保靖、泸溪、麻阳、古丈七县也居住着大量的苗族。这些苗族聚居地区山多田少，地瘠民贫，纷争不绝。清代的乾隆、嘉庆年间，大规模的冲突事件就曾连续不断。而1937年9月，凤凰县的苗族首举义旗，转眼间占领乾城、麻阳，起义队伍迅速发展至八千余人。接着永绥、保靖、古丈、永顺各县苗民起义均风起云涌，仅永绥一县响应起义者即达十余万人。最终屯田制度被粉碎，但是，1937年12月苗族头目倒戈国民党军，起义军从内部分化瓦解[8]——1942年4月，湘西地区再次爆发起义，后被国民党军队镇压。⑨

陆路去云南的话，必须从刚发生过革屯运动的地区通过。而走经由香港的海路的话，粤汉路没有一天不遭轰炸的，广州市的空袭就曾被当时的报纸大字登载。⑩由于大量的学生、教职员乘坐飞机或经由桂林的汽车前往云南避难是不可能的，因此临大无论选择哪一条都是无可奈何，也是危险重重。从先前说明的学生注意事项中也可以看出，在这样的状况下，学校制订了周密的计划，以策万全。

据浦薛凤记述，1月23日长沙临大召开茶话会，正式向教员报告迁滇之事。不过浦薛凤在得知1月11日政府许可迁滇计划的消息后，已于1月16日、17日左右与几位同僚开始策划旅途事宜，计划包租一节车厢。之后，通过交通部的熟人包到了一节1月26日晚的二等卧铺车，于是浦薛凤等一行二十余人登上列车，开始了听天由命的旅程，这是长沙临大教师中最早从长沙出发的。

1月27日黎明浦薛凤醒来时，列车已经出发。28日午后5时抵达与湖南省相邻的广东省小镇坪石，因等候北上的军用列车通过，停站甚久。车到乐昌已是夜里11时半，若不能在七八点前到达乐昌就无法在黎明前到达广州，敌机空袭难免。于是在乐昌站过夜，第二天早上6时从乐昌出发再开回坪石，午后3时复由坪石开往乐昌。之所以在乐昌过夜是因为乐昌是大站，有军警保护较为安全，而白天常有空袭，所以不得不退回坪石躲避，其听闻数周来均是如此办法。

另外他还写到，28日车到坪石即见菜花一片，与阴雨霏霏、非厚棉不足御寒的长沙相比，气候亦一大转变。29日早上，从乐

第四章

国立长沙临时大学迁校

昌到坪石间一路山谷风景至为美丽，颇有些瑞士山行景象。我国如此的锦绣河山，断不能尽入敌手。

列车按预定计划于1月29日午后3时从坪石出发，午后6时到达乐昌，1月30日黎明到达了广州。同行伙伴中也有人这日即前赴香港，而浦薛凤则在此度过了31日的旧历正月初一。据其描述，31日夜晚广州举行了抗日提灯大游行，参加者数万人。浦薛凤等人于2月3日早上8时乘轮船离开广州，午饭后轮船抵达香港。除浦薛凤外其他同事于2月10日出发前往海防，而他则在九龙住了两个多月直至4月15日。

之所以留在九龙，浦薛凤考虑一则可以与北平的妻子书信联系，二则有军事委员会参事室秘书之事，有必要决定是否赴汉口从政。在漫长的等待之后，3月10日左右终于收到妻子来信。信中说暂不南下，因根本不确定滇中能维持多久，且川资过大，若进滇不久又须他去太不值得，且待暑假再说。那时恰逢有长沙临大迁蒙自之说，因此其虽感失望，但也觉妻子所见颇是。3月20日左右又收到妻子来信，得知双亲从避难处返回故里，所幸康健，其他则一概不知。

并且对于难以预测的时局，在九龙更容易获得各种信息，于是就这样在此待了两个多月。此间，他从在贵阳避难的熟人那里要回了去年11月末寄存的著作《西洋近代政治思潮》的原稿，自3月末至4月13日写成六七千字的序言并附上目录交由商务印书馆香港分馆备印。

浦薛凤在此数月来，香港与九龙的人口骤增，物价暴涨。走在九龙街头，到处听得到南京、上海、北平、天津的口音，大抵皆系避难而来。他追忆在长沙时即此光景,当时曾口占两句"京舆满街悲陷落,乡音到处识流亡"。

第三节　湘黔滇旅行团的行程

下面,再次通过"大事记"来了解一下在长沙所进行着的迁校准备的进展。未特别注明出处的内容都是依据"大事记"。

在长沙,1937年度第一学期的考试自1938年1月24日开始,[11] 27日学生开始填写愿否入滇(云南行)就学志愿书,这日还决定了以下事项:

本大学迁昆途中,凡步行学生,沿途作调查、采集等工作,藉明各地风土民情,使此迁移之举,本身即富教育意义。惟女生及体弱多病者,经医生证明不能步行,得乘舟车(也就是说,可以取得从绕道香港的海路前往云南的乙种许可证)。(旅行团的)学生步行时概适用行军组织,各生抵昆后所缴报告成绩优良者,予以奖励。

2月1日,讨论了有关湘黔滇旅行团的具体行程,并拟定行程计划。[12] 2月4日确定了如下的旅行团行程,括号内的交通工具是依据闻一多在2月16日致父亲的信[13]中所写内容,或许2月4日的决定到16日时已作了变更。不过即便如此,与实际的行军也大相径庭,他们不得不走比这多得多的路。

一、自长沙至常德193公里,步行(乘民船)。

二、自常德至芷江361公里,乘民船(步行)。

第四章
国立长沙临时大学迁校

三、自芷江至晃县 65 公里，步行（乘汽车）。

四、自晃县至贵阳 390 公里，乘汽车（乘汽车）。

五、自贵阳至永宁 193 公里，步行（步行）。

六、自永宁至平彝 232 公里，乘汽车（乘汽车）。

七、自平彝至昆明 237 公里，步行（步行）。

合计 1671 公里的行程。这日还推定各系负责人在广州或香港购买书籍，推定理工各系在香港购置仪器负责人。

顺便提一下，该旅行团赴云南的行程，正好与约 35 年前，时为东京帝国大学理学部助教的鸟居龙藏（1870—1953）于 1902 年 7 月至 1903 年 3 月历时七个多月进行中国西南部苗族调查时的一段行程（自洞庭湖至昆明）几乎重叠。⑭鸟居龙藏的调查旅行正值日本的人类学开创期，对该地区的少数民族学术性调查具有先驱性意义。其调查结果，被整理公开于 1907 年由东京帝国大学（理学部人类学教室）出版的《苗族调查报告》等论著，并且其旅行日记《从人类学看中国西南》⑮也于 1926 年出版。他的《苗族调查报告》后被国立编译馆翻译，于 1936 年由上海商务印书馆在中国出版。此外，作为民族志的经典著作，法国传教士萨维纳（F. M. Savina）所著的《苗族史》（*Histoire des Miao*）于 1930 年（序文为 1924 年）在香港出版。

当时的中国还没有人从学术的立场去关心苗族问题，由于受到国外研究的刺激，凌纯声、芮逸夫等人于 1933 年历时三个月第一次对湘西苗族居住地区的地理以及他们的生活、习俗、语言、歌谣、故事等进行了民族学调查。此次调查的成果《湘西苗族调查报告》（国立中央研究院历史语言研究所·单刊甲种之十八）于

1947年出版。[16]之所以在调查结束14年后才得以出版，似乎是受到战争的影响。中央研究院是国民政府直属的中华民国最高研究机关，于1928年正式成立。那时正是中国科学研究的兴起期，也是学术研究体制终于开始建立的时期。全面抗日战争中，中央研究院的各研究所也分散到重庆、桂林、昆明等地避难，在台湾出版的《"中央研究院"概况》[17]中写到，如今日本侵略我国，阻断了我国好不容易开始萌发的科学发展，使其停滞了九年。

长沙临大迁往云南，虽说是为了避难，但穿行上述作为民族学调查对象十分有意义的地区也确实难得，因此1月27日作出"沿途作调查、采集等工作，藉明各地风土民情，使此迁移之举，本身即富教育意义"的决定，要求学生到达昆明后须提交报告。而且，如闻一多1月30日信中所写，当时的原则是学生由陆路步行入滇，教职员由取道香港的海路前往云南。只有女生以及由医生证明不能步行的体弱男生，才被允许和教职员一样由海路前往云南。由于长沙临大是清华、北大、南开三所大学联合而成，因此拥有很多日后成名的学者，这一决定，或许就是源自其中从事语言学、民族学、社会学等研究的少壮派学者的建言。而学生们想必也是怀着踏破未开化之地的探险者精神去直面云南之行的吧。

第四节　志愿赴云南的学生人数

据"大事记"记载，1月27日学生开始填写愿否入滇就学志

第四章

国立长沙临时大学迁校

愿书,截止日期为 2 月 5 日,2 月 10 日核准赴滇就学学生计 821 人[18],其中核准参加徒步旅行团发给甲种许可证的学生 244 人,12 日又核准 55 名学生赴滇就学。然而,1994 年出版的《清华大学史料选编》中记载,2 月 10 日核准赴滇就学学生 821 人,之后又核准 55 人及另外 2 人共 878 人,其中发给甲种许可证的学生 284 人,并且收录了所有人的姓名。[19] 另外,闻一多在 2 月 16 日的书信[20]中写道:"前传赴滇学生仅四百人,今则报名者已达九百,可见大多数仍知读书重要。"由此看来,自 2 月 12 日至出发之日这段时间里报名前往云南的学生人数恐怕又增加了。据《清华大学校史稿》记载,由长沙临大抵昆明入学联大的学生 993 人,其中清华学生 481 人。[21]

如前所述,当时很多学生从军或从事战地任务,也有到延安的抗大学习或回乡的学生,留在长沙临大的学生数量有说一千人的,也有说六百人的。另外,梅贻琦在 2 月 7 日致顾毓琇的信中写到,长沙临大学生总数一千数十人,签名反对搬迁的学生三百数十人。由此来看,在激烈的反迁移运动背景下,有将近一千名学生还是去了云南,可以说已经达到了相当的数量。这个结果,或许如冯钟豫和查良铮所写的那样,可以说是受了陈诚将军很大的影响。

那么,参加徒步旅行团的学生总数到底有多少人呢?对于这个问题,从 200 余人、244 人,到约 300 人、300 余人、336 人(其中包含教员 11 人)有多种说法。[22] 另外浦薛凤记述有三四十人中途退团。[23] 闻一多也写道:"中途因病或职务关系退出团体,先行搭车到昆明者四十余人。"[24] 可是有关中途退团者的记录只有这些,详细情况不甚清楚。据北大校长蒋梦麟的《西潮》记载，旅行团的学生约 300 人，走海路的学生约 800 人，另有 350 人以上的学生则留在长沙参加了各种战时机构。[25]虽然不知道准确的数字，不过估计从陆路和海路前往昆明的学生数量以及没有前往昆明的学生数量大致就是蒋梦麟所记述的这样。

关于路线选择，"大事记"中记载 1 月 27 日决定"惟女生及体弱多病者，经医生证明不能步行，得乘舟车"，这应该是当初确定的原则。但是《北京大学校史》中却记载："一路主要是女生以及身体较弱不适于长途跋涉或不愿参加步行者，概经粤汉路至广州，取道香港至越南海防，而后经由滇越路进入云南。"[26]不仅如此，还有"海陆两线，校方听凭师生自由意志参加，并无任何限制"[27]的说法，参加了湘黔滇旅行团的蔡孝敏就是这么记述的。估计是到最后任凭各自的意愿了吧，因为正如闻一多在 2 月 16 日书信中写的那样，或许是由于激烈的反迁移运动的缘故，最初报名赴云南的学生只有 400 人，如果突然增加到两倍以上的 900 人，那么可以推测在匆忙的出发准备中，当初的原则也就没有被那么严格地执行了。

下面继续来看看蔡孝敏的回忆录：

我报名参加"湘黔滇旅行团"，由陆路步行前往。因海线系利用车船等交通工具，与普通旅行性质相同，日后机会正多；而陆路乃用自己双足，亲践云贵高原，既可实际观察我国西南风土人情，又可饱览沿途风光名胜。何况沿途"衣食住"均由学校安排，团员仅须每天迈开大步，"行"完规定里程，即可功德圆满。如此可遇不可求之良机，焉能失之交臂。

第四章
国立长沙临时大学迁校

家二叔当时亦在长沙，闻讯大吃一惊，曾加劝阻，他说："你家只有你一个男孩子，我听说湘西一带土匪很多，万一碰上发生危险，怎样向你父母亲交待？而且从海线去，又快又安全。所以我主张你走海线，不必步行。"

为达到步行目的，事先编好一套理由，我嗫嚅着说："已经没有办法啦！检查体格，我是甲等，依照校方规定，甲等必须参加步行，不能走海线。"家二叔受过新式教育，作风开明，见我意志坚定，对我自圆其说之理由不愿深究，他说："好吧！既然如此，我同意参加步行团，青年人多吃些苦总是好的。你身体结实，走点路难不倒你。路上要早睡早起，贵州和云南瘴气很重，久居北方的人，可能难以适应。我这儿有瓶特效药，专治打摆子〔疟疾〕，给你带在身上，以防万一。"

当我由二叔手中接过药瓶时，发现他老人家两眼充满泪水，慈祥面孔，更显苍老。㉘

第五节 湘黔滇旅行团的组织结构

2月中旬过后，长沙临大师生分成陆路和海路出发前往云南。以下的内容主要依据"大事记"的记录整理而来，将人员转移情况与在云南的准备情况分开来进行叙述。

首先，有关人员转移的措施，2月14日在临大第54次常务委员会上决定了如下事项：

寻路：走向西南联大

推定樊际昌、黄梅美德、钟书箴领导本大学赴滇就学女生，并照护教职员眷属赴滇。

设立湘黔滇旅行团指导委员会。推定黄钰生（字子坚）、李继侗、曾昭抡、袁复礼为该会委员，并推定黄钰生为该委员会主席，聘请黄师岳为本大学湘黔滇旅行团团长。

由此可以推断，走海路的女生至少是在2月14日以后才出发的。有关走海路学生的情况后面再进行叙述。

在"大事记"中，至此之前都将由陆路赴滇的长沙临大学生的团体记为"徒步旅行团"或"旅行团"，该处第一次使用了"湘黔滇旅行团"的名称。该团的正式名称就是"湘黔滇旅行团"，关于其命名还流传着如下的故事："湘黔滇旅行团"成立时，很多人建议称为"步行团"，但校方认为"旅行团"比较符合实情，因为虽然后方交通工具极度缺乏，但凡有舟车可以乘用时，仍计划尽量避免步行。[29] 譬如从长沙前往益阳，即属乘船，并非步行。[30]

另外，黄子坚任湘黔滇旅行团指导委员会主席，黄师岳任旅行团团长这样的决定，实际上是指旅行团的校方总负责人是黄子坚，真正的领队是黄师岳。至于为何聘任黄师岳，吴征镒记述为湖南省政府主席张治中特派黄师岳中将担任团长。[31] 而云镇则记述由于当时湘西有"土匪"，所以学校特别请黄师岳将军作为旅行团的领队。[32] 还有冯钟豫如下写道："那时湘黔接界处，尚有绿林豪杰（强盗）占据，对行旅威胁很大。有十来天每天由地方派人陪一位同学持了黄将军名片先行出发，和他们的哨卡碰头，大队随后进行。"[33]

第四章
国立长沙临时大学迁校

据《云南师范大学大事记》记载，在2月14日的常务委员会议上还决定了"由教职员捐款中提出一千六百元，作为补助赴滇贫苦学生旅费之用"。至于这些捐款是如何被使用的没有详细的记录，不过在这之前的2月11日，设立了捐助寒苦学生委员会。该委员会负责筹划、处置本校教职员中将应得赴滇旅费捐助寒苦学生的款项，负责人是曾昭抡——有记载显示将旅费捐助寒苦学生的行为，1月末就已经出现，此事系叶公超发起，当时已有多人响应。㉞

吴征镒还记述这个旅行团采用军事管理，分两个大队三个中队，为协助总负责人黄子坚和团长黄师岳，毛鸿等3位教官分别担任中队长，小队长概由同学担任。团部尚有同学1小队，事务员1人，医官3人。同行教师共11人，组成辅导团。㉟

然而，《南开大学校史》中记载陆路步行师生336人，其中教师11人。另有黄师岳、毛鸿等3名军训教官、3名医生和几名事务员。步行团实行严格的军事管理。全团分两个大队。大队长由军训教官担任，大队长以下又有若干中队及分队。中队长、分队长均由学生担任。每分队有十几个人。全团伙食由随行炊食班办理，另有汽车两辆运送行李。㊱

另据1938年4月28日的《云南日报》报道，旅行团团长由黄师岳担任，参谋长由长沙临大主任军事教官毛鸿担任，辅导委员会委员仅有教授5人。大队长2人，由长沙临大军事教官邹镇华、卓超分任。此外有学生12人长期在团本部服务，分别负责写日记、摄影、接收无线电等。每大队下分3中队，每中队分3小队，共18小队。自中队长以下，皆由学生自任。每大队有140人，两队共约 280 人，连教授等在内，全团共 320 余人。学生中除长期在团本部服务者外，每周又由每大队轮流派遣 9 人，襄同管理全团伙食，9 人负责本队杂务。[37]

毛鸿等军训教官到底是大队长还是中队长呢？这个问题也如旅行团的成员数量、旅行团的组成、旅行团从长沙出发的日期等先前遇到的问题一样，在现有的文献资料记载中有很多出入。

据吴征镒记述，旅行中团员记日记者甚多，旅行团本部也有专人负责日记，可惜该项日记因送香港预备印行，在港乱中毁去。[38] 日军占领香港全岛是在 1941 年 12 月 25 日，估计就是在这前后被烧毁的。由于旅行团本部的官方记录未能留存下来，有关湘黔滇旅行团的资料，除了钱能欣的《西南三千五百里》（商务印书馆，1939 年 6 月初版）和吴征镒的《长征日记——由长沙到昆明》[39] 外，只有若干简短的回忆录，因此导致依据这其中的某些日记或回忆录编写的各所大学的校史以及大事记也产生了出入。本书中在将这些出入照原样一并写入的同时，力求尽可能正确地追寻他们"长征"的足迹。

第六节　湘黔滇旅行团的辅导教师

湘黔滇旅行团同行的教授有以下五人：

黄子坚（1898—1990），湖北省沔阳人，毕业于南开中学、清华学校，1919 年至 1924 年赴美留学，获芝加哥大学教育学硕士学

第四章
国立长沙临时大学迁校

位。南开大学教育学、心理学教授兼秘书长。

李继侗（1897—1961），江苏省兴化人，毕业于南京的金陵大学，1921年至1925年作为清华学校公费生赴美留学，获耶鲁大学理学博士学位（森林学）。清华大学生物学系教授。

曾昭抡（1899—1967），湖南省湘乡人，毕业于清华学校，1920年至1926年赴美留学，获麻省理工学院理学博士学位。北京大学化学系教授。

袁复礼（1893—1987），河北省徐水人，毕业于清华学校，1915年至1921年赴美留学，获哥伦比亚大学理学硕士学位（地质学）。清华大学地学系主任。

闻一多（1899—1946），湖北省浠水人，毕业于清华学校，1922年至1925年赴美留学。清华大学中国文学系教授。

此外，同行的还有六名青年教师[40]（括号内是其专业领域和从清华大学毕业的年份）。

李嘉言（中国文学，1934年）

王钟山（地质学，1936年）

郭海峰（昆虫学，1936年）

吴征镒（生物学，1937年）

许维遹（中国文学）

毛应斗（昆虫学）

五位教授或是清华学校的毕业生或曾作为清华学校的公费生赴美留学。据蔡孝敏记述，除清华大学生物学系助教毛应斗外，其他人都是清华学校或清华大学的校友。[41] 最终以上十一名教师组成辅导团，沿陆路赴昆。

不过，这十一人也并非是简单地作出陆路赴昆决定的。

例如，1936年从清华大学地学系毕业的孟昭彝记述，袁复礼教授曾邀他作为助教一同前往昆明，可是他反对学校迁往云南，倔强地留在了长沙。㊷

闻一多在2月16日致父亲的信中写到参加旅行团的教授有五人，助教有五人。也许是到了出发之际又增加了一人。而且，就连闻一多本人也是快到出发时才决定参加旅行团的。1月29日夜里从故乡回到长沙的闻一多在30日致妻子的信中写到走取道香港的海路，可就在这短短的时间里却发生了如下的变化。

2月1日致闻家骥（二哥）的信：

此间学生拟徒步入滇，教职员方面有杨金甫、黄子坚、曾昭抡等五、六人加入，弟亦拟加入，因一则可得经验，二则可以省钱。……启程日期尚未决定，大约在一星期后。

2月11日致父母亲的信：

第一线（海路）因广州时有空袭，不甚安全。第二线（陆路）男本有意加入，今复虑身体不支，故决采第三线（经由桂林到云南），此线用费较多，然除校中津贴六十五元外，自担者想至多不过四五十元耳。借此得一游桂省山水，亦殊不恶也。……（第三线）启程日期大约在二月十五六日。

2月16日致父亲的信：

前函云乘汽车经桂林赴滇，今因费用过巨之故，仍改偕学生步行。……定十九日启程。

从闻一多以上的书信内容以及他并非湘黔滇旅行团指导委员

第四章
国立长沙临时大学迁校

会的委员两点来推测,直至委员会成立之时的 2 月 14 日他都还未作出参加旅行团的决定。[43] 在辅导团的五位教授中闻一多年纪最轻,原本就希望参加陆路的旅行团,但由于担心身体不支,迟迟未下决心。

至于其他人,比如最年长的袁复礼,虽说也只比闻一多大六岁而已,但他刚到长沙临大就奔赴湘西进行矿产资源的调查——那个时候,先前提到的孟昭彝也跟随着袁复礼,他们调查结束回到长沙时临大已准备迁滇。[44] 另外,李继侗也于 1937 年秋赴贵阳作了为期四周的林业调查。[45] 虽然都只是旅行团行程的一部分而已,可是对于曾经到该区域做过调查的两位教授来说,对前行之路的情况应该还是比较熟悉的,而且从专业角度来说也非常适合对学生进行野外指导,或许因此才作出与旅行团同行的决定。至于闻一多,还流传着这样一个故事:杨振声在长沙时曾对人说"(闻)一多加入旅行团,应该带一具棺材走",而平安到达昆明的闻一多,见到杨振声后,就对他说"假使这次我真带了棺材,现在就可以送给你了",于是两人大笑一场。[46] 由此可见闻一多的体力确实很让人担心。

前面引用过的闻一多在 2 月 16 日致父亲的信中还写到教授五人、助教五人之外,携有医生护士各一人,无线电收音机一架,图书若干箱,伙夫十余人。并且,强烈反对迁移的张治中主席也送来了水壶、干粮袋、草鞋、裹腿等行军用具数百份,猪五只,教育厅长朱经农送来猪二只。这恐怕是通过盛大的杀猪饭为旅行团一行饯行吧。就这样,湘黔滇旅行团最终定于 2 月 19 日启程。

寻路：走向西南联大

第七节　云南的筹备工作和
广州、香港、海防、河口招待处的设立

有关在云南所做的筹备工作，留下了如下的记录。

《云南师范大学大事记》2月9日和10日之间记载，同月，南开化学教授杨石先、北大经济学教授秦瓒、清华建筑学教授王明之，分别代表三校并文、理、工三科，先行入滇，安排有关建校事宜。他们乘一辆吉普车，另带两卡车物资，一星期后抵达昆明——也有耗费十几天经由贵州到达昆明之说[47]。另记载，2月15日，蒋梦麟常委飞抵昆明，主持学校迁滇筹备事宜。

据张起钧记述，秦瓒教授的父亲秦树声老先生是清末的名学者，曾在云南为官多年，做过学台。"学台"是清代对"学政"的俗称，所谓"学政"，即提督学政的简称，是朝廷委派掌管一省学务的官员，主持科举院试，任期三年。因此，云南的文人大佬尽出其门下，像当时的云南省教育厅厅长龚自知等论行辈还要比秦教授晚一辈。于是就由秦瓒一马当先，赴云南打前站。可是对于赴云南的路线问题，秦瓒虽到过云南，那也是小时候的事了，不会记得，就是记得，也是好几十年前的往事，未必与现况相合，所以学校请雷澍滋教官提出建议。张起钧还写到在学校迁往云南这件事上，秦瓒与雷澍滋两位发挥了特殊的作用。[48]

决定迁校后，学校委派教授、助教常驻广州、香港、海防、河口，负责照料走海路的学生们。"大事记"中记载，2月10日，

第四章
国立长沙临时大学迁校

广州、香港两地招待处成立；15日，海防、河口两地招待处成立。各招待处的负责人为郑华炽（广州）、叶公超和陈福田（香港）、徐锡良（海防）、雷树滋（河口）。3月5日，这四个招待处同时撤销。此外，闻一多在1月30日致妻子的信中写道："香港派（叶）公超，海防派陈福田，陈已启程，公超二月三日去。"由此可知为开设招待处，负责人们很早就从长沙出发了。但是，招待处的撤销时间恐怕并不是在3月5日，应该更往后些。之所以这样说，是因为云南省的迁入地怎么也决定不了，到达广州的学生们在当地滞留了一个月甚至一个月以上，并没有让他们立即前往香港。

此时正好在香港九龙的浦薛凤，于2月底或3月初在香港招待处负责人叶公超处见到蒋梦麟的电文说昆明校舍无着，拟搬到云南省的蒙自。后来又听说理、工到蒙自，文、法留昆明。但不久则接电谓理、工留在昆明，文、法则搬至蒙自。[49]最终确实如此，这一安排执行到这年的7月为止，学期结束后文、法学院搬回昆明。也就是说理、工学院设在昆明，文、法学院设在蒙自只有一个学期而已，可是这期间昆明的校舍却怎么也解决不了，无法确定搬迁之处。

据郑天挺记述，3月初，由于学校校舍不足，北大校长蒋梦麟前往蒙自视察校舍。14日蒋回到昆明，次日下午召开会议——出席者有蒋梦麟、张伯苓、周炳琳、施嘉炀、吴有训、秦瓒及郑天挺。会上决定文、法学院设在蒙自，理、工学院设在昆明，由北大、清华、南开三校各派一人到蒙自筹设分校。清华大学派王明之，南开大学派杨石先，北京大学派郑天挺，郑天挺于3月17日

寻路：走向西南联大

到达蒙自。[50] 从他的记述来看，学校的迁入地是在3月15日的下午最终决定的。顺便提一下，郑天挺于2月15日早上与同事十几人一同乘车从长沙出发（第三条路线），[51] 耗时半个月于3月1日下午五点半到达昆明。

下面，依据浦薛凤的记述来了解一下走海路的学生的情况。[52] 浦薛凤记述学生自长沙至广州，借住临大招待处设置地所在的岭南大学[53]。当时在岭南大学上课的学生仅三百余人，而临大借住者反有四五百人。原拟过境住一二夜便赴港，但因昆明校址无着，来电嘱暂勿动身，遂不得已长期借宿。一时喧宾夺主之状况，当可想见。

3月初，头一批学生始由广抵港，住基督教青年会。由陈福田、叶公超两位教授代为预订由香港至海防的统舱船票。港防间驶轮不多，又系极小，故每次只容数十人。抵海防后，由清华大学的徐锡良（外国语文学系，1942年起任教员）主持照料车船票。接洽结果，临大师生向法国轮船订购者，可打八折，滇越铁路车票仅学生可打折扣，教师不与焉。海防华侨，相当踊跃地帮忙，且每次轮船到达，总领事必到埠照料各项通关手续。到中越国境中国侧的河口站（即今越南侧为老街站）后，由临大派云南人雷教官料理。

浦薛凤还写到，尤其是关于住所、船票行期、护照等，确需学校照料。驻香港帮忙料理者为清华大学的陈福田和北京大学的叶公超，最为忙碌，最为得力。而且，此番临大移滇，有组织，有秩序，一切可称便利。

浦薛凤本人搭乘4月15日午后3点出发的船离开香港，19日

第四章
国立长沙临时大学迁校

清晨到达海防。或许他是与最后一批前往云南的学生同行的。因为船上有临大学生178人以及部分教师合计200人左右，仅行李就有七八百件之多。虽说清晨就已到达，通关的行李查验一直等到午后2点半方开始。21日，学生一百七八十人包了四等车从海防出发。浦薛凤为避开拥挤，与土木系教授蔡方荫及其他学生共24人于22日早晨5点半启程。晚上7点半抵达老街，住一晚，第二天23日午后4点45分到达碧色寨，换乘列车后于暮色苍茫之时到达蒙自——抵蒙自之后，他收到已回常熟城的父亲于2月16日寄往长沙的书信及三姐的来信，得知故乡物毁屋空，身无余物。

从以上的记录可知，4月中旬过后，仍有大批学生经由海防、河口前往云南，并且浦薛凤于4月22日在老街站受到了雷教官的迎接。因此，"大事记"中有关"3月5日四地招待处办事处同时撤销"之记载是不足取信的。另外，张起钧也写到，他在河口招待处雷教官手下做助手两个月。[54]

第八节　走海路学生的回忆

下面，概要地摘录一些走海路前往云南的学生的回忆录。他们的记述有相互冲突的地方，然而由于都是三十年甚至五十多年以后所写，出现一些记忆上的偏差也在所难免。另外，战火之中在如此短的时间里转移学生达800人之多，可想而知他们每个人的经历也不可能完全一致，所以这里就不作讨论，直接

寻路：走向西南联大

摘录。[55]

郁振镛（1939 年毕业于清华大学经济系）

记得离开长沙的那晚，也是下雨天，车站内泥泞的地上，躺满前线撤下来的伤兵，断肢残臂，形容憔悴，因为军情紧急，不但缺乏适当的医药供应，伤兵连要一口热水喝，亦不可得。同学中有携热水壶者，乃慷慨解囊。当时寒风凄雨，景况悲惨，但每人心中则有一个坚强的意念，认为此去滇南，并非逃避兵祸，而是要把自己变得更充实些，强壮些，以报效祖国。

何兆男（女，1938 年毕业于清华大学经济系）

一九三八年初，分两路入滇：一路是甲等体位的男生二百多人组成的湘黔滇旅行团……另一线就是我们全部女生和乙等体位以下的男生，分两个梯次……我是第二梯次的。

我们从长沙乘粤汉铁路火车南下，学校为我们包了好几节车厢，虽然是三等硬板凳，但人人都有座位，比起从陷区刚刚逃出时，和伤兵、难民们挤在闷子车〔即无窗的货车〕中毫无插足之地，真不啻是天堂了。到了广州，我们住进岭南大学的女生宿舍。六个人一间屋，每人一个小铁床。每天去逛街、吃小馆，体验南国的风光，领略一下"吃在广州"的"吃"是什么味道。

有一晚，联大同学居然在岭南大礼堂举行了一个盛大的惜别晚会。节目甚多，各个精采。尤其值得喝采的是最后两出京戏……从这点来看，真不能不佩服联大同学的多才多艺了。

我们乘广九铁路（广州和九龙间的铁路）的车，绕道香港，再赴滇南。

云镇（1939 年毕业于南开大学电机系）

第四章

国立长沙临时大学迁校

因为昆明的校址尚未觅妥。所以我们在广州暂住在岭南大学附中宿舍，所以借此机会在广州各处参观一番。真是很难得的机会。在岭南大学承该校师生爱护，使漂泊的学子，心中甚为感激。记得在欢迎会上……全体肃立，由一位岭南同学吹喇叭，调为抗战时颇为流行之"起来！"歌（该歌曲即由田汉作词、聂耳作曲的《义勇军进行曲》，是1935年的电影《风云儿女》的主题曲，抗日战争中被广为传唱。[56]），大家一面唱，一面热泪盈眶，大有"风萧萧兮，易水寒，壮士一去兮，不复还！"（出自《史记·刺客列传》）的悲壮场面。使热血沸腾的学子更加坚定了为抗战而奋斗的壮志雄心。

在广州住了一个多月，待得到通知才重行起程先到香港住青年会。

他还记述了从香港经海南岛到达海防，在海防还有女同学所戴的金边眼镜被人抢去的事。

曹美英（女，1938年毕业于北京大学）

我们先在广州停了个把月，住在岭南大学女生宿舍腾出的几间房里……那时我们几乎无日不渡江到广州市区漫游。

从广州去香港是傍晚从岭南大学起程的，我们去码头过江静候。据说为了预防日本飞机空袭而便于疏散，只得暂时等待在江边。俟到夜幕来临后，又等了些时才听到命令，便立即整队上船。一宿无话到达香港时已经黎明了。

到香港后，我们女生径去铜锣湾女青年会暂住。三苏（同学）在港有家，特来邀我们到她家品尝家里做的广东饭菜，还不惮烦劳代我们兑换越币和购买船票，怕我们在兑换上吃亏，因为那时

寻路：走向西南联大

的香港欺负不会说粤语的人。

万宝康（1938年毕业于西南联合大学地学系气象组）

他本来就读于青岛的山东大学物理系。三年级课程结束后的1937年暑假，被指定到南京中央研究院的气象台和天文台各实习一个月，不期因为战争，既不能回到北平的家，也不能回到青岛的学校，后来很幸运地获准在长沙临大借读。学校迁往云南的时候，他被允许参加旅行团，可是由于父母的强烈反对不得不放弃而选择海路。他听说当时只有极少数学生是走海路前往云南的。

我们取道广州的同学是由长沙搭乘粤汉路火车到广州。但是因为昆明方面的校舍尚未觅妥，不得不在广州停留下来。我们借住了河南岛岭南大学的部分教室，一直停留了三个多月。然后由广州搭乘广九路火车到香港。在香港青年会借住一晚，翌日再由香港搭船前往越南海防。在海防又分散各处借住一晚，然后搭乘滇越路火车到达昆明。

罗宏孝（女，1941年毕业于西南联合大学外国语文学系）

二月间我由长沙乘粤汉线先赴广州，借住岭南大学宿舍。三月间由广州赴香港，再由港乘轮赴海防，由海防搭火车直抵昆明。

海防的扒手颇为猖獗，抵海防的次日，我和几个女同学上街买水果，其中有诚静容，她是大近视眼；我们一行四五个人行至半路，忽闻诚"诶呀！"一声惊呼，回头一看，只见一个年约十三、四岁的孩子举足狂奔，而戴在诚脸上的厚玻璃眼镜已不翼而飞。

第四章
国立长沙临时大学迁校

从海防到昆明,我们坐的火车等级叫"四项"。也就是次于三等车者。车箱内两排长凳,中间堆满了我们的行李。

费用方面,1938年毕业于北京大学政治系的张起钧如下写道:"至于海路,则由大家自费各别前往,不过由学校在沿途设站照料而已,设站的计有广州、香港、海防、河口四处,各派师生数人主持。"[57]与此相对,《南开大学校史》中记载步行团学生,大半是来自战区或者内陆的贫苦青年。参加步行团后,学校不仅代运行李,而且供给旅途食宿费用。[58]当然,也有像张起钧这样的特殊情况。时为北京大学四年级学生的他,在河口招待处负责人、云南出生的雷澍滋教官手下做助手。他们并无薪水,亦无办公费,不过由学校津贴一点类似车马费(交通费)的钱。雷教官每天5元,张起钧每天2元。张起钧是贫困学生,靠救济过日子。学校决定搬迁时,他身上全部的款项只有19元,所多的只是勇气而已。可是没想到学校派了他这一差事,前后两个月一共120元,不仅旅费有了着落,再加上后来学校每个月还有7元的贷金,加之当时物价便宜,于是这120元支撑起他的生活直到毕业找到工作。此外,还有一个原因就是他们在河口的两个月,除了清茶淡饭以外完全没有花销,这120元几乎等于干剩。[59]

据张起钧记述,当时沿滇越铁路自海防到昆明要走三天。乘火车还要夜晚下车住店,第二天再上车继续前进,这是今天大家不会想象得到的。其行程是第一日自海防开车,当日傍晚到达老街,下车住店。第二天早晨徒步过桥,到达河口,上同一列火车再走。老街与河口由桥相连,却分属两国,但两方也只清查一下人数而已,并无任何繁杂的入境手续。登车行进后傍晚到达开远,也叫阿迷州,在这里依旧下车住店,第三天早晨再登车前进,傍晚始达昆明。

当时雷教官和张起钧的工作就是照料临大师生过境。可是滇越铁路每天只有一个班次,工作很简单。每天傍晚火车到达时,便至老街车站看看有无师生来临,如有,便照料至旅社安顿,并给予一些必要的协助,第二天清晨,再照料过桥至河口,办理简单入境手续,登车启程。其中也有对河口感兴趣的张起钧的朋友,由于学校开学还早,就在那住上两三天的。

虽然张起钧记述走海路的学生由大家自费,但实际上学生们被发给了旅费二十元。[60]不过走海路前往昆明,费用总额至少六七十元,多则上百元,[61]从这点来看,负担还是很重的。他们的这次昆明之行,遇到过海防海关索贿的丑恶之举,也见到过海防小偷的猖獗之状,更坐过烈日炎炎下滇越铁路那只有木窗,勉强对付的四等列车,[62]完全谈不上是舒适的旅途。然而正如先前列举的回忆录所写,年轻的他们却以此为契机,游玩广州,举行了欢迎会、惜别晚会。虽然首都南京已沦陷,但大家完全没有考虑过投降之事,就这样一路上又唱又笑又嚷[63]地前往云南避难。学校当局,也在战火和激烈的反迁移运动中,短时间内完成了大量教职员、学生的转移和云南的接纳准备,并且如浦薛凤所述"此番临大移滇,有组织,有秩序,一切可称便利",这实在是令人惊讶。

第四章
国立长沙临时大学迁校

第九节　临时大学搬迁之后的长沙

如果长沙临大没有迁往云南，会变得怎样呢？下面，我们来看一下临大搬迁之后长沙的状况。

《湖南近百年大事纪述》记载："1938年4月10日，敌机二十七架第四次侵袭长沙，狂炸岳麓山湖南大学和清华大学等校区，死伤学生、工人、居民及游人等百余人。湖大损失最巨，图书馆全部被毁，科学馆毁去三分之二，学生宿舍二栋亦被炸，全校精华付之一炬。"[64]

先前提到过，由于战争，故宫博物院的文物被分散搬运到后方的三个地方。这其中于1937年8月14日从南京搬出的部分就曾保管于湖南大学的图书馆中。原计划在湖南大学背后的爱晚亭附近挖掘洞穴进行收藏，但不久之后长沙也响起了空袭警报，长沙火车站附近遭到轰炸，于是该计划被取消，决定将其转移至贵州省的贵阳，同年12月移送工作开始——长沙火车站附近遭到轰炸之事，应该指的是11月24日的第一次长沙空袭。这批文物正好于旧历的大年初一到达贵阳。由于贵阳也有被空袭的风险，1938年11月再被转运至同省的安顺。[65]最终这批故宫文物免于战火的毁坏。

参与了故宫文物转运工作的那志良在《故宫四十年》中记述文物从长沙搬出不久——大约还不到<u>一个月</u>的时间——长沙遭到空袭，湖南大学图书馆也未能幸免。之后不久，长沙再次遭到空袭，这个时候在爱晚亭附近避难的人很多，由于敌机对其进行低空扫射，大量人员丧生于此。[66]至于湖南大学图书馆遭到空袭的时间恐怕是那志良的记忆偏差，不过湖南大学和爱晚亭附近遭到空袭却是事实。提到岳麓山中的爱晚亭，临大的浦薛凤、云镇等人也常于此躲避空袭，如果临大再晚一点搬迁的话，估计临大人员的受害情况也将不轻。

据《湖南近百年大事纪述》记载，1938年8月17日更有敌机18架第七次轰炸长沙。这次被炸20余处，投弹120余枚。炸毁民房和商店300余栋，死伤平民800余人，损失空前。此后敌机的侵扰更为频繁，特别是日军进攻岳阳时，曾几度大规模地轰炸长沙。如10月19日，敌机44架，三度侵袭；24日，又35架，分四批侵袭。其损失之大，无法估量。[67]并且，11月13日由于所谓的"长沙大火"，城内十分之九都被烧毁。

随着战火一天天地扩大，日军大本营于1938年6月15日的御前会议上决定实施汉口作战计划，8月22日下令攻占汉口。9月7日的御前会议上决定实施广东作战计划，9月19日下令攻占广东。国民政府对此已有预判，6月9日驻武汉的党政军各机关开始撤退，党政机关迁往重庆，军事机关迁往湖南。日军于10月21日占领广东，同月26日占领汉口、武昌，27日占领汉阳，至此粤汉线被切断，武汉沦陷。[68]

此后日军继续南下进攻湘北（湖南省北部），11月11日占领岳阳。长沙大火正是由于岳阳的沦陷而引发的。

在《中国抗战画史》中有如下记载：

岳阳陷落之日，敌军有向新墙河推进的态势；因为情报不正

第四章
国立长沙临时大学迁校

确,前后方联络不确实,乃发生了十二日晚间的长沙大火。

大火起于十二日的午夜,数十处同时烧起,到了十四日才完,长沙城中,八角亭、中正路(今解放路)、南正路一带街市以及机关厅署,对河岳麓山下的湖南大学和第一纺纱厂,都已化为灰烬。[69]

《湖南近百年大事纪述》中也有如下记载:

日寇侵占岳阳的消息,震动了省城长沙。国民党湖南省政当局于逃走之前,借口实行"坚壁清野"和"焦土政策",命令军警放火,焚毁了长沙市。(所谓"坚壁清野",是指死守阵地阻止敌人的进攻,撤退的时候将一切的物资埋藏或焚烧,不让敌人利用的战术。所谓"焦土政策",是指撤退的时候,将建筑物、物资等全部破坏或焚烧,不让敌人利用的政策。)

11月12日晚(实际上是13日凌晨)一时左右,全城居民正入睡乡时,长沙警备司令酆悌、警备第二团团长徐琨、公安局局长文重孚等,派遣大批军警在长沙市区四处放火。这批放火军警三五成群,提着煤油火器,不分商店住宅,一概放火焚烧,顷刻之间,整个长沙城成了一片火海……总计烧毁房屋五万余栋,约二、三十万居民无家可归,被烧死的市民达两万余人。[70]

对于这次长沙大火的原委,各书中的记载有相当大的差异,[71]有将责任归咎于蒋介石的,有归咎于张治中的,也有归咎于酆悌等警备当局负责人的。无论到底归咎于谁,最终作出了以下的处理:

11月18日 蒋介石迫于舆论,下令逮捕长沙警备司令酆悌、警备第二团团长徐昆、警察局局长文重孚,并于20日执行枪决。

11月23日 国民政府为长沙大火明令张治中革职留任,责成办理灾区善后事宜,以观后效。

寻路：走向西南联大

11月24日 张治中宣布设立长沙市火灾善后建设委员会，自兼主任委员。[72]

后来，张治中于1939年2月任军事委员会委员长（蒋介石）侍从室第一处主任，1940年9月任军事委员会政治部部长兼三青团（三民主义青年团）干事会书记长，1946年3月任西北行营主任兼新疆省政府主席，1949年4月作为国民政府和平谈判代表团首席代表赴北平，与共产党进行和平谈判。于《国内和平协定（最后修正案）》被国民政府拒绝后，留在北平，同年9月，出席中国人民政治协商会议。中华人民共和国成立后，历任西北军政委员会副主席、全国人民代表大会常务委员会副委员长、国防委员会副主席等职，1969年4月6日病逝于北京。[73]

但是，湖南人民对省主席张治中将责任完全推卸给警备司令酆悌等三人，而自己转任军事委员会委员长侍从室主任之事十分愤慨，传闻人们作了一副头藏其名的对联"张惶失措"来挖苦他。[74]

张惶失措
治湘无方两大方案一把火
中心安忍三颗人头万古冤

"张惶失措"当然就是暗喻"张治中惊慌失措不知该如何是好"。对联的大意是张治中治理湖南也没有什么像样的政绩，如果非要说出点他做过的大事，那就是放火了。对于三人永远无法得到昭雪的冤屈，其怎能安心，实在叫人无法容忍。[75]

总之，从长沙临大开学算起约一年后，从临大迁往云南算起仅仅八月有余，长沙就接二连三地遭到日军的空袭，并受到大火

第四章
国立长沙临时大学迁校

的严重毁坏。就连湖南大学也于1938年10月武汉沦陷后，迁往湖南省西部的辰溪。

据《湖南近百年大事纪述》记载，八年全面抗战期间，日本军机轰炸长沙不下百余次。此外，岳阳市、株洲市、衡阳市也屡遭空袭。据不完全统计，八年全面抗战期间，湖南全省七十五个县市中，仅有二十余县未遭日机轰炸。⑯

另外，即便在湖南省内，长沙也成为了后述四次会战的主战场，是全面抗日战争期间战斗最激烈的地方之一。对于几次会战，中日双方的各书中记载有所差异。例如，《中国抗日战争图志》中是如下记载的：

第一次长沙会战（1939年9月14日—10月7日）日军伤亡2万余人。

第二次长沙会战（1941年9月7日—10月8日）日军一度占领长沙。日军伤亡2万余人，其中仅在长沙附近就遗尸1万多具。

第三次长沙会战（1941年12月18日—1942年1月16日）日军伤亡约5万人。

长衡会战（1944年5月27日—8月8日）6月18日长沙陷落、8月8日衡阳陷落。此次会战日军伤亡6.6万余人，中国军队伤亡9万余人。⑰

长沙会战在中国也被称为赣湘会战、湘北大战。另一方面，在日本，将中国所谓的第一次长沙会战称为赣湘作战（海军称之为"湘江作战"），第二次长沙会战称为第一次长沙作战，第三次长沙会战称为第二次长沙作战。

日方的资料《战史丛书 陆海军年表》中是如下记载的：

151

1939年

9月14日 第11军,赣湘作战〔歼灭中国军第九战区主力〕开始〔10月中旬结束〕。

1941年

9月7日 第11军,大云山扫荡作战开始〔为长沙作战做准备,受到重庆军队的反击,展开不期遭遇战。至17日〕。

9月18日 第11军,长沙〔湖南省〕作战开始〔27日攻占长沙。10月6日左右恢复原态势〕。第一飞行团协助作战〔至10月6日〕。

10月1日 第11军,长沙方面战局反转〔中旬,恢复原态势〕。

12月24日 第11军,第二次长沙作战开始〔在长沙城外受到大量中国军队的围攻,苦战后于1942年1月15日撤退〕。

1942年

1月1日 第11军,进攻长沙,因中国军队的反击陷入苦战〔4日战局开始反转,1月中旬撤回原驻地〕。

1944年

5月27日 第11军,湘桂作战攻势开始。第5航空军协助第11军进行长沙会战〔至6月18日〕。

6月18日 第11军〔第58师团〕,攻占长沙。

6月19日 第5航空军,开始协助进攻衡阳的作战〔至8月8日〕。

8月8日 第11军,完全占领衡阳。

另外,《战史丛书 香港·长沙作战》所收录的"(第一次)长沙作战综合战果一览表"(昭和十六年十一月十五日)中记载,交战"敌方"兵力约50万人,"给敌人造成的损失"为遗尸54000

第四章
国立长沙临时大学迁校

具,被俘4300人,"我方损失"为阵亡1670人,负伤5184人。"第二次长沙作战综合战果一览表"(昭和十七年二月十日)中记载,交战"敌方"兵力243500人,"给敌人造成的损失"为遗尸28612具,被俘1065人,"我方损失"为阵亡1591人,负伤4412人。[78] 这里所说的第一次、第二次长沙作战,指的是中国所谓的第二次、第三次长沙会战。

至于"给敌人造成的损失",参加了第一次长沙作战的佐佐木春隆写道:"因为没有时间去逐一数尸体的数量,我们报告的毙敌人数通常都放大了几倍。实际上只有蒲塘附近真正感到歼灭了敌人,其他地方虽然使其付出了代价却完全没有给予蒋政权实质打击的感觉。"并且,令佐佐木印象最深的地方是,"我们占领的地方废墟很多,而重庆政府控制的地方比较富裕,居民们一人不剩地全去避难体现了他们的抗战意志,这让我们感到日本的确陷入了泥潭"。

也参加了第二次长沙作战的佐佐木还写道:"子弹所剩无几,携带的粮食也没有了,在饥寒交迫的行军中,迎来了1942年的新年。"1月1日朝礼后的会餐,所有人的饭盒里只装进两个小小的白薯。这是因为第一次作战的作战地荒无人烟,而且中国军队实施了空舍清野的作战策略。回想起来,第二次长沙作战是少见的战败,瞬间失去了很多长官、战友。[79] 所谓"空舍清野",也是中国军队为了阻断日军的进攻而采取的措施,指的是将家中腾空,田地里也不留一物。

比之更甚的要数1944年的湘桂作战,投入了36万兵力的日本陆军史上最大的战事事先却没有进行周密的准备,可以说是心血

寻路：走向西南联大

来潮的决定，日军从一开始就没有考虑士兵的粮食补给问题。并且，在湘桂作战中占领的湖南省长沙以南的地方及广西省，军方的储备券（在华中的日军占领地区通用的银行券）本就完全不通用。因此，第11军、第20军麾下30万将士自1944年5月战事开始以来至整个占领期间，既没有发钱，也没有补给〔粮食等〕，不得不沦为强盗集团。

他还写到，日军在长满稻穗的稻田里行军踩踏，仿佛秃鹰一样觅食大米、白薯、河鱼等，只要能吃的东西什么都要。他们践踏中国的农户，无论是水田还是旱地碰到什么挖什么。有关攻占衡阳后目睹的中国人民之惨状，有回忆录写道："粮食被日本人掠夺，待收获的田里的稻谷也被吃光，中国人饥饿、消瘦。无数只剩皮包骨头的孩子们的尸体，顺着湘江被冲走。"据说湘江大桥上游500米左右的桥桁处，孩子们的尸体曾无数次被卡在那里。缓缓流淌的湘江，一旦被卷入战祸，也变成了吃人的河流。

在这次湘桂作战中，日军战死、伤死、病死者十万余人——其中，有这样一位士兵，因一纸征兵令抛下结婚一年多的妻子，连要去哪里也没有被告知，就这样离开了日本被派去参加湘桂作战，最终丧命于湖南大地而未能见到其出征后第二十天出生的长子。如果再加上数倍于此的伤病者，实在是一个不得了的数字，当然在这之上更是给中国人民造成了巨大的伤害。[80]

至于长沙临大文学院所在的南岳，湘桂作战中成为第11军的司令部所在地。有关6月下旬即攻克长沙后湖南大学的情况，阪本楠彦在《湘桂公路 一九四五年》中如下写道：

大学里几乎没有桌子、椅子，似乎是被烧毁了。我们将教室

第四章
国立长沙临时大学迁校

    与教室间的隔板拆下来作为燃料使用。图书馆里还有书,之所以提到这个,是因为这意味着相隔四个月后又找到了可以擦屁股的纸。毫无疑问这是对文化遗产的破坏,但并不违反"三训"。那个时候的我判断这不属于被制止的行为,不过也决心自己不使用。战友们劝我"使用"的时候,我就以"至今为止即便没有纸也凑合过来了,如今何必还要这样"为由进行拒绝。[81]

    不曾想到,被誉为"鱼米之乡",有"两湖熟,天下足"之说的富饶的湖南省,由于接连不断的战乱竟被破坏到如此不忍直视的地步。从上面讨论的湖南长沙之后的战况来看,1938 年 2 月临大毅然迁往云南的决定,可以说是适时且恰当的。

寻路：走向西南联大

① 浦薛凤，前述文献，38 页。
② 张起钧，前述文献，34 页。
③ 在《国立西南联合大学校史资料》中，"长沙临时大学修正学生赴滇就学之手续及路程"（1937 年，北京大学档案 657 号）作为西南联合大学大事记的附录被收录（73—76 页）。《云南师范大学大事记》中记载，1938 年 1 月，常委会通过"修正学生赴滇就学之手续及路程"，1 月 21 日临大正式公布"学生迁滇原则和办法及注意事项"，并记录了赴云南的手续及注意事项（10—13 页）。其内容与《国立西南联合大学校史资料》收录的"长沙临时大学修正学生赴滇就学之手续及路程"完全相同。
④ 张起钧，前述文献，33、34 页。《云南师范大学校史稿》10 页。雷澍滋是依据张起钧文中所写。《云南师范大学校史稿》中记为雷树滋。有关雷澍滋，除该文所记以外不详，《国立西南联合大学校史资料》收录的教职员名录中也未收入其名。
⑤ 据西南联大昆明校友会、云南师范大学《西南联合大学纪念册》7 页。该书未标明刊发日期和出版社。编者"后记"的日期是 1988 年 6 月。
⑥ 浦薛凤，前述文献，58 页。
⑦ 参见本书 102、103 页。
⑧《湖南近百年大事纪述》738—742 页。
⑨ 尚海、孔凡军等《民国史大辞典》（中国广播电视出版社，1991 年）429 页，"湘西苗族人民起义"项。
⑩ 浦薛凤，前述文献，61 页。后面，本节中引用到浦薛凤的记述，都依据该书 59—78 页。
另外，闻一多在 2 月 11 日致父母亲的信中也写到这条路因广州时有空袭，不甚安全。
⑪ 临大南岳分校的授课时间到 1 月 20 日为止，也有记载到这个时候半数以上的教授已经从南岳出发（参见本书 106 页），那么南岳分校的考试是何时在何地举行的呢？尚不明。
⑫ 有关 2 月 1 日的事项，仅在《云南师范大学大事记》中有所记载，该书记载"2 月 1 日，旅行团讨论行程，拟定行程计划"。
⑬《闻一多书信选集》278 页。
⑭ 参见東京大学総合研究資料館特別展示実行委員会『乾板に刻まれた世界——鳥居龍蔵の見たアジア——』（東京大学出版会，1991），140 页。鳥居龍蔵『中国の少数民族地帯をゆく』（朝日新聞社，1980）。
⑮ 鳥居龍蔵『人類学上より見たる西南支那』（冨山房，1926）。另外，该书

第四章

国立长沙临时大学迁校

中除去前后乘船的部分，实地调查记录的 99 章内容于 1980 年由朝日新闻社出版，书名为『中国の少数民族地帯をゆく』。

⑯ 据凌纯声、芮逸夫《湘西苗族调查报告》的"序言"和"著者告白"记载，由于全面抗日战争爆发，此次调查中收集到的材料的整理及研究工作，是在从南京到湘、桂、滇避难的过程中进行的，该工作于 1938 年年底完成，但至第二年的春夏间，中央研究院的藏书陆续运抵昆明，方得参阅征引各书，因此，该书的原稿直至 1939 年冬才得以完成。1940 年交付印刷，越一年，排校已毕，又值太平洋战事爆发未能出版，直至抗战胜利后的 1947 年终于在物资匮乏的条件下改用报纸印刷出版。可惜未能找到初版，手头上有的是 1978 年 3 月台北的南天书局有限公司作为《亚洲民族考古丛刊·第二辑·14·15》发行的再版。

另外，该书的"序言"中写道："日人鸟居龙藏氏于一九〇二年旅行我国西南各省，实地调查苗族生活，虽曾路过湘西，亦未能入苗区工作。故湘西苗疆，今尚可称为民族学工作的处女地。"

⑰《"中央研究院"概况　中华民国七十七年七月至七十九年六月》，"简史·'中研院'的成立及在大陆阶段"4 页。

⑱ 依据《云南师范大学大事记》。《国立西南联合大学校史资料》中记载为"820 人"，但是《清华大学史料选编》中也记载为"821 人"，参见后面的注⑲。

⑲《清华大学史料选编》第三卷下，117—125 页。

⑳《闻一多书信选集》278 页。

㉑《清华大学校史稿》292 页，书中注释其依据联大档案《教职工学生人数卷》1938 年 11 月发文合字第 296 号。该书还记载"清华教职员除由湘来昆明外，尚有由北平来的，共达二百人以上"（梅贻琦《抗战期中之清华》，《清华校友通讯》五卷三期，1939 年 5 月 1 日）。

但是，梅贻琦《抗战期中之清华》(《清华大学史料选编》第三卷上收录，19 页，载自上述杂志）的原文中，就在本注提及的《清华大学校史稿》所依据的清华赴昆明教职工数的有关记述前面，写有"本校（清华）学生到（昆明）者六百余人，同年七月毕业者二百余人"。

另外，关于联大学生总数，《南开大学校史》252 页记载，依据《国立西南联合大学校刊》第一期，1938 年 6 月 18 日当时的统计数字，学生共 982 人（男生 866 人，女生 116 人）。

㉒ 记载参加徒步旅行团的学生总数为 200 余人的文献有：闻一多于 1940 年 5 月 26 日致赵俪生的书信，《闻一多书信选集》313 页；吴征镒《长征日记——由长沙到昆明》，《抗战中的西南联合大学》收录，8 页；张起钧，前述文献，35 页；《清华大学校史稿》291 页。

记载为 244 人的文献有：李钟湘《国立西南联合大学始末记（上）》73 页；《北京大学校史》328 页。但是，《北京大学校史》中赴云南的学生只记载了截至 2

寻路：走向西南联大

月 10 日的人数 820 人，而没有包含 12 日追加的 55 人，因此参加旅行团的 244 人或许也是截至 2 月 10 日的人数。

记载为约 300 人的文献有：蒋梦麟，前述文献，232 页；冯钟豫，前述文献，64 页；闻一多于 2 月 16 日致父亲的书信，《闻一多书信选集》278 页。然而，闻一多在 4 月 30 日致妻子的信（《闻一多书信选集》284 页）中写道："全团师生及伙夫共三百余人，中途因病或职务关系退出团体，先行搭车到昆明者四十余人。"另外，《年谱长编》522、523 页引用 1938 年 4 月 28 日《云南日报》的报道称旅行团的学生，本部 12 人和两大队约 280 人，共计约 300 人。

记载为 300 余人的文献有：唐云寿 1938《随意录》，《清华校友通讯》新 103 期收录，105 页；蔡孝敏 1939《我和清华的缘分》，《清华校友通讯》新 107 期收录，100 页。

唐云寿，据《清华校友通讯》毕业生名录记载，1915 年出生，湖南省长沙人，1938 年毕业于清华大学外国语文学系。据《随意录》106 页所述，他之后改到政治学系继续在联大取得法学学士学位，并以第一名的成绩通过高等文官外交官考试，1945 年春到纽约赴任，1950 年从外事主管部门辞职，在南美智利的清华大学校友的公司帮忙一两年后回到纽约，任职于某中美合资的贸易公司，此后，独立经营至今，居住于美国。

此外，据姚秀彦《永远怀念西南联大》（《学府纪闻　国立西南联合大学》收录，296 页）记述，师生分为两路赴昆，海路约 800 余人，全程 10 余日，陆路 300 余人。不过这 300 余人中包括了教师的人数。

《南开大学校史》242 页记载，女学生及年老、体弱的师生走海路；男学生和身体健壮的教师组成"湘黔滇旅行团"步行去昆明。陆路步行师生 336 人，其中教师 11 人。而且，该书还记载从海路出发的师生大约有 800 人，每人发给川资 20 元。但是"大事记"记载 1 月 20 日，决定教职员发给川资 65 元，学生 20 元。另外，《云南师范大学校史稿》11 页也记载，走海路的师生 800 余人，走陆路的师生 336 人。

参加旅行团的学生在《清华大学史料选编》中有名字记载的约 300 人，其中由于生病等原因估计约 40 人中途退团，另因闻一多于 1940 年 5 月 26 日致赵俪生的书信和吴征镒的《长征日记——由长沙到昆明》中记载 200 余人，因此，结合以上多种说法，本书第 3 页中采用"至少 200 余名学生"的说法。

㉓ 浦薛凤，前述文献，81 页。另外，该书 77—81 页以"自港至滇"为题被重新收录于《学府纪闻　国立西南联合大学》，而这篇文章的大部分内容又被《笳吹弦诵情弥切》收录，但是在《笳吹弦诵情弥切》中，有关中途退团者的段落被删除。

㉔ 闻一多于 4 月 30 日致妻子的信，《闻一多书信选集》284 页。

㉕ 蒋梦麟《西潮》232 页。然而该书 233 页记载，1938 年 5 月联大开始上课的时候学生总数约 1300 人。另见本章注 ㉑。

第四章

国立长沙临时大学迁校

㉖ 《北京大学校史》328 页。但是,《清华大学校史稿》《南开大学校史》都是依据"大事记"记载的内容记述的,手头的中方资料中只有《北京大学校史》和吴征镒的《长征日记》(前述文献,8 页)记述为"不愿参加步行者"也走海路。《北京大学校史》的记述,估计也是依据吴征镒的《长征日记》。

另外,《清华大学校史稿》291 页记载"由于战时内地交通困难,除了女同学和体弱男同学由粤汉铁路到广州经香港、越南入滇外,男同学二百余人组织了湘黔滇旅行团",292 页记载"由长沙临大抵昆明入学的学生有九百九十三人"(参见本书 130 页)。因此,除了组成旅行团的 200 余人外,其他学生都走了海路。

然而,清华大学校史研究室《清华校史丛书 清华人物志 二》(清华大学出版社,1992 年)收录的孙敦恒《曾昭抡》207 页记载:"当时由于交通困难,教师和少数同学乘火车去广州,取道香港,经越南入滇;多数同学和几位教师组成了湘黔滇旅行团,徒步前往。"

㉗ 蔡孝敏《旧来行处好追寻——湘黔滇步行杂忆》,《清华校友通讯》新 62 期(1978 年 1 月)收录,16 页。后面引用该文的时候,简略记为"步行杂忆"。

㉘ 蔡孝敏《步行杂忆》16、17 页。

㉙ 按照当初的计划,全程 1671 公里,其中徒步的比例,2 月 4 日决定的计划中是 688 公里(约 41%),闻一多在 2 月 16 日的信中写的是 791 公里(约 47%),不论哪一个都在一半以下。但是据吴征镒记述,实际上全程为 1663.6 公里,其中 2600 里(约 78%)是步行的。参见本书 127、266 页。

㉚ 蔡孝敏《步行杂忆》17 页。

㉛ 吴征镒《长征日记》,前述文献,8 页(本书后面引用到吴征镒的记录时,全都依据《长征日记》,除了需要特别说明的情况外不再标明出处);闻一多于 2 月 16 日致父亲的书信;李继湘《国立西南联合大学始末记(上)》73 页等。

蔡孝敏《步行杂忆》17 页以及冯钟豫前述文献 64 页都是记载为"政府"派遣黄师岳。

《云南师范大学大事记》15 页记载,黄师岳原本为东北军的师长。另外,蔡孝敏对于黄师岳还写道:"他体格魁梧,和蔼可亲,以五十高龄,日夜与团员同甘共苦,视学生更如亲骨肉,爱护照顾无微不至。"

㉜ 云镇,前述文献,76 页。

㉝ 冯钟豫,前述文献,64 页。

㉞ 闻一多于 1 月 30 日致妻子的书信。

㉟ 同行教师 11 人中没有包含毛鸿等 3 位教官。《国立西南联合大学校史资料》收录的教职员名录中记载毛鸿是军事管理组主任教官。另外,蔡孝敏的《步行杂忆》17 页记述旅行团共分几个大队以及每一大队共有几个分队已无法记忆。分队长由队员(学生)中产生,大队长由军训教官担任。其中之一为毛鸿,为人认真负责,不幸一年多后赴重庆接洽公务时,因车祸殉职。

㊱ 《南开大学校史》242 页。书中记载同行教师 11 人并列出了名字,可是除了与《北京大学校史》328、329 页记载相同的 11 人(参见本书 134 页)外,还列出了南开大学侯洛荀的名字,合计 12 人。

㊲ 《云南日报》1938 年 4 月 28 日,"三千里长征竣事,联大旅行团今午抵省",《年谱长编》收录,522、523 页。

㊳ 吴征镒,前述文献,17 页。

㊴ 《抗战中的西南联合大学》(神州图书公司,1946 年)收录的吴征镒的《长征日记》由于印刷模糊,很多地方无法辨认。近年来,吴征镒的这篇《长征日记》被《笳吹弦诵在春城》(1986 年出版)以及《清华大学史料选编》第三卷下(1994 年出版)重新收录,无法辨认的地方清晰了,可是,内容上出现了若干的出入或误排。后面将《抗战中的西南联合大学》收录的该文称为旧版《长征日记》,重新收录的称为新版。

㊵ 与湘黔滇旅行团同行的 11 名教师的专业领域依据《国立西南联合大学校史资料》收录的教职员名录记载。但是,书中收录的名录并不完整,因此未能找到王钟山的名字。根据蔡孝敏《湘黔滇旅行团杂忆》(《清华校友通讯》新 78 期,1982 年 1 月收录,34、35 页。后面,简称《旅行团杂忆》)记述,郭海峰和王钟山分别为生物系和地质系的助教,李嘉言是中文系教员。另外,青年教师的毕业年份是依据《清华校友通讯》毕业生名录。

《国立西南联合大学校史资料》收录的教职员名录中记载了王钟山以外 10 人的职务如下:

黄子坚　教育学系教授、师范学院院长(1938 年 8 月 16 日任)

李继侗　理学院生物学系主任(1937 年 10 月 4 日任)、教授、教务处代理教务长(1946 年 3 月 13 日)

曾昭抡　理学院化学系教授

袁复礼　理学院地质地理气象学系教授

闻一多　文学院中国文学系教授

许维遹　文学院中国文学系副教授(1939 年教员,1943 年副教授)

李嘉言　文学院中国文学系助教

毛应斗　清华大学农业研究所昆虫学组教员

郭海峰　清华大学农业研究所昆虫学组助教

吴征镒　理学院生物学系教员(1943 年任)

另外,各系的教师由系主任、教授、副教授、专任讲师、半时专任讲师、讲师、教员、助教组成。

㊶ 蔡孝敏《旅行团杂忆》34 页。蔡孝敏《我和清华的缘分》100 页。

㊷ 孟昭彝《印象深的老师们(一)袁复礼先生》,《清华校友通讯》新 19 期(1967 年 3 月)收录,10 页。

第四章
国立长沙临时大学迁校

㊸ 不过，闻一多在2月15日致妻子的信中写道："到昆明须四十余日，那么这四十余日中是无法接到你的信的。"可以推测这个时候已经决定参加旅行团了（参见本书109页）。

㊹ 孟昭彝，前述文献，9、10页。

㊺ 浦薛凤，前述文献，47页。

㊻ 闻一多于4月30日致妻子的信，《闻一多书信选集》284页。

㊼ 《南开大学校史》241页。

㊽ 张起钧，前述文献，33、34页。

秦瓒，1898年出生，字缜略，河南省固始人。只知其留学美国，获哥伦比亚大学经济学硕士学位，1931年任北京大学法学院经济学系教授（桥川时雄《中国文化界人物总鉴》，中华法令编印馆，1940年）。

关于雷树滋教官请参见本书122页。

㊾ 浦薛凤，前述文献，71页。

㊿ 郑天挺，前述文献，328页。

㉛ 此外，朱自清等十九位教师也是从第三条路线赴云南。"朱自清先生年谱"（《闻朱年谱》收录，147、148页）中记载2月17日到达桂林，24日住柳州，25日到达南宁，3月14日到达昆明。另据《云南师范大学校史稿》11页记载，这十几位教师大部分于3月6日到达昆明。因冯友兰在广西西南的凭祥骨折住院，朱自清和陈岱孙在那里照顾他，所以3月14日才到达昆明。

㉜ 浦薛凤，前述文献，77—80页。

㉝ 岭南大学是广州的美国基督教会创办的大学。前身是1888年（光绪十四年）设立的格致书院，1904年更名岭南大学，设文、理、农、商、工、医等学院。抗日战争中迁至香港及广东曲江、梅县等地。战后，返回广州。1951年被人民政府接管，1952年被拆分并入其他学校。

㉞ 参见本书146页。

㉟ 这里，引用了以下的回忆录：

郁振镛1939《三十年后忆长沙》，《清华校友通讯》新26、27期合刊（1969年1月）收录，12页。

何兆男1938《男生的禁地》，《清华校友通讯》新103期（1988年4月）收录，120、121页。据何兆男记述，清华大学的学生傅幼侠也表演了京剧，但实际上傅幼侠并没有走海路而是参加了旅行团。

云镇1939《津湘滇求学记》，《清华校友通讯》新67期（1979年4月）收录，76、77页。

曹美英1938《播迁中的联大女同学》，《清华校友通讯》新108期（1989年7月）收录，94、95页。

万宝康1938《我怎样成为联大第一届毕业生》，《清华校友通讯》新103期收录，113、114页。

罗宏孝1941《毕业五十年》，《清华校友通讯》新115期（1991年4月）收录，24、25页。

另外，翁同文、严国泰也记述在广州的岭南大学待了大约一个多月。翁同文，前述文献，50页。严国泰1941《我的生平》，《清华校友通讯》新115期收录，31页。严国泰，1919年出生，1941年毕业于清华大学航空工程系。

(56) 这首《义勇军进行曲》，后来成为中华人民共和国的国歌。而云镇用了歌词的开始部分，记为《起来！》歌。

(57) 张起钧，前述文献，35—37页。

(58) 《南开大学校史》242页。

(59) 他们待在河口的两个月里，之所以除了清茶淡饭以外完全没有花销，是因为河口有一所小学，别看是小学，却是那一带方圆数百里内的最高学府，而校长唐一之先生更是当地最有学问的精神领袖，听说他们在河口开设招待处就来拜访，把他们接到学校去住。雷教官看学生爱国上进，又淳朴可爱，便教导他们举行升旗典礼〔他们以前不知道〕，并发表演讲。他们很感谢，因此不但不收房租、茶水杂费，还派人替他们烧饭洗衣，于是120元几乎等于干剩。

(60) 参见本书120页。

(61) 闻一多于2月16日致父亲的书信，《闻一多书信选集》279页。

(62) 浦薛凤，前述文献，78—80页。

(63) 罗宏孝，前述文献，25页。

(64) 《湖南近百年大事纪述》750页。

(65) 那志良《故宫四十年》（台湾商务印书馆，1980年）86—88页。参见本书第2页。

(66) 那志良，前述文献，87页。

(67) 《湖南近百年大事纪述》750、751页。有关10月19日长沙空袭的惨状，在王西彦的采访报道“十月十九日长沙”（《中国抗日战争时期大后方文学书系　第四编　报告文学》，重庆出版社，1989年，122—127页）中有详细记载。

(68) 『戦史叢書　陸海軍年表』；《抗日战争纪事》。

(69) 《中国抗战画史》223页。

(70) 《湖南近百年大事纪述》765、766页。

(71) 除本书正文中引用的文献外，还有以下的资料：

《周恩来年谱》425页：

11月12日深夜，长沙地方军警负责人误信日军已到长沙的流言，根据国民党最高当局制定的“焦土抗战”的方针，下令纵火焚烧长沙。（所谓“焦土抗战”，是指即便国土化为焦土也要抗战到底。）

《抗日战争纪事》104页：

第四章

国立长沙临时大学迁校

11月13日 长沙大火。12日上午9时许,蒋介石密令湖南省政府主席张治中,焚毁长沙全城,实行"焦土抗战"。是日凌晨(13日凌晨)2时半,全城数千处同时起火,长沙顿成一片火海,大火烧了三天三夜,全城被焚十分之九。

马齐琳等《中国国民党历史事件・人物・资料辑录》(解放军出版社,1988年),130页:

11月12日上午9时许,蒋介石急电湖南省政府主席张治中:"长沙如失陷,务将全城焚毁"。张即会同长沙警备司令酆悌等拟定了焚城计划,准备命令一到,立即执行。但由于长沙警备司令部畏敌如虎,误认为日军已迫近长沙,13日凌晨1时许,便开始在城区四处放起火来。酆悌及省警察局长文重孚、长沙警备二团团长徐崐等亲自乘车监督放火。顿时全城陷入一片火海,大火燃烧了三天三夜,长沙变为一片焦土。

最前面列举的两本书中都记载,烧毁房屋五万余栋,烧死居民二万余人(不过,《周恩来年谱》中记为死伤二万多人),这个数字与本书正文中引用的《湖南近百年大事纪述》的记载相同。只有《中国国民党历史事件・人物・资料辑录》中记载,这场大火中伤亡二千余人,说不定是排版错误。

另外,岳阳一带的日军此时并未进犯长沙。

⑫ 《抗日战争纪事》105、107页。

⑬ 参见本书97页。

另外,陈诚1945年任国民党中央执行委员、常务委员,1946年6月任国防部参谋总长兼海军总司令,1947年9月任东北行辕主任,1948年5月辞职,12月任台湾省政府主席兼台湾警备总司令,1949年7月任东南军政长官。1965年3月5日病逝于台湾。

⑭ 宋廷琛,前述文献,67页。

⑮ 毕业于西南联大的某学者,看到本文中引用的对联后,十分感慨,于是也写下了如下对联:

治何云焉三大政策一把火 中心忍矣二颗头颅万古悲

这里也藏入了(张)治中的名字,但是含冤被处刑的人写为了二人。

⑯ 《湖南近百年大事纪述》750—752页。

⑰ 杨克林、曹红《中国抗日战争图志》(天地图书有限公司、新大陆出版有限公司,1992年)中编664页、665页,下编935—943页。

中方资料中,除了本文中引用的资料外,也有以下资料。按照出版时间的先后顺序排列,对于已经出版的资料,只标明出版社与出版年份。

《中国抗战画史》(联合画报社,1947年版影印)248、284—287、327—329、352、353页:

第一次长沙会战(1939年9月中旬—10月19日)

日军伤亡约2万人。

寻路：走向西南联大

第二次长沙会战

1941年9月6日日军开始进攻，10月1日夜开始总撤退。日军伤亡3万余人，我军俘获步枪1300余支，机枪38挺，山野炮6门，步兵炮9门，战马800余匹，装甲车8辆，俘敌百余人，中国军队取得了大胜利。

第三次长沙会战

1941年12月24日开始。1942年1月1日，日军开始猛攻长沙，可是未能攻破长沙，于1月4日夜开始撤退。中国军队至1月15日逐恢复会战前之态势。是役毙敌56944名，俘敌139名，马270匹，步骑枪1138支，机枪115挺，炮11门，手枪20余支，掷弹筒20具，无线电9架，其他尚多。

长衡会战

1944年5月下旬开始。6月19日长沙陷落，8月8日衡阳陷落。

《湖南近百年大事纪述》（湖南人民出版社，1979年）777—779、790—793、803、804页：

第一次湘北会战（1939年9月14日—10月8日）

第二次湘北会战（1941年9月7日—10月8日）

9月27日长沙陷落，日军在长沙掠夺食物、财物5天后于10月1日撤出长沙。

第三次湘北会战（1941年12月24日—1942年1月15日）

日军撤退后，薛岳（中国军第九战区司令长官）集团作了毙敌5万余人的虚假报告，捏造了"第三次湘北大胜利"。

1944年5月25日在湘北爆发了全面战争，日军6月16日占领株洲，6月17日占领湘潭，6月18日占领长沙。

《中国国民党历史事件・人物・资料辑录》（解放军出版社，1988年）137、144—146、155、156页：

第一次长沙会战（1939年9月14日—10月10日）

第二次长沙会战（1941年9月7日—10月8日）

9月26日日军向长沙市郊猛攻，但因与后方的交通线被切断，补给困难，于30日开始撤退。

第三次长沙会战（1941年12月24日—1942年1月15日）

1月1日，日军开始向长沙猛攻，守军顽强抗击，激战数日，日军攻势受挫。国民政府军开始对日军围攻、反击。日军后路断绝，补给不继，伤亡惨重，被迫于1月4日夜间撤退。

长衡会战

1944年5月26日开始，8月7日衡阳失守，长衡会战结束。长沙于6月19日失守。

《抗日战争纪事》（解放军出版社，1990年）184、290、306、419、427页：

第一次长沙战役（1939年9月14日—10月7日）

第四章

国立长沙临时大学迁校

日军死伤 13000 人,第九战区伤亡 25833 人。据日方公布,中国军队遗尸 44000 具,被俘约 4000 名;日方阵亡约 850 人,负伤约 2700 人。

第二次长沙战役(1941 年 9 月 6 日—10 月 9 日)

日军一度占领长沙,后撤退。中国军队歼敌 2 万余人。

第三次长沙战役(1941 年 12 月 19 日—1942 年 1 月 16 日)

日军死伤 5 万人以上。

湖南战役于 1944 年 5 月 27 日开始。6 月 20 日岳麓山失守后,长沙陷落。1944 年 8 月 8 日衡阳陷落。衡阳会战历时 45 天,日军伤亡 6 万余人。

《中华民国史辞典》(上海人民出版社,1991 年)440、441、469、470 页:

第一次长沙会战(1939 年 9 月 14 日—10 月 15 日)

日军死伤 3 万余人,中国军队死伤约 4 万人。

第二次长沙会战(1941 年 9 月 18 日—10 月 6 日)

9 月 28 日,日军一度占领长沙,10 月 1 日从长沙撤退。

第三次长沙会战(1941 年 12 月 17 日—1942 年 1 月 15 日)

湘桂战役

1944 年 5 月,日军占领河南后立即发动了湘桂战役。5 月 27 日,日军集结 13 个师团 36 万兵力侵入湖南。6 月 19 日长沙陷落,8 月 8 日衡阳陷落。

另外,台湾的容鉴光的《长沙三次会战》("国史馆",1990 年)第 4 页中有如下记载:

第一次长沙会战(1939 年 9 月 14 日—10 月 14 日)

第二次长沙会战(1941 年 9 月 7 日—10 月 9 日)

第三次长沙会战(1941 年 12 月 19 日—1942 年 1 月 15 日)

长衡会战(1944 年 5 月 26 日—8 月 8 日)

⑱　防衛庁防衛研修所戦史室『戦史叢書　香港・長沙作戦』(朝雲新聞社,1971)533、534、665、666 页。

⑲　佐佐木春隆『長沙作戦』(図書出版社,1988)153、158、203、前言第 2 页。

⑳　読売新聞大阪社会部『中国慰霊』(角川書店,1985)8、19、47、53、74—77、194、195 页。

森金千秋『湘桂作戦』(図書出版社,1987)33、243、248 页。

㉑　阪本楠彦『湘桂公路　一九四五年』(筑摩書房,1986)172 页。关于"三训",在该书 140 页有如下记述:这次湖南作战中,第 11 军的指挥官横山中将阁下下达了"不烧,不奸,不杀"的"三训"(也称为"三戒")。

第五章

西南三千五百里（一）
——湘黔滇旅行团的长征·从湖南长沙出发

第一节 从益阳开始步行
（2月19日长沙—2月26日常德）

从这里开始，我们以吴征镒的《长征日记》和钱能欣的《西南三千五百里》[①]为主线去探寻西南联大校歌里所唱到的"长征"——长沙临大湘黔滇旅行团徒步旅行的足迹。

首先来看出发之日。

钱能欣如下写道：

2月19日（湘黔滇旅行团出发）从韭菜园经中山路而至江边。街道两旁高悬着美丽的国旗，千千万万地在空中飘扬。

我们旅程的第一阶段，由长沙至常德，计划是坐船的。当晚，一切都安排完毕，五条民船在满天星斗下，静静的驶离了夜的长沙。

吴征镒也记述大队于1938年2月19日出发，由五条民船装载，在夜间启程下湘江入洞庭。然而，《北京大学校史》中却记载

2月20日，两部大卡车载上行李先行出动，大队随后出发。② 对于出发日期，大部分的资料记载旅行团的出发日期为2月19日，不过也有部分资料记载为2月20日。③ 其中闻一多在2月26日致父亲的信中写道"（二月）十九日上船，实际二十日晚始启椗"，或许正是由于这个原因导致了上述记载的差异。④

并且，与《北京大学校史》中"两部大卡车载上行李先行出动"的记载不同，吴征镒的记述如下：

我同郭君（郭海峰）因押运行李汽车，二十三日才起程直至益阳。一路行丘陵地中，松杉成林，又多油茶（也叫茶树，其种子

出发之前

（《西南联合大学纪念册》第8页）

第五章

西南三千五百里（一）

压榨后可得"茶油"，主要产于湘江流域，但在平地很少能见到，茶树林多见于丘陵地带），这是湘中（湖南省中部）标准景色。过益阳二十余里遇李〔继侗〕师，便开始加入步行，晚宿军山铺，头一天只走了四十里。

另一方面，乘船的钱能欣如下写道：

2月22日　船过广阔的沙滩而至门板州，距洞庭湖只有六十里。中午抵甘溪港。本来计划是出甘溪港由沅水而去常德，因自甘溪港上行中间有一段水太浅不能行船，于是临时改变路线，转东南驶向益阳。打算从益阳起，开始步行。

从长沙乘船出发

（《西南联合大学纪念册》第8页）

船转了方向，驶入资江。资水比湘水更美丽，透明的浅绿色，风吹来，碧浪滔滔。傍晚，船抵青水潭，益阳山色遥遥在望。我们在青水潭投宿一晚。

次日（2月23日） 三更（半夜11时至凌晨1时）造饭五更（凌晨3时至5时）应卯……匆匆吃了早餐，整理行装。忽然，天空飘下了雨来。

我们携了雨具，沿着资水，进发益阳，一小时便临城下。

益阳位资水下流，长沙和常德间的公路以此间为中站，四周城墙多半已倾废，显系是一个古城。但自公路通车以后，这座古城又渐渐繁荣起来。

在细雨中通过县城而跨上了湘、滇公路。这似乎才是我们旅行的开始。

一小时后，雨也止了……我们一群群沿着公路上坡下坡，不时见着长途汽车往来。

继续走了四小时，到达军山铺，今日的行程便告了个结束。〔今日全程四十里。〕

军山铺是一个跨在山坡上的乡村，沿公路有几家杂货铺，几家客店（设施不好的老式小旅馆）。背后是蛇形似的山，前面是层层的水田。上田的水不绝地流注下田……一丛丛深绿的茶树夹着满山的菜花，丰盛，富庶，充满了山谷平地。研究地质的朋友告诉我：湖南的土地厚，雨量也多，土壤里含的化学成分如钠如钾也特别丰富，尤其是岳麓山至常德一带如是。

从上述记录来看，旅行团原计划2月19日从长沙登船，乘船三天后于22日到达常德，⑤但是到了2月22日计划改为从益阳开

第五章

西南三千五百里（一）

经湘江前往洞庭湖的旅行团的民船

（《新华校友通讯》新 77 期）

始步行，步行的第一天，旅行团一行与推迟出发的吴征镒等人会合了。

钱能欣继续写道：

2月24日⑥　昨夜大雨，清晨起来，道已干了……下午三时抵太子庙。〔今日全程共五十里。〕

2月25日　晨，离太子庙，天色阴沉。中午过牛路滩……又二十里至薛家铺，休息一小时，下午二时许至石门桥。〔今日全程五十里。〕

石门桥已在常德县境，离常德只三十里。晚饭后，黑夜尚未降临，和旅伴散步阡陌间。田中菜花已作金黄色，落日的光辉从云彩里透出来照着远远的山岗，宛同一幅图画。

沅江

（摄于1981年10月末）

2月26日 晨八时出发。

正午，渡沅水（江）至常德县城。沅水江面开阔，水作翠绿色，当我们在小划子里渡江的时候，同伴李君真忍不住要跳下水去……北方是没有这样美丽的水的。

对于到达石门桥的2月25日，吴征镒则写道："本日为全程中最感疲乏与脚痛的一天，很多同学脚上都磨了泡。"而钱能欣似乎完全没有感到脚痛，这日晚饭后因天依旧明亮，还和旅伴散步阡陌间，由此来看，其脚力真是相当好。吴征镒继续写道："三日来所见乡农均极纯朴，抗日情绪高涨，衣饰渐多古气，言语近于湖北。"另据其记述，2月26日行三十里渡沅水至常德，见到防共碉堡，宿县立中学。

另一方面，闻一多在2月26日致父亲的信中记载24日抵常

第五章

西南三千五百里（一）

德，到常德为止只是乘船并未步行。信中内容如下：

十九日上船，实际二十日晚始启椗。二十四日抵常德。现定二十七日实行徒步往沅陵，大约须九天始能达到（实际出发是二十八日）。截至目下止，只是乘船，途上并不辛苦。此后步行，不知如何。惟男（我）前在南岳游山经验，一日行八十里，尚不觉疲乏。此次行程，初行规定每日五十里，以后每星期递加十里，至八十里止，是不出男能力之限度也。

常德为湖南第二大城市〔长沙第一〕，目下因驻兵及难民关系，人口陡增，尤见热闹。同人寓县立中学，校长杨筠如君系男在青岛时⑦同事，故到此颇蒙款待。艺专现设沅陵，到时又可找（赵）太侔兄矣。

《闻一多年谱长编》中记载 24 日抵常德，先生等在这里等候自益阳步行的同学。由此可见，有一部分人是乘船到达常德的。⑧参加了旅行团的中文系学生陈登亿也记述从长沙到常德是坐船，坐小火轮拖的木船。从常德到桃源，是步行的第一站。⑨

所谓"艺专"指的是国立艺术专科学校，由因战争爆发而迁至沅陵的北平艺专和杭州艺专合并而来。闻一多 1925 年 7 月自美国留学归国后，于那一年的秋天起在北京艺专担任教务长一年。赵太侔正是他那个时候的同事。后来，艺专于 1939 年迁往昆明，1940 年再迁四川璧山，1945 年抗战胜利后北平艺专与杭州艺专分别复归原校。⑩

以上就长沙至常德的旅程进行了说明，下面想再通过其他的资料作一些补充。

据记载，旅行团有两辆大卡车，每天将团员的行李、铺盖及

寻路：走向西南联大

炊事工具送往下一站。炊事员由于需要准备饭菜，因此也乘坐运送行李的大卡车。另外，蔡孝敏记述，沿途供应三餐及开水之炊事先生，为团体解决民生问题，每天在不同地点买菜做饭，贡献尤伟。[11]

关于着装。[12]学生们身着黄色军服，头戴军帽，脚穿草鞋，打着绑腿，肩上斜挎干粮袋、水壶，背一把用长沙特产的油纸制成的大型菲菲伞，也有人外罩黑色棉大衣。军服、军帽、大衣都是到长沙临大本部报到时发给的，草鞋、绑腿、干粮、水壶则是出发前张治中送来的。草鞋是这次旅行的必备之物，因沿途阴晴不定，经常下雨，如遇雨天路滑，必就草鞋套穿原鞋之上，方能避免跌倒。也有人自备竹质手杖，一杖在握，既能助长脚力，又可驱蛇打恶狗。

学生们的着装

这幅漫画是将西南联大八年的历史以漫画形式呈现的一个场景，描绘了到达昆明时的情景，从中可以清晰地看出学生们在旅途中的着装。（云南省科协科普工作委员会等《奥秘画报》总第100期［1990年］第3页）

第五章

西南三千五百里（一）

　　至于教师的衣着，《南开大学校史》中记载："教师们仍不脱斯文气质，有的兰布长衫（一种衣长很长的中国男士服饰，多为非体力劳动者的衣着），有的中山装，有的上衣西服，下绑裹腿。"据记载闻一多身着长衫，手持长达三尺的旱烟杆，行则可以代替拐杖，憩则点火吸旱烟。

　　关于日常行军，虽说旅行团实行军事管理，但是也有腿脚强健的学生被允许早晨多睡一会儿，而后再追赶上来。如蔡孝敏有以下记述：

学生们的着装

（《西南联合大学纪念册》10页）

寻路：走向西南联大

在下人高腿长，第一天步行由益阳至长寿，仅走两小时即达，平均每小时走十五华里，速度惊人。但下午两腿浮肿，胀痛难忍，经仔细研究，系未扎"绑腿"，血液下流之故。嗣后行前，必将双足"绑腿"特别扎紧，抵达目的地，松除"绑腿"后，用温水浸洗，即通体舒畅，疲劳全消。

每晨虽由十级（四年级）学长傅幼侠及杨荣春兄，轮流吹起床号，但我对温暖被窝仍留恋不舍。黄团长知我健步如飞，亦不加催促，而仍能后来居上，常在午炮未响，已先他人安抵目的地矣。⑬

而且也会发生起初全体列队而行，后来走着走着就散成了三五成群的情况。⑭

此外，还有这样的记录：最初几天，到达宿营地，须要与外界接洽，黄师岳团长用"国立长沙临时大学湘黔滇旅行团团长"名义出面，效果不高，很多不予理睬，处理事务，极不顺利。其后干脆改用"陆军中将黄师岳"出面，竟然一呼百诺，有求必应。足以反映中国人对"头衔"大小之重视，以及畏惧军人心理。⑮

关于常德，其位于汉口西南三百余公里，是湖南省"西部的军事、政治、经济中心，关系重庆军队的补给命脉，如果日军占领此地的话，东南可取长沙、衡阳，向西可入四川东部威胁重庆，此乃战略要地"⑯，因此1943年这里成为了战场。

《战史丛书　陆海军年表》中有如下记载：

11月2日　中国派遣军〔第11军〕，常德作战开始。

11月6日　第68师团，占领〔湖南省〕安乡〔常德歼灭作战〕。

第五章

西南三千五百里（一）

11月14日 第3师团，攻占〔湖南省〕石门〔在石门西北地区歼灭中国军第73军主力，常德歼灭作战〕。

11月21日 第3师团，占领〔湖南省〕桃源附近〔常德歼灭作战〕。

11月22日 第68师团，占领〔湖南省〕汉寿〔常德歼灭作战〕。

12月3日 第11军〔第116师团〕占领常德〔常德歼灭作战〕。

12月9日 第11军，报告了常德歼灭作战的战果及我方损失〔11月2日—12月8日，战果为敌方遗尸29503具，俘敌14025人，缴获山炮、迫击炮等151门，重机枪179挺，轻机枪441挺，步枪5490支；我方损失为阵亡1274人，受伤2977人〕。

12月11日 第11军，常德地区战况开始反转。

另有记载显示，日军对常德的攻击于11月22日开始，由于在外围阵地受到顽强抵抗，出现了严重的伤亡，战况却毫无进展。进攻常德城的时候，面对高高耸立让人生畏的城墙，日军士兵在冲锋中纷纷倒下。当然，当他们进入常德城内后，在对中国士兵的清扫过程中也实施了残酷的报复。⑰

常德攻防战开始一个月之后，日军于12月3日占领常德，11日开始撤退。中国方面的资料《中国抗日战争图志》在常德会战〔1943年11月2日—12月26日〕中记载12月8日中国军队收复常德，日军死伤2万余人。⑱12月末，双方恢复会战前的态势。

寻路:走向西南联大

第二节 走进土匪出没的湘西地区
（2月27日常德—3月6日沅陵）

旅行团于2月26日到达常德，27日因注射第二次伤寒预防针仍停留该地。28日以后的旅程如下：（之后，本书中以［钱］表示引用自钱能欣的《西南三千五百里》，［吴］表示引用自吴征镒的《长征日记》）

2月28日 ［钱］昨日注射了第二次伤寒预防针，许多团员起了反应，不便步行，因此临时改变计划，雇民船去桃源。晨九时船在空袭警报中驶离常德。下午一时抵童黄州，因水浅不能上驶，于是弃舟登陆……一小时到桃源，借了几间农家外屋，作为今夜的栖息之所。

傍晚，渡沅水，江上落日微波抑扬，小划子在千道万道的金光中漂浮到桃源城。

城里有两条主干的街道，与沅水平行。黄昏，在电光下，人们来来往往，街头巷口，不少异乡口音，大多是避难来此的"雅士"（指从大都市避难而来的有教养的人），可是，所谓"桃源"，已非是世人心目中的"世外"的了。

而吴征镒则记述这日夜借宿桃源女中。从常德到桃源约五十里，沿途红梅初放，绿柳产芽，菜花、蚕豆亦满田灿烂。桃源县城在沅江之畔，人家多有阁楼翘起，风景极美。对于沿途的风景，钱能欣也写道"满眼是春的世界"。

3月1日 ［吴］八时出发。四十里（钱能欣记述为三十里）至桃花源，有桃花观，观内有古桃花潭，潭水甚浅，潭后为秦人古洞，洞深丈余。

第五章

西南三千五百里(一)

桃花源的入口

(摄于 1981 年 10 月末)

钱能欣记述如果读了陶渊明的《桃花源记》而去看桃花洞,不免要大失所望,或是要责备陶渊明撒下这个大谎。其实陶渊明的文字不过是写一个乌托邦,又何必定要非难他?

〔钱〕自桃花源至郑家驿也是三十里,一路上有茶摊可以休息。

〔吴〕又三十里到郑家驿宿。

3月2日 〔吴〕雨中行……沅水渐急,梯田渐多,利用水力灌溉磨木浆造纸的常可以看到。

〔钱〕二十五里至杨溪桥,稍事休息。过将军山,见路旁一间小屋子里挤满了人……台上演的花鼓戏(一种地方戏曲),一对男女,穿得妖艳,脸上涂满了红的白的,两个胡琴一个鼓合奏出淫荡的声音来。我国因为地方广大,所以当此抗战时期,凡在距前线较远的地方,人民生活还是没有什么紧张,在较偏僻的地方,更不必说了。四时抵毛家溪,宿半山农家。

[年]([年]表示引用自《闻一多年谱长编》,以下同)是日行六十里。

3月3日 [吴]雨不止,过太平铺入沅陵境,杉林茶山渐盛。男女老幼皆以布包头。宿小村张山冲,阴雨地湿,人挤,宿营甚苦。

[年]是日行六十里。

3月4日 [吴]渐入深山,山回路转,路间见煤银铁诸矿,杉林甚多……村女装束古旧,但甚美观……晚宿黄公坪一小村,本日行八十里,疲甚。

[年]是日行八十五里。

3月5日 [吴]昨夜云有匪万余渡河来犯,同学多半未睡……过文昌坪时人家多闭户,从小路上坡后并闻枪声一响。夜宿凉水井,正街均为步行西去之军校学生千余人所占,余等宿山边小村,行李车来得很迟,恐匪惊动,禁用手电,黑路走细田埂三里多,来回扛行李,甚苦。

[钱]下午四时抵凉水井。

[年]是日行六十里。

3月6日 [吴]于连宵风雨中出发,二十里至沅陵,宿辰阳驿。

[钱]夜间狂风暴雨,清晨仍未止,但是我们还是要上路,便在大风大雨中到了沅陵。

旅行团已然来到了湘西"土匪"出没的地区。[19]3月3日的时候,吴征镒尚未有任何关于"土匪"的记录,而钱能欣已如下写道:

第五章

西南三千五百里（一）

〔三日〕清晨天色阴沉……村里的父老们告诉我们说："前面多绿林朋友（指土匪），你们要当心些呵！"湘西的股匪我们是早已闻名的。据说在沅陵、芷江一带的山谷里有好几万弟兄都是在干"替天行道"的勾当。

公路愈来愈曲折，两旁峭壁矗立，眼界顿时缩小了，概见上面是天，下面是道，左右前后都是山，丛丛密密的树林，绿荫深处，曲径崎岖，这里自然便是强人出没之地了。

二十里抵太平铺，渡溪水便是沅陵县境……经上林乡铺、三渡水至黄土铺……我们继续前进，本来准备到官庄设营，而设营的人回来说，官庄驻着有某学校学生一千多人，没有余地给我们了。于是在距官庄四里叫张山冲的地方息下。张山冲是一片山谷平地……只有七八户人家，满目荒凉。

正是由于上述原因，所以3月3日吴征镒才写道"人挤，宿营甚苦"吧。

钱能欣还记述3月4日途中和某校学生相会。黎明起程，经界亭驿、梅子潭、荔枝溪、马鞍铺、狮子铺、楠木铺、芙蓉关、木马溪至五里山，前面山林深邃，且天色已晚，于是在此草草投宿。他们把铺盖扛到一间小屋子里。可是屋内满积着尘土，显然是长久不住人了。后来打听到去年这家人的儿媳吊死在卧房里，所以时常闹鬼。

但是，钱能欣3月5日的记录中既没有提到土匪出现的骚乱，也没有提到枪响之事。而对于这个时候的情况，唐云寿有如下的回忆：

记得一天晚上我们宿营在一个村庄里，到了半夜，领队的同

寻路：走向西南联大

学忽然把大家轻轻叫醒，说是前面有土匪，要大家赶快穿好衣服，把身上的什么零钱，装在里脚或鞋底下。结果静待鸡鸣，并没有土匪来劫营，听说在"青龙岗"是有土匪，他们以为我们是中央军校第十三期学生，由湖南迁往四川，他们目的在抢枪。知道我们只是"徒手丘九"（"丘八"是对兵痞的贬称，之所以这样叫是因"兵"字可拆分为"丘"字和"八"字。而"丘九"有"丘八"的弟弟之意，是对学生的贬称），所以就打消原意了。[20]

除了旅行团的学生被误以为是中央军校的学生以及中央军校的学生个个荷枪实弹的记载外，[21]还有记载当时的湘西时局不稳，旅行团中学生所穿草绿色制服，与军服颜色相同，且身后背有油伞一把，远看颇似军士身背短枪。万一"绿林朋友"产生错觉，现身拦阻，后果不堪设想。故（在沅陵）校方及黄团长均主张慎重，不可冒昧步行。特排除万难，交涉到大批卡车，由全体团员乘坐。同时开车，冲越湘西，平安到达晃县。[22]

此外，冯钟豫所述有十来天，每天由地方派人陪一位同学持了黄将军名片先行出发，与"绿林豪杰"的哨卡碰头后大队才前行的情况或许就是3月5日前后的事。[23]也有记载土匪开始误将旅行团的学生当作来剿匪的军队，后来得知大学生到后方去，才收下买路钱放行。[24]

一路上他们有过因担忧土匪而彻夜不眠之夜，也听到过枪响，不过最终并未遭到土匪的袭击，正如闻一多所说的那样"然而也是一场虚惊而已"[25]。

有关到沅陵的徒步旅行的情况，最后我们再通过闻一多的书信[26]来作一小结，这封信是其到达沅陵的那天写给父母的。

第五章

西南三千五百里（一）

穿过城镇

(《西南联合大学纪念册》11 页)

行军路上

(《西南联合大学纪念册》9 页)

寻路：走向西南联大

出发后寄上明信片数张，计已入览。

三月一日自桃源县舍舟步行，至今日凡六日，始达沅陵〔旧辰州府〕。第一至第三日各行六十里，第四日行八十五里，第五日行六十里，第六日行二十余里，第四日最疲乏，路途亦最远，故颇感辛苦，此后则渐成习惯，不觉其难矣。如此继续步行六日之经验，以男（我）等体力，在平时实不堪想象，然而竟能完成，今而后乃知"事非经过不知易"矣。

至途中饮食起居，尤多此生从未尝过之滋味，每日六时起床〔实则无床可起〕，时天未甚亮，草草盥漱，即进早餐，在不能不下咽之状况下必须吞干饭两碗，因在晚七时晚餐时间前，终日无饭吃，仅中途约正午前后打尖一次而已。所谓打尖者，行军者在中途作大休息，用干粮、饮水是也（打尖是河北省中南部以及山东省西部的方言，清华、北大、南开三校所在地也属于该区域，估计在此度过学生时代的同学们也渐渐习惯于使用当地的方言了）。

至投宿经验，尤为别致，六日来惟今日至沅陵有旅馆可住，前五日皆在农舍地上铺稻草过宿，往往与鸡鸭犬豕同堂而卧。

在沅陵或可休息三日，从此更西往芷江或有汽车可坐，然亦无十分把握。〔以上六日所写〕

第五章
西南三千五百里（一）

第三节　遇大雪驻足沅陵
（3月7日沅陵—3月16日晃县）

沅陵位于沅江沿岸群山环抱之险要地带，自古以来便是镇抚苗疆的要冲。并且如前所述，旅行团通过此地的前一年9月，沅陵以西仅仅数十公里的乾城、麻阳、古丈等县发生了苗族起义，三个月前刚刚被镇压。[27] 苗族是中国少数民族之一，半数以上居住于贵州省，与四川省、贵州省界相交的湘西一带也居住着大量的苗族人，据钱能欣记述，其人数占湘西总人口的半数以上。故在沅陵，校方也主张慎重，不可冒昧步行。特排除万难，交涉到大批卡车，由全体团员乘坐。

3月6日旅行团于暴风雨中行至沅陵，可是天气突变，大雪封路，学校为保安全特意安排的汽车直至12日方能出行。[28] 这期间，闻一多如2月26日自常德寄出的信中所记，前往迁到沅陵对岸老鸦溪的北平艺专拜访了曾经的同事同学。此外，当时恰居于沅陵城内的沈从文，特设宴为闻一多等洗尘[29]——沈从文（1902—1988），出生于湘西凤凰县的作家。北平沦陷后于1937年8月12日至天津避难，9月初至南京，9月10日左右至武汉，12月至长沙，翌年1月初到达湘西沅陵。在沅陵逗留四个月有余，又于5月前往昆明任教于西南联大中文系。[30]

据蔡孝敏记述，汽车同时从沅陵出发，一口气穿越湘西，平安到达了晃县。但实际上有部分汽车在途中抛锚，晚了一天甚至两天以上才到达。下面来看看吴征镒的记述：

3月7日 暴风雨后继之以雪，乃渡沅江游沅陵（城内）。橘柚甚多。妇女任劳苦，善负重，多以竹篮负物，急行山路，男子不及。

3月8日至11日 阻雪沅陵。中间曾舟游酉水，山城雪霁，景色绝佳。

3月12日 大队乘公路局汽车（从沅陵）出发晃县。余所乘车中途抛锚，修理甚久，雪地足冷异常，修好后勉强开至辰溪。辰溪在两江（沅江和辰水）合流处。渡口极美。在此候公路局车甚久，晚抵芷江，借宿车站内。

3月13日 车坏，候车至十一时始启行，下午抵晃县（晃县是湖南省与贵州省交界处的一个县），大队已先一晚抵此。晃县旧治毁于匪，新址移龙溪口。有贵州街为贵州飞地，实在是封建的乡土观念所造成的陋规。城跨江上，有两大旅舍亦为娼寮匪窟。禹王宫内尚有电影场正映放《荒江女侠》，内供他处不经见之巫神多尊，并有皇帝万岁牌。辰溪昨仍大雪，沅陵马底驿间闻雪深二尺。

沅陵雪景	晃县龙溪口
（《清华校友通讯》新78期）	（《清华校友通讯》新78期）

第五章

西南三千五百里（一）

辰溪雄甲桥

(《清华校友通讯》新 78 期)

辰溪渡口

(《清华校友通讯》新 78 期)

准备乘车

(《西南联合大学纪念册》8 页)

3月14日 闻团长车抛锚辰溪，我们便去耍旧城。晚有月色，游风林寺，内有小学校，实系私塾变相，小学生还念四书五经。

3月15日 今日赶场，侗人甚多。晚在（沅江支流潕水边）沙滩上举行营火会，闻（一多）先生为我们讲古神话（另有记载营火晚会于晚七时开始，月光下，闻一多讲述"桃花源"地名的原始意义[31]）。

3月16日 袁（复礼）先生（地质学教授）等去参观汞矿，云系用土法炼朱砂。我们入山至神岗溪访侗家村落。

据钱能欣记述，3月7日满天飞雪还夹着雹珠。小旅舍的三楼，瓦缝中板壁间，到处攒得进雪片和雹珠。上午在室内升了火围着闲谈，庄严抑扬的歌声随寒风传来，原来是住在邻近房间里的艺专学生的二部合唱。

前文已述，这个时候北平艺专和杭州艺专都已迁至沅陵，对于此情形，钱能欣记述道："敌人摧残了我们的艺术城，破坏了我们的象牙塔，可是毁灭不了我们的三千年来的文化种子。我们抗战的第一个收获，便是我们的文化种子散播各地，本来无人问津的穷乡僻壤，山谷乡村，今日却遍地是春了。"

关于沅陵，钱能欣如下写道：

县城在虎溪山坡上，成三十度斜面，城东凭沅水，城中有一条南北长约二里的街道。坡上有许多巷，许多人家。

沅陵虽是个旧式城市，街道狭小，市政设备简陋，但颇有新兴的气象。有三个初中〔两男一女〕，两个职业学校，一个简易女师，小学十余所，全城在学儿童一千五百人。市民也都能认识几

第五章

西南三千五百里（一）

个字。人民多忠厚爽直，比沅水下流的要强。女子也都工作，从未缠足，善负重，背一二百斤的东西步行几十里是常事。湘西民情和外地不同，而以女子为最显著（对于湘西的女性，蔡孝敏也记述道发现在外操作者泰半为女性，据闻男人在家带孩子[32]）。

沅陵的农产物，主要的是米和桐油。其次是茶油，柑子柚子也很多。鸦片已禁种。

钱能欣还记述了从沅陵出发的那日早晨五时起身，趁第二次大雪未降临之前匆匆离开。路上积雪未融，车在雪面驶行，只见白色中两道黄土的轮辙。他们乘的是辆没有篷的货车，一颠一簸，寒风里夹着雪珠。两小时后车抵辰溪，休息十多分钟后继续前行，下午三时车抵芷江，傍晚抵晃县东站。渡㵲水，宿西站附近旅馆。[33]

钱能欣等人一口气穿越湘西，于3月12日当天自沅陵抵达晃县，但也有因途中汽车故障而迟迟未到的。吴征镒这日就借宿芷江车站内，于次日抵达晃县，而团长乘坐的汽车直至14日仍抛锚于辰溪。因此为等人员到齐，12日抵达的人们在晃县整整待了四天。

这期间，年轻的学生们同滞留沅陵时一样，毫不苦于暴风雨中的行军和艰苦的住宿条件，他们精神饱满地游览名胜古迹，参观矿山或少数民族村落。其行动似乎相当自由，吴征镒于16日访侗族村落，而钱能欣已于15日前往过。据钱能欣记述村中有二三十户人家，他们对钱能欣等陌生人十分警戒，并不承认自己是侗族。而钱能欣对于15日晚的营火晚会没有任何的记载。此外，南开大学教育哲学系的学生刘兆吉则独自一人去采集民谣。

寻路：走向西南联大

第四节　刘兆吉的歌谣采集和旅途中的团员们

如前所述，在旅行团出发前，校方决定"凡步行学生，沿途作调查、采集等工作，藉明各地风土民情"，到达昆明后须提交报告。㉞接到这个通知后，各种考察调查组相继成立，教授们也参与其中。如此一来，学生物的师生沿途采集了很多标本；学地质的亲身勘探了西南地区的有关矿藏和地层；学人文科学的调查了西南少数民族的文物制度。部分爱好文艺的学生，还在闻一多指导下，组织了歌谣采访组。㉟

但是，启程之后，歌谣采访组的同学们"疲于每日八十至一百一十里的路程，特别在湘西、贵州一段路程，阴雨绵绵，山路崎岖，泥泞难行。又因为都是在大城市住久了的大学生，不善于接近乡村群众，同时语言上也受了限制，于是歌谣采访工作，不始而终。"㊱然而，不始而终的理由与其说是行军的艰苦，倒不如说首要原因是语言不通，因为正如此前看到的那样，学生们依旧精神饱满地到各地参观学习。

对于语言上的困难，刘兆吉有如下记述：

我国领土广大，交通不便，各省言语差异很大，尤其北方人初到南方来，时时会感到言语不通的困难。当我采集民歌的工作开始时，第一步便受到这种痛苦，因为民歌童谣不像载诸书册的诗词，它是村妇野老以当地土语吟咏出来的，听他们歌唱也很悦耳，但有时不懂歌的意思，要把歌词记下来，而没有相当的字能

第五章

西南三千五百里（一）

恰巧符合它的音意。求他们解释，但问答有时不能互相了解。再者一般的农夫牧童，虽然能唱歌谣，而多不识字，请他们把歌词写出来更不可能。往往为了仅仅四五句的短歌，费了不少的话和时间。还有一点也是因为语言不通而引起的困难。一般老守乡里又没受过教育的乡民，逢着异言异服的外乡人，生疏的很，即便好心好意和和气气的请他们告诉几首歌谣，也会引起他们的怀疑。虽再三的解释他始终不肯尽量的告及，这也是由于自己的经验不够，不能洞悉民众的心理，以致在湘西碰了不少这样的钉子。[37]

在这样的状况下，歌谣采访组的采集工作不始而终，只有刘兆吉一人排除困难坚持采集。从此情形可以看出，虽然旅行团在出发前成立了各种考察调查组，但旅途开始后，学生们还是可以相当自由地"各就性之所好，学之所专，作种种考察和研究"[38]。

刘兆吉最终采集到了二千余首民谣，[39]但其遇到的困难之多是不言而喻的，例如在沅陵时有如下的经历：

在沅陵的一所小学里，他请该校四十来岁的先生让来自农村的学生们写出当地歌谣，然而返回来的纸上写的都是《义勇军进行曲》等国内流行的歌曲。刘兆吉再三向先生说明当地的民歌童谣虽说是土歌，也是很有价值的民间文学。但是先生还是不肯告知，反而说"我们这里根本没有什么山歌民谣（山歌主要指南方的农村或山区中流行的民间歌谣，由七言四句二十八字组成。一般是在野外劳动，特别是在山间劳作时所唱），此地人民很纯朴，没有这种淫词。本乡人民富于国家观念、民族思想，自抗战以来，无论学生农民男女老幼，都会唱抗日的歌曲，这就是本地的山歌童谣"。其实完全是这位先生作梗，那些写有抗日歌曲的纸片上有

寻路：走向西南联大

卖桐油的湖南人

（《清华校友通讯》新 81 期）

在地铺上休息

（《西南联合大学纪念册》13 页）

第五章

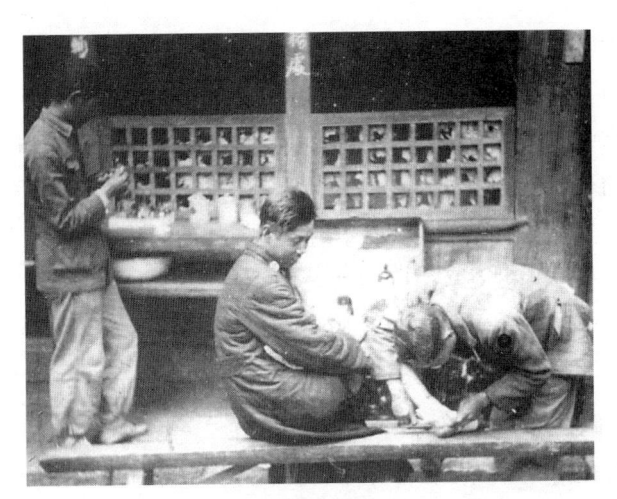

西南三千五百里（一）

为同学挑脚上水泡

（《西南联合大学纪念册》13 页）

借用民房投宿　绳索上挂着绑腿

（《西南联合大学纪念册》13 页）

被涂去的当地山歌的痕迹。以刘兆吉的观察,都是由于这些读过四书的先生那封建的头脑,以为山歌童谣是粗鄙浪漫之词,更以为民歌当中的情歌,淫乱不雅,若被外乡人知道了,恐怕要讥笑他们的民风不佳。刘兆吉一路上吃了这些伪君子不少的闭门羹,后来遇到类似这样的人,便不耐烦再向他们问津了,或许因此也失掉了不少机会。⑩

刘兆吉采集歌谣时所遇到的困难,除了前面列举的语言不通和伪君子的闭门羹外,还有在旧礼教束缚之下,不易于从妇女口中采集歌谣的问题。他如下写道:

儿时便有一种经验,有许多歌谣是从祖母母亲姐姐口中学来的,同时感到祖父爸爸哥哥记得的歌谣,没有她们那样多。……所以采集民歌这个工作,只是访问男子是不够的。……但在旧礼教的束缚之下,虽然有这样的打算,而没有这样的勇气,眼巴巴的走完了三千三百多华里,……丢掉了千千百百的机会,因为文化越不开通的地方,男女的关系越隔膜。一般妇女乍逢我们这些异言异服的外乡人,简直像怪物一样的看待。也许从前过境的军队已给她们以一种坏印象,……但一看我们着的军服,伊们即敬鬼神而远之了。要向伊们口中调查歌谣那怕好心也成了恶意,也许会加给调戏妇女的罪名。……假设女性作这种工作,或者比较方便些。㊶

对于刘兆吉来说,采集民间歌谣是其以往从未接触过的,之前也未曾想到会有如此多的困难。据其记述,采集方法都是很幼稚的,简直可说是由瞎摸索中得来,有的收到了相当的效果,有的尝了些闭门羹,所用方法具体如下:

第五章

西南三千五百里（一）

一、田畔、牧场、茶馆、街头的访问。这种访问的对象，多半是农夫牧童。

二、沿途中小学、民众教育馆、教育局及其他文化机关的访问，或请其代为采集。

三、注意街头墙垣庙壁上的涂写。有时会发现很好的山歌或者骂地方官、区长、村长的歪诗（不符合格律的拙劣的诗）、谜语。总而言之，涂鸦中也可以找到有价值的资料。

四、收集当地印行的歌谣本及抄本。这种小册子是有学识的人不值一看的东西，刘兆吉在湘西桃源买了本"茶山歌"，一位朋友不知其用意，认为低级兴趣。然这些小册子对于粗通文字的民众，在精神方面却是极好的食粮。因为文字浅显，音调和谐简单，易懂易唱，价格又很便宜，只要四五文钱，便可买一本。再者这种歌本的内容，多半是秧歌茶歌，或是描写天灾人祸民众所受的疾苦，也有是节妇烈夫神奇古怪的故事，都极合民众的口味。在常德一家印行歌谣册子的书店中，据其老板言，每年可销到三万册。此外，还有些农民在劳作之暇收集山歌小曲的抄本。由这些印本抄本中的土话别字及纯朴的描写，可以窥探出一部分的方言及一地的风尚人情来。[42]

对于采用上述方法进行歌谣采集的刘兆吉，黄子坚有如下的描述：

一路上，我是个常川的落伍者。太阳已西，"先锋"早到了"宿营地"，我还在中途。好几次〔末一次，记得是在到曲靖的道上〕我在中途遇到刘君，和老老少少的人们，在一起谈话——一边谈一边写。这样健步的刘君时常被我赶上。

寻路：走向西南联大

　　一群人，围着一个异乡的青年，有时面面相觑，有时哄然大笑，是笑言语不通，手指脚画，面面相觑，是要窥测真意。本来，一个穿黄制服的外乡人，既不是兵，又不一定是学生，跑来问长问短，是希有的事，是可疑的事——希有，所以舍不得让他就走；可疑，所以对他又不肯说话。

　　这是我所见到的情形。刘君用力之勤，工作之难，可以想见。辛苦的结果，在六十八日之中，采集了二千多首歌谣，这不能不说是丰富的收获。㊸

　　此外，对于途中其他的学生和教师，蔡孝敏有如下的回忆：

　　最惨为十一级（三年级）政治系施养成兄，途中曾生病不能走路，只好绑在卡车之行李卷上。病愈亦因其体胖，行动不便，故每晚蹒跚到达宿营地之最后一人，必系施兄无疑。

　　十一级查良铮兄……于参加旅行团之前，购买英文小字典一册，步行途中，边走边读，背熟后陆续撕去，抵达昆明，字典已完全撕光。

　　十二级（二年级）何广慈，在旅行团中年最幼，皆以"小孩"呼之。何小弟笑容满面，乐天成性，爱哼中外歌曲；对于调剂旅行团枯燥生活，厥功甚伟。

　　北大曾昭抡教授，乃曾国藩之后裔，曾先生有两事，令人难忘。其一为在途中，完全沿公路行走，即走汽车之路线，绝不抄近路……犹忆步行至黔西"二十四盘"（"盘"指弯弯曲曲的意思）时，所有团员均走小路，由上而下，瞬息即达。而曾先生以不变应万变，仍沿公路，循车行轨迹而下，用时多达十数倍。其二为每到中途休息或营地留宿，如时间许可，曾教授必自其背包中，

第五章

西南三千五百里（一）

取出"防毒面具"戴在头上，向当地民众讲解防毒防空常识。

南开黄子坚教授平易近人，与步行同学最为接近。

清华生物系李继侗教授，沿途遇有山洞，不问大小，只要能以容身，必进内一探究竟。

助教毛应斗沿途专走小路，与曾昭抡教授之专走公路，相映成趣。二人除在中途站及营地方能碰头外，步行时因"道"不同，很少见面。㊹

寻路：走向西南联大

① 参见本书 135 页及第四章注 ㊴。另外，由于钱能欣的《西南三千五百里》也是以日记的形式进行记述的，因此本书在引用时，与吴征镒的《长征日记》一样，如果引用内容的日期明显，则不再标明页码。

② 《北京大学校史》329 页。

③ 记载旅行团的出发日期为 2 月 19 日的资料，除了正文中引用的钱能欣和吴征镒的记录外，还有《云南师范大学校史稿》12 页，《云南师范大学大事记》，刘烜《闻一多评传》（北京大学出版社，1983 年）199 页，《西南联合大学纪念册》第 8 页，蔡孝敏《步行杂忆》18 页等。记载为 2 月 20 日的资料，除了《北京大学校史》外，还有《南开大学校史》243 页；王玉清、李思乐"闻一多年谱"，《闻一多研究资料》收录，96 页等。而《国立西南联合大学校史资料》收录的"大事记"中，只记载了旅行团的到达日期没有写明出发日期。

另外旧版的吴征镒《长征日记》中将出发日期记为 2 月 19 日，但新版中却变成了 2 月 15 日，估计是排版的错误。

④ 钱能欣的《西南三千五百里》中记载的日期，自 2 月 19 日之后就到了 2 月 22 日，而这期间记述的内容只有两个晚上。因此，或许如闻一多所写的那样，虽然 19 日上船，但直到 20 日晚才出发。

⑤ 闻一多在 2 月 19 日致孩子的信中写道："我今天上船，三天后到常德。"

⑥ 钱能欣前述文献中所记载的日期，2 月 22 日之后就跳到了 2 月 25 日，这部分内容是写在 2 月 25 日里的。可是之后的日期是 26 日，而这期间记述的内容有两个晚上的。因此，根据前后文关系以及吴征镒《长征日记》的记述，本书中将日期改为了 2 月 24 日。

⑦ 1930 年秋至 1932 年秋，闻一多在回母校清华大学任中国文学系教授前的这段时间，在青岛大学任文学院院长兼国文系教授。"在青岛时"指的就是这个时候。

⑧ 王玉清、李思乐"闻一多年谱"96 页中记载，2 月 20 日，湘黔滇旅行团启程。2 月 21 日晚，舟停八字岔。2 月 22 日中午，舟止甘溪港，离益阳十五里，遂改步行去常德。26 日到达常德。可是，闻一多在 2 月 26 日致父亲的信中写道"二十四日抵常德"，估计这里写错了。

⑨ 陈登亿《回忆闻一多师在湘黔滇路上》，《闻一多纪念文集》收录，276、277 页。不过，陈登亿在该文中写道："从常德到昆明，大约有三千多里路，我们走了七十多天。"实际上从长沙到昆明只用了六十八天，因此他的记述也有缺乏准确性的地方。

⑩ 邸玺、沈长泰《国立艺专在昆明》，中国人民政治协商会议西南地区文史

第五章

西南三千五百里（一）

资料协作会议《抗战时期内迁西南的高等院校》（贵州民族出版社，1988年）收录，111页。

⑪ 浦薛凤，前述文献，81页。蔡孝敏《步行杂忆》18页。蔡孝敏接着还写到有一次事曾不慎踢倒开水桶，全身烫伤三分之二以上，虽送医急救，保住性命，而人已残废。此辈无名英雄，在本职上默默工作，令人永铭五内。

⑫ 《云南师范大学校史稿》11、12页。《南开大学校史》243页。蔡孝敏《步行杂忆》18、20页。蔡孝敏《旅行团杂忆》34页。《南开大学校史》中记载为黄色的军服，而《云南师范大学校史稿》和《步行杂忆》中都记载为草绿色军服（制服）。

⑬ 蔡孝敏《步行杂忆》21、22页。

文中还记述了部分同行的朋友（其他的学生请参见本书196页）。

十级（四年级）气象系的亢玉瑾（曾于台湾大学任教，1980年元旦死于淋巴癌），也是身长体瘦且腿脚强健。自步行开始每天与蔡孝敏相伴左右，不数日已成莫逆之交。还有一人是十一级（三年级）地学系的白祥麟，三人总是走在旅行团的先头，被人并称为"亢白蔡"。

白祥麟在南开中学以总分第一名毕业，在清华大学依然名列前茅。毕业后曾从军多年。后来考入台湾"清华大学"原子科学研究所，1960年毕业后留校任讲师，后又入加拿大多伦多大学，获得博士学位。

南开大学的彭克诚在临别时留下赠言："在咱们旅行团里，我是第一分队名誉队员。有人说咱们'烹白菜'，你可还记得？（烹与彭同音，'烹'是、煮、烹饪'的意思。另外菜与蔡同音，'菜'是'菜肴、料理'的意思。'烹白菜'就是'煮白菜'的意思。这个词使用了彭克诚、白祥麟、蔡孝敏三人的姓）这个菜总得用这三样原料才作得起来，那么什么时候我们再能凑起这个好菜呢？"彭克诚久失音讯，蔡孝敏感慨到"原料"星散，不知何时再能与他同行。

与"亢白蔡"同称四骑士之第四位，乃十级全广辉。他步大且稳，登山如履平地。故其同级之欧阳昌明，用尽吃奶力气，跑得汗流浃背，气喘如牛，仍望尘莫及。

十一级生物系刘金旭，与蔡孝敏小学中学大学三度同学。他在步行时，远落蔡孝敏后。

另外，蔡孝敏还记述，由长沙至益阳，虽以船代步，然舟小人多，拥挤不堪。益阳乃步行起站，位于桃花江畔，流行歌曲有"桃花江是美人窝"之句，可惜在益阳并未与任何美人邂逅，而桃花江竟系浊流，污秽异常，目见不如耳闻，大失所望。（18页）

⑭ 傅幼侠1938"负笈——湘、黔、滇"，《清华校友通讯》新103期收录，111页。另外，季镇淮在"闻一多先生事略"42页中也记述道："旅行团步行，早晨排队出发，起初还整齐，走着走着就散了。"

傅幼侠还记述，步行迁校的时候，在长沙圣经书院中集合。记得黄师岳中将

寻路：走向西南联大

任总队长，学生们被分成二个大队。他在第二大队第三分队。与已故的厉徽庆合打一个铺盖卷。同队的还有丁道炎（三年级）、冯钟豫（三年级）等人。他担任全队的号手，后来杨荣春（四年级）觉得他一个人起早贪黑的过于辛苦，就分担了一半的司号任务。(112页)

⑮ 蔡孝敏《步行杂忆》17页。
⑯ 金森千秋『常徳作戦 幻の重慶攻略』（図书出版社，1983）138页。
⑰ 金森千秋，前述文献，183页。読売新聞大阪社会部『中国侵略』（角川書店，1985）83—87页。
⑱ 《中国抗日战争图志》下编869页。常德会战在中国也被称为常德保卫战、湘北战役。

另外，《中华民国史辞典》434页中记载12月4日第九战区后续兵团开始反攻，9日，收复常德城，12月末，双方回到原态势。《抗日战争纪事》400页中记载中国军队于12月9日夺回常德。至30日，常德会战结束，双方恢复会战前态势。
各书都记载日军占领常德的日期为12月3日。

⑲ 参见本书124、134页。
⑳ 唐云寿《随意录》105页。原文为"我们自长沙经益阳、常德、桃源走到了芷江，天下大雪，无法继续出发。在没有到达芷江之前，记得一天晚上我们宿营在一个村庄里……"。但是天降大雪无法前行，并不是在芷江而是在沅陵时的事（参见本书185、186页），估计"芷江"是唐云寿的记忆偏差，正确的应该是"到达沅陵前的某个晚上"。
㉑ 闻黎明《闻一多传》（人民出版社，1992年）162页。
㉒ 蔡孝敏《步行杂忆》18页。
㉓ 参见本书134页。另外，蔡孝敏在《步行杂忆》中写到，事后传闻校方为安全起见，尚会间接派人"拜山"云云，姑妄听之而已。
㉔ 闻黎明《闻一多传》162页。原文记载"湘西是土匪活动频繁之地，过官庄时便听说有几百条枪渡过辰河向这边追赶，恰巧中央军校也从这里经过，个个荷枪实弹，气氛紧张。原来，土匪闻知步行团身穿军装，以为是来剿匪，这才起了误会。后来据说得知是大学生到后方去，才收下买路钱放行"。
㉕ 《八年的回忆与感想》19页。原文记载"我们沿途并没有遇到土匪，如外面所传说的。只有一次，走到一个离土匪很近的地方，一夜大家紧张戒备，然而也是一场虚惊而已"。
㉖ 《闻一多书信选》282页。此信为3月6日所写，又于3月12日追加内容后寄与双亲。
㉗ 参见本书124页。
㉘ 依据吴征镒《长征日记》，《闻一多全集》"年谱"63页等。另外，闻一

第五章

西南三千五百里（一）

多在3月12日致父母亲的信中写道："近因天雪汽车难行，留沅将及一周。现雪已解，定明日乘汽车至晃县，当日可到，过此则恐全须步行矣。"

㉙《闻一多全集》"年谱"63页。

㉚ 邵华强《沈从文年谱简编》，邵华强《沈从文研究资料》（花城出版社、生活·读书·新知三联书店香港分店，1991年）收录，975—977页；《中国文学家辞典　现代第二分册》（四川人民出版社，1982年）331页；《中国近现代人名大辞典》（中国国际广播出版社，1989年）332页等。

但是，根据《国立西南联合大学校史资料》收录的教职员名录记载，沈从文于1939年6月27日起任联大师范学院国文学系教授。

㉛《闻一多全集》"年谱"63页。

㉜ 蔡孝敏《步行杂忆》18页。

㉝ 钱能欣的《西南三千五百里》中未写明从沅陵出发的日期。

㉞ 参见本书127、129页。

㉟《南开大学校史》244页；《北京大学校史》329页。

刘兆吉《西南采风录》（商务印书馆，1946年）3页，后面，引用该书的时候，仅标记书名和页码。

㊱ 刘兆吉《闻一多先生二三事》，《新文学史料》1979年第四辑（人民文学出版社）109页。

㊲《西南采风录》5页。

㊳《西南采风录》中黄子坚的序文（旅行团抵滇周年前四日，1939年4月）。

㊴ 依据《西南采风录》中朱自清、黄子坚、闻一多的序文，刘兆吉自己的"弁言"及刘兆吉《闻一多先生二三事》等。但是，在《西南采风录》191页的"总结"中记载这次采集到的民间歌谣有千余首，该书中择录的歌谣有771首。

㊵《西南采风录》5—7页。

㊶《西南采风录》7、8页。

㊷《西南采风录》3—5页。

㊸《西南采风录》中黄子坚的序文。

㊹ 蔡孝敏《步行杂忆》20—22页；蔡孝敏《旅行团杂忆》34页。

第六章

西南三千五百里（二）
——湘黔滇旅行团的长征·步入充满贫困和鸦片的贵州

第一节 在政府周全保护之下
——玉屏县政府的布告（3月17日晃县—玉屏）

旅行团于3月17日早晨从晃县出发。至此为止的旅程中，长沙至益阳间乘船，沅陵至晃县间乘汽车，但是从这里开始，旅行团一行中除了生病的人员外，全都一路步行至昆明。

这日的情况，吴征镒如下记述道：

3月17日 微雨中经酒店塘，由保安队护送出境，三十里至鲇鱼铺湘黔交界处。距长沙六三五点五公里，距贵阳三七二公里。沿途多平顶山，已入贵州之Dissected Plateau，河流均为小溪急流。又三十八里抵玉屏，县内备极欢迎，全体宿县衙门内，并开联欢大会，曾昭抡先生向小学生演讲。县内产石竹，以制玉屏箫及竹杖，团内几每人购一根。入黔后多荒山，草坡杂生毛栗，松林及柏林偶见。市上尚可见鸦片铺。

据钱能欣记述，酒店塘位于晃县县城西十余里，有一个水银矿，五百多工人，每月可产水银六千余斤。当日全程六十八里。

湖南、贵州交界处　鲇鱼铺
(《清华校友通讯》新78期)

童子军列队欢迎旅行团
(《西南联合大学纪念册》14页)

第六章

西南三千五百里（二）

到达贵州省的第一个县城玉屏后，以县长刘周彝之名发布的布告已于3月16日贴出（参见下面的照片①）。

玉屏县政府布告

查临时大学近由长沙迁昆明，各大学生徒步前往，今日〔十六〕可抵本县住宿。本县无宽大旅店，兹指定城厢内外商民住宅，统为各大学生住宿之所。民众或商民，际此国难严重，对此复兴民族领导者——各大学生，务须爱护备至，将房屋腾让，打扫清洁，欢迎入内暂住，并予以种种之便利。特此布告。仰望商民一体遵照为要！

从以上的布告以及吴征镒有关旅行团由保安队护送、玉屏县内备极欢迎的记述中可以看出，临大迁昆是在政府多么周全的保护下完成的。

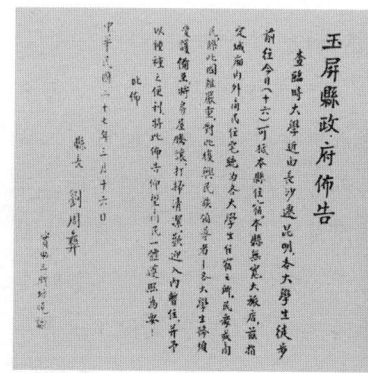

玉屏县政府布告

（《西南联合大学纪念册》14页，《清华校友通讯》新78期33页）

在茶馆小憩

(《西南联合大学纪念册》12页)

对于此,蔡孝敏也有如下的记述:

从以上一纸布告不难看出玉屏县政府对于临大学生如何重视;其实沿途所经县市乡镇,无论系中途打尖,或晚间留宿,皆对旅行团爱护备至。云贵高原,大都穷乡僻壤,但所到之处,皆优礼有加,竭诚招待。而老百姓视团员有如家人子弟,更使流离失所之天涯游子,充分体味到"宾至如归"之温暖气氛。当时全国上下,对于抗战充满信心,基于同仇敌忾心理,尤视知识青年为国家未来栋梁,团员沿途饱受欢迎,并无一人兴"有家归未得"之苦。②

至于吴征镒所写全团几乎每人购一根的玉屏特产竹箫和竹杖,

第六章

西南三千五百里（二）

还流传着这样的故事：南开大学教务长、清华校友黄子坚在贵州玉屏买了根竹杖，此杖上刻着"行年四十，步行三千"。于是学生们模仿此文调侃道"行年已过四十，步行未满三千"，不知黄先生是否知道。③

此外，蔡孝敏以大洋四元，购得雌雄箫一对，据店主称："这是箫中极品，以前进贡用的。"闻一多买了一捆竹箫、竹笛、竹杖，还买了把拂尘（拂尘是用马尾的毛或棕榈的纤维扎成的，一般用于扫除尘迹或驱赶蚊蝇）。④

贵州省正如"天无三日晴，地无三尺平，人无三分银"的谚语所言，其恶劣的自然环境与贫困程度是比较突出的。吴征镒写道："入黔后多荒山……松林及柏林偶见。"蔡孝敏也写道："自入黔境，人烟稀少；崇山峻岭，亘延不绝；与塞北、江南景象，截然不同。沿途苗族同胞，日见增多，苗胞亦以女性抛头露面者为多。"⑤

对于贵州省贫困的原因，除了自然环境恶劣外，蔡孝敏还有如下的记述：

彼时贵州男同胞，泰半好吃懒做，以吸食鸦片烟为荣。在某镇茶馆，有一面孔消瘦之小伙计自我介绍道："我刚出娘胎，大人吸食鸦片，就用烟喷我了！"似此不事生产，终日与毒品为伍，焉得不贫？

在贵州公路两侧，从未发现有人种植罂粟；我与同伴数人某次穿行小路，无意中发现大片良田，遍植罂粟，正值花开，以红色及白色最多，亦有粉红及淡紫色，花朵肥硕，艳丽夺目；如专供欣赏，堪称阆苑奇葩，怎奈其果实，即煮制鸦片烟膏原料，故我等赏花无心，消毒有意，皆用双手捏坏无数花朵。花主见我等人多，未敢出面阻止。⑥

有关鸦片，吴征镒只写道"市上尚可见鸦片铺"，钱能欣也只写道"全县（玉屏）共三万五千人，主要农产品为桐油〔自鸦片禁种以后，政府奖励种植桐油以补救农村经济的衰退〕"。可是，实际上在他们到达玉屏的这个时候鸦片依然被种植。

在中国，"长征"指的是红军（共产党军）为躲避蒋介石国民党军的围剿，自1934年10月开始的二万五千里战略转移。红军长征的时候，他们也曾途经贵州省。

朱德用铅笔草草地记下了当时的情形，很多记录留存了下来。其中关于贵州有如下的记录：

玉米和少量的白菜是老百姓的主要食物。老百姓穷得吃不起粮食，只能卖粮付租付高利。军阀还抢米，算作"战时粮税"。……老百姓管地主叫"绅粮"，自称"干人"——什么东西都被榨干了。

到处都是又黑又烂的茅草屋。玉米秆和竹片编成小门。……除了城里的地主家外，没有见过被子。⑦

江西省贫农出身的红军战士曾宪辉在接受美国记者哈里森·E.索尔兹伯里采访时曾如下谈道：

从未见过如此贫瘠的山地。红军开始向贵州挺进时，汉人的身影就渐渐消失，来到了苗族居住的地方。苗族是少数民族，原居住在汉人居住的地方，后被赶到这些偏僻多山的丘陵地带，过着十分贫苦的生活。妇女们无法走出家门，因为她们没有衣服穿。她们一丝不挂地待在屋里，蜷缩在烧草的灶旁，炊烟从屋顶的陈

第六章
西南三千五百里（二）

缝中冒出去。十七八岁的大姑娘赤身裸体在田间劳动。许多人家全家只有一条裤子，三四个成年男子交替着穿。一开始，苗族人对红军都很害怕，纷纷从家里逃到山里躲藏起来。对他们来说，军队就意味着奸、淫、烧、杀，意味着掳掠、抢劫大米和小米。

这个地方盛产鸦片，十五岁以上的人几乎个个都抽大烟。男人、妇女和十多岁的孩子都坐在茅屋前，目光呆滞，吸着鸦片。成年男子与十多岁的孩子下身有时还缠着一块布，妇女身上连块遮羞布也没有。棕褐色的鸦片像晒干的牛粪一样堆在棚子里。⑧

此外，还有"当时在贵州鸦片通常代替货币流通"⑨的记录。

红军途经贵州是 1935 年年初的事，在长沙临大湘黔滇旅行团之前不过三年而已，可想而知他们所见之状况应该是大同小异。只不过对于湘黔滇旅行团来说，更重要的是赶路离开此地前往云南，因此才未对贵州的贫困和鸦片留下过多的记录吧。

第二节　到访少数民族部落
（3 月 18 日玉屏—3 月 30 日贵阳）

旅行团于 3 月 18 日离开进入贵州后的第一个县城玉屏，3 月 30 日到达省城贵阳。有关这期间的行程，吴征镒和钱能欣作了如下记述：

3 月 18 日　［吴］五十里至青溪，黔省（八十一县中）最小县也……女子甚清秀。烟害（鸦片上瘾导致的危害）颇深。

[钱](青溪县)人口只有一万七千。

3月19日 [吴]由小道行九十里至镇远,道路泞泥,行走维艰,有数病同学坐滑竿(四川、湖南登山时使用的一种竹轿,在竹子编织的椅子上绑两根竹竿,由两人扛着)随行。溪边有自生桃、李、枇杷,南天竺尤多。枫林及常绿栎林亦甚常见。冒雨晚七时始抵宿两路口。

[钱]自青溪去镇远有二路。一是公路,一是小道。由公路去是一百四十里,由小道则为九十里……我们走小路,在公路未建以前,这小路是唯一的官道……两路口者即公路与小道相会的地方。天色已晚,便借民房投宿。今日全程七十里。

攀登山路 不畏艰险

(《西南联合大学纪念册》9页)

第六章

西南三千五百里（二）

［年］（闻一多）先生走大道。夜宿三穗。

3月20日 ［吴］余勇可贾，折途公路登盘山，天已晴朗，升十二公里至拔海九五〇公尺。盘山跨三穗、镇远间，为黔东险要，公路盘折甚险；岭上遇闻（一多）先生等自三穗来，乃共折返两路口。又二十里至镇远，宿府城县立第一女小。

3月21日 逗留镇远。

［吴］镇远背山临水，因为是湘黔孔道（"孔道"是交通要道的意思），所以屡遭兵灾。咸同苗乱⑩（1855至1873年间，趁鸦片战争后清朝势衰之机，贵州全域发生的苗族史上最大的叛乱。首领张秀眉等人，联合各地的汉族、少数民族以及太平天国军的石达开等，持续抵抗清廷十八年之久）之后，至今尚未恢复。今日有同学往访涌溪大土寨青苗。

钱能欣等一行十二人在行政督察专员公署副官和区公所主任的引导下访涌溪大土寨的青苗。

3月22日 ［吴］由镇远至施秉凡八十里。道经文德关、镇雄关，形势甚为险扼……午后由岔路游诸葛洞，颇为幽邃奇丽。遇赶场，青苗甚多。

［钱］（施秉县）城里的市集尚未尽散，街道上熙熙攘攘，热闹非凡。好凑巧在街头上熟识了一个小孩，他说他有一个苗家同学住在离城不远的地方（城西二里许的凉水井）。于是我们要他引导去看看他的同学的村寨。

钱能欣在凉水井的青苗村寨，观察询问了他们的服装、生活习惯以及恋爱、结婚的风俗，他写到凉水井的青苗与前一天访问的涌溪青苗在语言音调上稍有差别。

寻路：走向西南联大

3月23日 ［钱］（晨）八时离施秉。

［吴］沿路景色单调，童山甚多，常有哨兵，遇马帮数次，都是往来于贵阳、镇远之间的。三十里至飞云岩，有飞云洞号称黔南第一洞天（"洞天"是道教中所谓神仙居住的地方，有通天之意）。黄平古苗杂处，青苗外尚有仡兜也称侗家（参见本书213页）。

［钱］下午四时抵黄平。

黄平县城位在山坡上。汉苗杂居。苗民占全县人口十分之六七。

3月24日 ［吴］（从黄平步行）三十里至重安，经观音山拔海一千五百公尺，为湘黔线（连接湖南、贵州）最高点。重安为大镇，跨江上有铁索桥，有多种苗人杂处。

［钱］重安江上有铁索桥，上铺木板，宽约丈余，为行人骡马交通要道。公路通车后，另架设临时木桥，以便车辆驶行，新的石桥正在建筑中，不久便可完成。

［吴］又四十里为云溪洞〔大风洞］，再十里为炉山（县城）[11]。县境有苗人七种，占人口百分之七十五。晚因行李未到，宿火铺（简陋客栈），被均"多年冷似铁"。

3月25日 ［吴］访苗寨，苗民生活极简朴勤劳，均自耕自织。村中妇女见我们来，多远避，足见以前汉官之鱼肉苗民。

3月26日 ［吴］（在炉山）开汉苗联欢会，因时间匆促，仅到仡兜族长一人率四少女七少年，表演节目有苗民吹芦笙（竹制的管乐器）跳舞，同学唱歌。又引起李（继侗）先生和徐（行敏）医官的舞兴，跳了一曲华尔滋。曾（昭抡）先生同苗民喝酒，被灌大醉，黄（子坚）团长[12]也舞了手杖。

第六章
西南三千五百里（二）

［钱］下午县政府为我们召集了一个汉苗联欢会。

至傍晚尽欢而散。

炉山全县人口约九万，苗民占百分之七十以上……苗民有青苗、东苗、西苗、木老、仡兜、侗家、仲家等。

经过战后的民族调查，木老、仡兜、侗家、仲家被识别为与苗族不同的民族。今天，他们分别被称为仫佬族、仡佬族、侗族、布依族。曾经，南方的很多少数民族都被普遍地归于"苗"这个名称之下。在吴征镒、钱能欣的记录中，也是由于当时这种大致的称呼，因此把多种少数民族都记述为苗族。

3月27日 天高气畅。从炉山出发，经羊老、甘粑哨新街抵宿马场坪。

［吴］今日为场期，着花布短裙之西苗甚多。

炉山汉苗联欢会上苗族舞蹈

（《西南三千五百里》）

通过悬空的重安江铁索桥

(《西南联合大学纪念册》9 页)

闻一多的写生画　重安江链子桥

第六章

西南三千五百里（二）

［钱］这里（甘粑哨新街）是黔滇（贵州省贵阳至云南省昆明间。黔滇是笔误，应为连接湖南省常德与贵州省甘粑哨间的湘黔）和黔桂（贵阳至广西省柳州间）两公路的交会点，去贵阳只二百三十里。

下午三时抵马场坪。今日全程共七十里。

3月28日 ［吴］昨夜大雨，路极泞泥。过黄丝上江西坡，凡行七十里入贵定。贵定濒清水江上流，南有云雾山，旧称苗岭主峰，为乌、沅、盘三江分水脊。

［钱］全县（贵定县）有十万人口，苗民占其十分之四。

3月29日 ［吴］二十里为牟珠洞。洞口石笋一株，高二丈，径二尺余，距底三分之一高处有裂痕。传是吴三桂要锯下运滇，触神怒未果留下的遗迹。洞顶亦当时被雷震开一穴，洞底甚深，水如匹练而出。逾沿山堡后又有青山洞，颇深大，苗乱时汉人曾避居其中，其一半为水帘洞。

［钱］洞（青山洞）深二里许。（据说在洞里躲避的汉人竟有五年不敢出来的。）

［吴］本日行五十里达龙里，县城极萧条，人民多食包谷。

［钱］今日全程共七十五里。

3月30日 ［吴］麦巴秀矣，观音山下坡以后，民家多以板岩代砖盖屋。附近有石油矿，但未开采。入贵阳县境至图云关，有模范林场……前此诸县，每县近公路边均有农场招牌，内则空无所有，这已经好得多了。又十五里入贵阳大南门，过大十字，宿大西门外金锁桥边之三元宫中。阴雨中整队入城，草鞋带起泥巴不少，甚为狼狈，曾（昭抡）先生之半截泥巴破大褂尤引路人注目。

寻路：走向西南联大

　　在这期间，刘兆吉继续采集歌谣。他记述到，在横跨三省的旅程中，自湖南晃县一直到昆明再到蒙自，到处都可看见苗家同胞，经过了许多住有苗家的城镇村落。并且在黄平的皎沙村，在炉山县城，都曾与苗家举行过联欢会，请苗族同胞歌舞多次。再者一路山坡田畔间也常听到一声两声的苗歌。可是因为语言不通，不易探访采录，所以在三千多里的旅途中，虽然采集到两千余首歌谣，但仅得苗歌两首。其中一首是自贵州省黄平到重安江途中，一位护送他们的武装同志唱的。该同志是黄平的青苗，但是汉话说得很好，唱罢又用汉语解释给他们听。一路唱了数首，因赶路只记录下一首。另一首是在贵州省炉山县城区小学的一位苗家小学生告诉的。在这次采集民歌的工作中，抱着最大的希望，而结果最感失望的，就是收集苗歌的工作。⑬

　　如果只从刘兆吉的叙述和感慨来看，给人留下深刻印象的应该是当时所谓的民俗学研究乃至语言学研究的方法之拙劣，也可以看出刘兆吉等人在做田野调查时，与当地人的交流并不顺利。⑭可是，在这次前往昆明的"长征"途中，策划这样的歌谣采集并有人实际实施这件事本身，可以说与当时中国的学术潮流不是毫无关系的。尽管未掌握正规语言学研究的方法，但是刘兆吉为听懂与北方语系差异较大的西南方言时努力的样子，以及侧耳倾听苗语等异族语言时的身姿，都让我们看到了年轻学子的意气风发并为之赞叹。

　　下面对当时的学术潮流进行一些说明，尤其想介绍一下那个时期受过系统训练的研究者们留下的那些直到今天都具有重要价值的学术遗产。

　　1937年7月全面抗日战争爆发之前，中国的诸学科研究中，

第六章

西南三千五百里（二）

民俗学、语言学研究正迎来高潮期。

中国的民俗学研究即受到欧洲民俗学研究的影响，又因"五四"新文化运动的高涨而得到快速发展。

1918年，在语言学家刘复（1891—1934）等人的推动下，全国民间歌谣采集的大本营"歌谣征集处"在北京大学设立，刘复本人也开始模仿家乡江苏省江阴县的民歌作诗。1920年北京大学歌谣研究会成立，1922年中国第一本民间文学专业杂志《歌谣周刊》创刊，民间文学的研究渐渐活跃起来。

刘复，1920年至1925年留学欧洲，在法国学习实验语音学并获得博士学位，毕业后带着实验仪器从巴黎回国，就任北京大学中文系教授。他于1924年著《四声实验录》（群益书社），之后以中国各地的方言为对象继续从事语音学研究，并在多个方面作出了贡献，如1929年在北京大学开设语音乐律实验室。[15]

1927年，民俗学会在广州的国立中山大学成立。

在语言学方面，这个时期较为著名的还有在清华研究院从事语言调查的赵元任。他所作的语言调查也与民间文学研究的潮流相呼应，涉及吴语、瑶语、现代藏语等。赵元任首先对长江下游地区的方言作了调查，其研究成果《现代吴语的研究》于1928年作为清华学校研究院丛书第四种出版发行。接着于1930年出版《广西猺歌记音》（国立中央研究院历史语言研究所·单刊甲种之一。"瑶"曾被写为"猺"）。该书在采录汉译的瑶族歌谣时，不仅对语音作了标记，还用五线谱展现了旋律，其记述极其细致，可谓中国方言研究绝好的音韵资料，另外在代名词、虚字中出现了民族语，这一点也特别令人感兴趣。后来，赵元任担任中研院历史语言研究所语言研究部部长，试图对全国的方言进行调查，于是1934年于安徽，1935年于江西和湖南，1936年于湖北，接连不断地奔赴各地进行实地方言调查。

如前所述，全面抗日战争爆发后，中央研究院的各研究所也分散至重庆、桂林、昆明等地避难。⑯虽然是在战时困难时期，但不少研究者还是利用这个难得的与西南少数民族接触的机会，对他们的神话、传说、民歌、语言、民俗等作了深入调查，可以说也满足了知识分子的求知欲。

刘兆吉后来将采集到的两千余首歌谣中太粗俗乏味、词意近于淫秽、篇幅太长的删除，仅择录有文学价值的或能代表一地方风俗民情的771首，分为情歌、儿童歌谣、抗日歌谣、采茶歌、民怨及杂类六类，⑰并在此基础上加入朱自清、黄子坚、闻一多的序文，刘兆吉的"弁言"，西南采风的经过，歌谣区域（玉屏、炉山、贵阳、安顺、安南、盘县、平彝）的方音与国音之比较，总结及附录（苗族歌谣二首）编著成《西南采风录》，于1946年12月由商务印书馆出版⑱。西南指中国西南的湘黔滇三省，风是地方民谣的意思。

刘兆吉择录的771首歌谣中，情歌即有640首，几乎占百分之九十，并且朱自清在其序文中写道"刘先生采集的歌谣，也有猥亵的，因不适于一般读者，都已删去"，由此看来，原本采集的情歌应该更多。下面列举一首书中采录的情歌：

（采集自云南省沾益）

高山点豆豆叶黄，人家有郎我无郎；
人家有郎同床睡，小妹无郎抱胸膛。

第六章
西南三千五百里（二）

高山点豆豆叶稀，人家有妻我无妻；
人家有妻同床睡，小郎无妻抱双膝。[19]

不过，对于这些情歌黄子坚有如下的看法：

这些民歌之中，据刘君说，有百分之九十是情歌。从辞意上看，诚然如此。不过，这种说法，容易引起误会。

有一次，我和几个挑棉纱的人同行。他们的担子，都在百斤（1斤为0.5千克）以上。我跟他们走了一天，他们整整唱了一天——从镇远一直唱到施秉。他们所唱的，是"郎"呀"妾"呀一类的情歌。又记得，在将近盘江的荒山中，遇到一群从平彝驮铁锅到镇宁的人。山路难行，一步一喘，但是喘嘘之中，还断断续续地唱些"妹"呀"郎"呀一类的情歌。这些人是在调情么？是在讴歌恋爱么？是在宣泄男女之情么？肩上的担子太重了，唱一唱，似乎可以减轻筋骨的痛苦。再听人唱一唱，也觉得绵绵长途上，还有同伴，还有一样辛苦的人。他们所唱的歌，与其说是情歌，毋宁说是劳苦的呼声。[20]

下面，再对其他团员的情况作些许补充。途中，记日记的人甚多。曾昭抡一天行军虽然很累，仍在被窝里坚持写日记。[21] 闻一多虽然未记一字日记，但开始用铅笔画写生画。这十几年来都没画过图画的他，在这次的旅途中竟画了五十几张（另说一百余帧）写生画。[22] 据闻黎明记述，今天保存下来的第一幅途中写生就是黔东名胜、黄平县城东二十里的飞云崖。[23]

闻一多的写生画

闻一多教授在途中写生

(《西南联合大学纪念册》11 页)

飞云崖庙门

第六章

西南三千五百里（二）

重安前十里

石板冲

黔灵山脚

链子桥上水碾 　　　　　　大风洞上韦陀菩萨

贵阳一角 　　　　　　　　炉山县市肆

第六章
西南三千五百里（二）

炉山张家客栈窗外

第三节 逗留因难民而繁荣的贵阳
（3月31日—4月3日贵阳）

旅行团于3月30日进入贵州省省会贵阳城内，在此地待了整整四天，于4月4日离开。关于这期间发生的事，吴征镒有如下记述：

3月31日 游甲秀楼及公园，有周西成（1893—1929）铜像。周，黔省军阀也。晚，清华老校长周诒春，现任黔省建设厅长，宴辅导团，饮茅台（茅台是贵州省仁怀县茅台镇产的名酒）。

寻路：走向西南联大

4月1日　晚，大夏大学邀宴。

4月2日　阴雨中游黔灵山及麒麟洞。一部同学游东山阳明先生祠，祠中有日人所立碑（阳明是王守仁的号。他曾被贬谪至贵州）。

4月3日　雨阻家中。

此外，《南开大学校史》中记载，到达贵阳时"原南开大学经济学院董事吴鼎昌、南开大学秘书郑道儒正分任贵州省政府主席、省政府秘书长，步行团师生受到他们的欢迎和招待"，[24]根据《年谱长编》记载，时间应为3月31日。蔡孝敏记述他在吴鼎昌的宴请之后"赶往邮政总局，收到二叔、大姊分别从长沙、天津寄该局留交之家书"。[25]收到家书的蔡孝敏喜极泪下，当日之环境与心情正如杜甫《春望》中诗句"烽火连三月，家书抵万金"。

在贵阳得到久违的休整，团员们有的收到了家中的来信，有的借此机会向家中寄去书信。闻一多于4月2日给父母寄出了如下这封信：

沅陵奉上一禀，想已达览。

十七日自晃县出发，步行三十日抵贵阳。贵州境内遍地皆山，故此半月中较为劳苦，加之天时多雨，地方贫瘠，旅行益形困难。本地谚云"天无三日晴，地无三尺平，人无三两银"，盖得其实矣。贵阳遇熟人甚多，清华方面目前校长周寄梅（本名周诒春，字寄梅，1913至1918年任清华学校校长）先生以下逮旧同学不下数十人，同班中有吴泽霖、聂鸿逵二兄，聂系本地人，吴任大夏大学文法学院长，随校迁此。

据近悉昆明校舍不敷，文法二院决设蒙自，以意揣之，昆明

第六章

西南三千五百里（二）

新房屋造成后，文法二院恐仍当迁回。蒙自距昆明铁道一日路程，地近安南，此行本如投荒，今则愈投愈远矣。

近日前方捷报频传，殊堪欣慰，然武汉敌机轰炸亦因此益亟……乡间谅安谧如常，但不知家中老幼清吉否。

信中闻一多写到吴泽霖任大夏大学文法学院院长，然而大夏大学[26]在贵阳时设有文、理、教、法商学院，并未设文法学院。此时的吴泽霖应为教务长、社会学教授。后来，他成为西南联大社会学系教授。

大夏大学是一所于1924年设立于上海的私立大学。1937年8月13日，在上海爆发了淞沪会战，大夏大学决定内迁。起初，位于上海的大夏、复旦、光华、大同四所大学计划组建联合大学，后因意见不统一，光华、大同退出，剩下大夏与复旦两校在江西省庐山的牯岭组建联合大学。复旦大夏联合大学在牯岭授课仅仅三个月，又于1938年年初溯长江而上，再度迁往重庆北碚。可惜由于校舍不敷，经费十分困难，人事也不易协调，最后决定两校分开。复旦大学仍留北碚，大夏大学因董事长何应钦、校长王伯群都是贵州人，于是迁往贵阳，于1938年秋正式开学。

另外，对于贵阳钱能欣如下写道：

市上多洋货店，百货店，杂货店，东西比外地要贵上三四倍。主因是交通不便，货物运输困难，次因是商人过意抬高物价。抗战开始以来，从战区避居来的外乡人很不少，据最近统计，全市人口共有二万二千七百六十九户，十二万七千二百三十人，其中男子六九二九七人，女子五七九三三人。贵阳市上因此也繁荣了起来。

如钱能欣所写，贵阳来了很多避难的人。也正因如此，闻一多经常能与熟人相会。说到湘黔滇旅行团辅导团的教师，似乎是分别受到周诒春、大夏大学以及吴鼎昌的三次宴请。在这个被称为"天无三日晴，地无三尺平，人无三分银"的地方，未曾想到竟能老友相逢共叙往昔，也算幸事。不过旅行团文、法二学院的师生们，此时已经获悉昆明并非其目的地，他们不得不继续前往距昆明铁路一日行程、地近安南的蒙自。

大夏大学也未能就这样安稳地在贵阳办学。随着战火的扩大，日军下衡阳，攻桂林，直逼柳州，1944年秋贵州也处于临战状态。同年11月，日军侵入贵州南部的荔波、三都、丹寨等县，少数日军已进犯至独山，贵阳告急。11月末政府向贵阳的各机关学校下达紧急强制疏散令，大夏大学决定迁往贵州省西北边境的小城赤水。1945年春，学校在赤水县的文庙内开始上课直至抗战胜利，1946年夏终得返回上海。1951年大夏大学和光华大学合并为华东师范大学，以上海大夏大学校址为师大校址，如今的中国已没有大夏大学。

第四节　踏寻中国工农红军长征的足迹（4月4日贵阳—清镇）

4月4日从贵阳出发。据钱能欣记述，在贵阳期间天天阴雨，直至4日也没有放晴，4日早晨，旅行团冒雨离开贵阳。

再来看看吴征镒的《长征日记》：

第六章

西南三千五百里（二）

4月4日 雨中离贵阳，路殊平坦，溪山交错，峦头悉是尖形，风景甚类（广西省的）桂林阳朔之间。此后多是石灰岩区的 Karst 地形。清镇南郊中山公园中有高大的"剿匪"阵亡将士纪念碑。十年内战的结果是一堆白骨。

对于此碑，钱能欣记述在中山公园高大的纪念塔上刻着："陆军第四军五十九师剿匪阵亡将士纪念塔"。据他记述，1935 年国民党中央军追剿红军的路线和今日旅行团行走的公路相差不远，红军在离清镇六十里地方通过，在县境内只耽搁两天，便匆匆渡了猫跳河。旅行团借宿于城区县立中心小学。当日全程共五十六里。

闻黎明在《闻一多传》中写道："过了贵阳，闻一多开始接触到中国工农红军长征时留下的痕迹，路旁村舍墙壁上还隐约可见红军的标语，其中有的号召人民起来抗日。这使他对中国共产党的抗日主张有了进一步了解。"㉗

此外，参加了此次旅行团的中文系学生陈登亿在其回忆录中有如下记述：

我们一路所经，大部地方是当年红军长征经过的地方。红军长征，一九三五年初经过这些地方，离这时不过三年，有些红军的布告、标语，在沿途还清晰可见。

沿途的人民，对于我们这些洋学生，感到很新奇，也有戒心。但当看到我们说话和气，买卖公平，特别是吃饭时有些剩菜剩饭，都送与附近穷人吃，也就敢于和我们接近，说真心话了。我们特别爱听他们说红军长征的故事。他们说红军纪律严明，官兵平等，不拉夫，不抓壮丁，秋毫无犯，很多青年自动参军；他们说红军

寻路：走向西南联大

怎样开仓济贫，助民劳动等等……

我们有些人已经读过斯诺的《西行漫记》，对红军和毛主席等领导人的情况，已经有所了解，对国民党宣传的共产党杀人放火，共产共妻，没有多少人相信了，现在听了亲身经历的诉说，更觉得亲切。闻先生和我们一样，也很爱听这些故事，经常看到他在休息时，和老乡谈家常，听老乡诉说红军长征的往事。㉘

刘烜在《闻一多评传》中几乎完全沿用了陈登亿的回忆，只是没有提及《西行漫记》，并将"我们一路所经"改为了"旅行团在贵州走的路线"，将对红军标语的描述改为"依稀可见"，将闻一多也"爱听"红军长征的故事改为也"感兴趣"。㉙

《西行漫记》是埃德加·斯诺（Edgar P. Snow, 1905—1972）写的 Red Star Over China 的中译本。日译本为『中国の赤い星』。原书是第一位在中国红色区域进行采访的西方新闻记者斯诺于1936年6月至10月赴中国西北的革命根据地〔即后来以延安为中心的陕甘宁边区〕进行实地采访后写成的有关中国共产主义力量的报告文学。1937年10月，由伦敦维克多·戈兰茨（Victor Gollancz）公司第一次出版，到了11月已发行五版。《西行漫记》是得到这个时候正好在上海的斯诺本人的同意后，由漂泊在上海租界内的一群抗日救亡人士，在一部分中共地下党员的领导下组织起来，以"复社"的名义，集体翻译、印刷、出版和发行的 Red Star Over China 的中译本。在1938年上海复社版的《西行漫记》的"中译本作者序"中斯诺写道："据我所了解，复社是由读者自己组织起来的非营利性质的出版机关。"该书于1938年2月出版，由于当时上海租界当局对中日战争宣告中立，而国民党统治区实

第六章

西南三千五百里（二）

行新闻管制，要以《红星照耀中国》的原书名出版是不可能的，因此使用了《西行漫记》这个名字。*Red Star Over China* 向海外介绍了中国革命力量的实情，而其中译本《西行漫记》也让很多中国知识分子第一次认识了"红色区域"，引起极大的反响，被认为对后来促进学生知识青年前往延安起到了一定的作用。[30]

闻一多的弟弟闻家驷曾写道："我第一次看到的关于介绍中国革命情况的书籍，是斯诺写的《西行漫记》，这本书是一多兄交给我的，而在看完以后，又遵照他的嘱咐传递给另外一个朋友了。"[31] 由此来看，闻一多本人也读过《西行漫记》，而且深铭肺腑。

不过，闻一多在《八年的回忆与感想》中明确地阐述过在全面抗日战争初期，人们对蒋介石的崇拜与信任几乎是没有限度的，以及这个时候还没有读到斯诺的《西行漫记》，原话如下：

抗战对中国社会的影响，那时还不甚显著，人们对蒋主席的崇拜与信任，几乎是没有限度的。在没有读到史（斯）诺的《西行漫记》一类的书的时候，大家并不知道抗战是怎样起来的，只觉得那真是由于一个英勇刚毅的领导，对于这样一个人，你除了钦佩，还有什么话可说呢……

那时候，举国上下都在抗日的紧张情绪中，穷乡僻野的老百姓也都知道要打日本，所以（湘黔滇旅行团）沿途并没有作什么宣传的必要。同人民接近倒是常有的事。但多数人所注意的还是苗区的风俗习惯，服装，语言和名胜古迹等。

在旅途中同学们的情绪很好，仿佛大家都觉得上面有一个英明的领袖（蒋介石），下面有五百万勇敢用命的兵士抗战，[32] 反正是没有问题的。我们只希望到昆明后，有一个能给大家安心读书的环境。大家似乎都不大谈，甚至也不大想政治问题。有时跟辅导团团长为了食宿闹点别扭，也都是很小的事，一般说来，都是很高兴的。㉝

1938年上海复社版的《西行漫记》中斯诺的"中译本作者序"末尾落款日期为1938年1月24日。即便该书是同年2月在上海出版的，那么到湘黔滇旅行团出发前往云南的2月19日，在湖南长沙又能否读到该书呢？大多数人应该并不知道《西行漫记》的出版。㉞不过，该书是在中国共产党地下党员的领导下翻译的，而在长沙临大有十余名（另说二十余名）学生共产党员组成的党支部，㉟或许他们已经知晓了《西行漫记》。由此来看，之前列举的陈登亿的回忆内容以及史靖记述的如下情况也是有可能的：

行程再向西伸展，阅读过《西行漫记》的人们，慢慢发觉足下的道路已经能嗅出许多血腥的遗迹，一个人的感觉引动了多数人的注意，那原来令人难以置信的近于传奇的报导，就一一证实在自己的面前，证实在自己的经历里。他们听见了不少（红军）的故事，看见一路上密如星星的碉堡。㊱

此外，沿途不仅能看到红军的标语，刘兆吉还有如下记述：

一九三八年四月六日，我们在去贵州安顺的路上，发现石壁上有"打倒共产党"、"肃清共产党"等反动标语的痕迹。经探询，始知这是我们二万五千里长征部队过境后，国民党反动派的"追剿"部队政治部制的。闻一多先生看了，愤愤地说："这是蒋介石祸国殃民的铁证呀！"当时他没解释，即大步地前进了。我看他很不高兴，也就没有再谈下去。

现在我才领悟到这句话的深刻意义。因此联想到：有人说闻先生在一九四二年以前，还是一位完全不懂政治的书斋学者，这话是不对的。[37]

《闻一多研究资料》收录的"闻一多年谱"中也记载：

沿途所见西南人民生活的惨景，使（闻一多）先生深表同情，他曾气愤地说：看蒋介石把中国糟蹋成什么样子！[38]

如果是这样的话，之前提到的闻一多的回忆中所述对蒋介石近乎无限的崇拜与信任又该如何理解呢？或许正是因为这个缘故，出现了如下对闻一多的批评，史靖在之前所引用的部分后面接着写道：

走到云贵境内，哪里是人的世界！十七八岁的姑娘没衣穿，还有那背盐背炭的苦力，都在闻先生心里留下了极深的印象，他同情，他怜悯，但他还没有了解和帮助这些贫苦同胞的解救。[39]

第五节　行走险阻的山路
（4月5日清镇—4月10日永宁）

有关旅行团4月5日自清镇出发至10日到达永宁期间的情况，吴征镒与钱能欣有如下记述：

4月5日　[吴]三十里过西成桥，此间荒旷异常，水流鸟鸣，异常悦耳，道左远嶂排列而来。又游洞三、四。凡二十公里到平坝，今日逢场，见苗夷甚多。苗有青苗、黑苗，包头有别。

[钱]下午四时到平坝县城。今日全程共五十六里。平坝全县

人口共十万八千人,苗夷⑩占十分之四。

  4月6日 [吴]离平坝西南行三十余里,右侧有天台山,山形如印。峭壁间有五龙寺,寺内有吴三桂腰刀及朝笏各一。又二十余里有粮仓洞,传是孟获(诸葛亮南征之时孟获被其七擒七纵最终归顺)屯粮之处,洞内广深,有人家居住。八十五里至安顺。安顺为滇西(译注:原文误应为黔西)重镇,有东西南北四大街,以鼓楼为中心,市面繁荣整洁。苗夷有七八种,占全县人口二十余万的四分之一,文化亦较发达。

  [钱]下午四时许抵安顺县城。今日全程共八十五里。

  晚上无事,照例的上茶馆儿。

  听说以前安顺是满山遍野的罂粟花,所以每年有大宗的收入,所以市面繁荣,现在励行禁烟,想经济上要难免不免影响了。

  城内有农民银行,是安顺唯一的金融机关。文化方面有省立图书馆,省立初中,县立女中和一个私立女中,全县两级小学共十余所,短期小学二十余所,教育尚称发达,在贵州各县中是无出其右者。

  4月7日 停留安顺。

  [吴]今日游(安顺)南郊华严洞,甚宽大。

  4月8日 [钱]清晨八时半离别安顺。

  [吴]六十二里平路抵镇宁,田中罂粟已开放。出东门外二里多有火牛洞(现在改称犀牛洞)……我们首批十余人游后回城,大肆宣传,结果全团连伙夫都去了,甚至有去两三遍或第二天早晨临走之前又去玩的。

第六章
西南三千五百里（二）

平坝县的市场

(《西南三千五百里》)

安顺县着盛装的布依族女性

(《西南三千五百里》)

旅行团中的教师

(《西南联合大学纪念册》17 页)

寻路：走向西南联大

闻一多的写生画

清镇县东山寺

安顺县华严洞小学

安顺县文庙

镇宁双明洞

第六章

西南三千五百里（二）

［钱］今日全程共六十二里。

镇宁县全面积为二千五百三十三方公里，其中十分之七是山，可耕之地仅十分之三。人口共九万七千六百人，其中汉人占百分之三十。

4月9日 ［吴］出镇宁，安庄坡以下桐树均盛开，又时见罂粟田于谷地。白水街有白水河大瀑布，高约二十公尺，宽约三十公尺，势如万马奔腾。自此下约六里，为黄果树大瀑布；崖若三折，瀑布高七十五公尺，宽约二十余，水自上下坠入潭，飞雾高起数丈……过此后上山有奇峰特起，曰鸡公背……下坡又复上坡，便到了大坡顶。

［钱］下大坡顶二里，由公路左手小道而上，三四里，即至红岩。上有一石碑，色赭红，名红岩碑（传是殷高宗伐鬼方纪功所刻）。本地人都呼诸葛碑，谓诸葛武侯平蛮时所建。

［吴］（自红岩碑）下七里（钱能欣所记为十里）为灞陵桥，桥上有很多苗女所摆的甘蔗摊，行人多在此解渴，同学尤多。上坡时遇赶场而回的苗家少女，长裙曳地，白地蓝花，头上盘大辫，辫下覆以包头数页，颇有风致。

［钱］过灞陵桥有两路去关岭场：一是公路，一是山道。前者较远十八里，但后者需得翻过关索岭。

钱能欣走山道到达关岭场，当日全程共九十里。

［吴］我们宿大觉寺。晚有月色，夜间大雨。

4月10日 ［吴］四五里至观音洞……左侧另有一洞，均钻之。出洞后迷路，行果刺林中，丛林中见骷髅一个，阴雨之下森森逼人。全日行五十里，不见人烟，公路盘山渐上。晚宿永宁，见贵阳八日报载台儿庄大捷。

下面，在吴征镒和钱能欣的记录基础上再作一些补充。

对于4月6日至8日所停留的安顺，蔡孝敏有如下记述：

安顺县较大，街道整洁，住户在大门所贴春联，颇饶奇趣，尚能背诵两则。其一为"窗虚诸葛亮，室小常遇春"，将古人姓名（诸葛亮［181—234］和常遇春［1330—1369］）嵌入，活泼可喜。其二为"完成西南铁路线，收复东北土地权"，将主人爱国爱乡心理，表露无遗。㊶

至于关索岭，钱能欣只描述道路坡度过大，攀登困苦。而于明治三十五年（1902年）11月翻越此山的鸟居龙藏有如下记述：

登山（关索岭）之路，皆为悬崖峭壁间仅可容足的小道，一步失足必然坠入谷底粉身碎骨。艰难登至山腰休憩，从绝壁上俯瞰至此攀登的地方，可见壁立千仞之下北盘江水从积雪间涌出向南奔流不息，着实让人头晕目眩，感慨自己处境之危。由此再向上一千余尺，终于到达关索岭的顶峰。山顶是一大平原，其间有村落。㊷

在这一路艰苦的旅程之中，火牛洞和黄果树瀑布似乎是给旅行团一行留下最深刻印象的风景名胜。

对于火牛洞，吴征镒记述4月8日旅行团全团都去了。另据浦薛凤记述，闻一多于五月初由昆明来蒙自，详谈其由长沙步行到昆明经过，甚有兴趣，他谈及"风景则以火牛洞为最奇绝。洞口才能容身，而中空高大，能容数百人。石笋上下衔接，景象阴森神秘而丽奇"㊸。

对于黄果树瀑布，蔡孝敏有如下记述：

第六章

西南三千五百里（二）

镇宁县黄果树大瀑布，形若天津倒泻，势如万马奔腾；水声隆隆，震耳欲聋。而且水阔岸伟，高逾千寻，奇景当前，久久不忍离去。此项天然物资，政府早有利用发电计划，惜因神州沉沦，未能如愿。㊹

第六节　安南食宿冲突
（4月11日永宁—安南）

4月11日旅行团离开永宁。这日饥寒交迫、疲惫至极，最终学生间发生冲突，几乎动武。闻一多在《八年的回忆与感想》中所述学生们与辅导团团长为了食宿闹点别扭㊺指的就是这日所发生的事。

对于这日的行程，吴征镒有如下记述："阴而不雨，路滑难行。荒坡草高如人……陆续下行，十二时至盘江。"

据钱能欣记述，盘江的铁索桥是康熙三年（1664年）落成的。1936年黔滇路通车，车辆即由此桥通过。而铁索桥年岁既久，汽车载重又大，以致这年3月即旅行团到此的前一个月，铁索忽告断折。据说当时汽车一辆即坠入江中，四十个（吴征镒记为四十余人）旅客，得救者只二十二人。

桥断后，只能用小划渡盘江。对于之后的情形，吴征镒作了如下的详细记述：

途中支锅造饭

(《西南联合大学纪念册》12 页)

准备伙食

(《清华校友通讯》新 77 期)

第六章
西南三千五百里（二）

湘黔滇路上险渡盘江

(《闻一多书信选集》)

险渡盘江

(《西南联合大学纪念册》9页)

寻路：走向西南联大

小划狭窄仅容五六人，头尖尾截。桨长柄铲形，两人前后划之。乘客都须单行蹲坐舟中，两手紧紧扶舷，不得起立乱动（有书中记载划船的是彝族同胞[46]）。舟先慢行沿岸上溯，近桥时突然一转，船顺流而下势如飞鸟。将到岸时，又拨转上溯。船在中流时，最险亦最有趣，胆小者多不敢抬头。

二十五里至哈马庄，本拟宿营于此，但山顶小村，水菜无着，时已五点，临时议宿安南（今晴隆）。于是又走了十八里，到了小城街上，卖炒米糖泡开水的小贩被抢购一空，后来的只好枵寝。晚间因铺盖、炊具多耽搁在盘江东岸，同学一大群如逃荒者，饥寒疲惫〔本日行九十五里〕，在县政府大堂上挨坐了一夜。

另据钱能欣记述，渡江之后至哈马庄依然走小道而非公路。哈马庄只有二三十户人家，因此无法预备人数众多的旅行团的饭菜。而抵安南城时已是黄昏，城里几家小店铺早已闭门。

由于盘江的铁索桥折断，他们一直由卡车托运的行李也不得不改用小划渡江。乘坐仅容五六人的小划，光是旅行团全员渡江想必就花费了很长的时间。因盘江的渡船太小，这日内要把铺盖、炊具都运送过去显然是无论如何也做不到的。而且，这日比当初预定的宿营地又多走了十八里，共行九十五里。到达安南后却连饭菜也吃不上，还没有铺盖，于是骚动就在这个时候发生了。

对于此，虽然钱能欣只简略地记述在县政府的大堂上挨坐了一夜，但吴征镒在前述引用的内容之后作了详细的记述：

辅导团诸公曾、李、闻诸先生也陪坐了，并替两位黄团长（黄子坚教授和黄师岳中将）挨了骂。半夜里，有人同黄子坚先生侄公子口头冲突，几乎动武，县太爷披衣起来拉架。

第六章
西南三千五百里（二）

至此如前文所述的情况可以看出，长沙临大湘黔滇旅行团的这次旅行是在政府无微不至的保护下进行的，既没有饭吃也没有住处这样的事在两个多月的旅途中仅有这一日，可以说是个例外。

关于这次骚动，与闻一多相关的多本书籍中都作了记载，不过各书中的记述有些许出入。例如，《闻一多全集》收录的"年谱"中 1938 年 4 月 11 日有以下的记载：

中午，旅行团渡盘江。到了安南，天已经黑了。安南是个小县，二百多人的食宿问题没法解决，同学们就跑到县政府大堂，跟学校负责人黄子坚先生吵闹，因为晚上县长请旅行团里的先生们吃饭。闻先生这时也在，看见学生们像饥民一样地要"暴动"，就在人丛里说："我今年已是四十岁的人，我跟你们一样，……谁要是有意弄得这样，……谁还要活吗！"学生立刻安静下来，一个嗫着说："文学的……"但是没说下去，底下也就没有谁再开口了。这一夜，先生等都没有吃没有睡，陪着学生们在县府大堂上冷座。

另外许芥昱记述吃的东西也没有，住的地方也没有，到处寻找教员后得知他们受邀出席县长的欢迎宴，于是愤怒的学生们开始到县政府的大堂里抗议。闻一多听见学生的吵嚷后从饭厅走出来，对学生们说了上述"年谱"里记载的话。[47]

而王康则记述县长本想招待一下旅行团的教授们，可是由于这次骚动也只好免去了。[48]这意味着骚动发生的时候，县长举办的宴会还没有开始吗？

还有季镇淮写道："他（闻一多）用诗人的语言，没几句话使学生们立刻安静下来。"[49]

寻路：走向西南联大

闻一多所说的"我今年已是四十岁的人"实际上是虚岁，周岁应为三十八岁。即便如此，据刘兆吉记述，当时的闻一多"面孔很清瘦，额上又刻着几条深长的皱纹，再配上乱蓬蓬的头发，显得很苍老。大家都以为他是五十岁以上的人"。[50]蔡孝敏也记述道："闻一多教授为'五四'运动健将，固人皆知之，而闻教授以年逾知命（五十岁），参加步行，尤得团员敬佩。"[51]

据吴征镒记述，这夜与学生一起在县政府大堂上挨坐一夜的教授有曾昭抡、李继侗和闻一多。三位教授与学生一起挨坐，师生一体，必定让学生们无比感动吧。前天刚行九十里险阻的山路，这日又行九十五里，连日的疲劳显然已至极点。尽管如此，还没有饭吃，也没有铺盖，就这样在县政府的大堂坐到天亮。那个时候在他们的心中，或许除了对日本侵略者的愤慨之外，已经没有任何东西了。

第七节　举行台儿庄胜利庆祝大会
（4月12日安南—4月18日亦资孔）

据吴征镒记述，4月12日旅行团一行于安南休息一日，晚间举行庆祝台儿庄胜利游行大会，小县城全惊动了。13日继续休息于安南，安南之穷与青溪（3月18日旅行团所宿的贵州省最小的县）相仿。

第六章

西南三千五百里（二）

闻台儿庄大捷　师生举行庆祝大会

（《西南联合大学纪念册》11页）

而钱能欣则完全没有提及庆祝台儿庄胜利的游行大会。他只是写道："安南是三等县，地方经济，与黔东的青溪相仲伯。可耕之地占全县面积之五分之一。有公路从城内通过。城内街巷似欠清洁。听说境内间有生痲疯病的，不知确否。"

他们4月10日在永宁的时候看到了贵阳8日的报纸，因此得知台儿庄大捷。此时在武汉任军事委员会政治部第三厅厅长的郭沫若正好负责宣传活动，他在《洪波曲——抗日战争回忆录》中写到对于台儿庄的大胜利，当时的军事消息是这样报道的：

台儿庄当面之敌，经我军于（四月）六日夜开始总攻，内外夹击，敌尚据险顽抗，肉搏相持，战况之烈，空前未有。迄今晨

寻路：走向西南联大

三时，敌弹尽援绝，全线动摇。我军士气益振，乘胜进击，将敌一举聚歼，遂造成空前未有之大捷。是役敌死伤二万余人，我缴获步枪万余枝，轻重机关枪九百三十一挺，步兵炮七十七门，战车四十辆，大炮五十余门，俘虏无数。敌板垣及矶谷两师团主力业已被我歼灭。㊾

湘黔滇旅行团一行所看到的新闻报道，估计与郭沫若所记述的内容相差无几。所以才使得他们因受到这次"空前未有之大捷"的鼓舞，而忘记了疲惫，举行台儿庄胜利庆祝大会。

可是，郭沫若紧接着将该消息批判为"扩大宣传"：

在今天看来，这消息是有点令人发噱的。事实是敌人从台儿庄一带作了战略撤退，以便作全面性的进攻，而我们的"军师"们却把它夸大起来，真真正正地作了"扩大宣传"。这本来也是"军师"们惯用的老套，然而在当时竟使一般人都被卷进胜利的陶醉里去了。

七号，消息传播开来，当天把那火炬游行提早举行。真个是家家庆祝，人人称贺。参加火炬游行的，通合武汉三镇，怕有四五十万人。特别是在武昌的黄鹤楼下，被人众拥挤得水泄不通，轮渡的乘客无法下船，火炬照红了长江两岸。唱歌声、爆竹声、高呼口号声，仿佛要把整个空间炸破。

不过，即便当时的军事消息如郭沫若所写存在"扩大宣传"，不可全信，但依旧称得上是个大胜利。1992年出版的《中国抗日战争图志》中记载，台儿庄大战中歼灭日军一万余人，为抗战以来最重大的胜利。㊿而且，根据日军资料的记载，在台儿庄的伤亡为"第5师团阵亡1281人，负伤5478人；第10师团阵亡1088

第六章

西南三千五百里（二）

人，负伤 4137 人"。[54] 至于郭沫若所说的"敌人从台儿庄一带作了战略撤退，以便作全面性的进攻"指的是日军 5 月初发动徐州作战 5 月 19 日占领徐州的行动。[55] 而中国国民政府驻武汉的党政军各机关开始撤离是在同年 6 月 9 日。[56]

湘黔滇旅行团一行 4 月 12 日与 4 月 13 日两日在安南休息后于 4 月 14 日出发。之后的行程根据吴征镒和钱能欣的记述来进行说明。

4月14日 ［钱］天色晴朗。离安南。

［吴］行五里为二十四湾。

［钱］公路蛇行而下，成二十四个"之"字形的曲折。

［吴］二十五里至沙子岭，产煤，渡小盘江上江西坡。坡顶正在赶场，传闻鸡蛋有麻疯病，水可引起肚胀，但我们都吃了，并且留下了照片。又二十里经芭蕉阁，风景可观。复十五里上坡到普安县。全日行五十三公里。[57] 午后二时便到了，路上同学大肆竞走。

经过二十四个"之"字拐公路

（《西南联合大学纪念册》10 页）

寻路：走向西南联大

［钱］普安全县人口七万五千，苗夷占十分之二。城墙多倾颓，城里的人家集中在公路两旁。街市冷清，但尚整齐。

4月15日 ［吴］（在普安）休息。

4月16日 ［吴］西行经九峰山，红土层初见。并有罗汉松大树，即滇省油杉也。抵盘县，县内小学生齐来迎接。盘县称小安顺，尚属繁盛。

［钱］（盘县）全县人口二十四万五千，其中苗夷占二十分之一，大部与汉人杂居，而迁往黔中也不少。

4月17日 停留盘县。

［吴］游碧云山下水洞（据钱能欣记述，碧云洞在城南三里许）。

4月18日 ［钱］日光明丽，春风和畅，晨离盘县……过大壕铺二三里有一片绿色的草地，旁近有一个水池。

［吴］行九十六里，宿亦资孔分县，渐多云南景色……路上颇荒凉，仍有罂粟田。

［钱］亦资孔是盘县西区的一个大镇。公路在镇之南郊通过。人民生活清苦，多食包谷。

关于亦资孔，明治三十五年（1902年）十一月十四日同样住宿当地的鸟居龙藏记述："这个地方海拔1500米，是山中的小村落，没有一点城镇的样子，为贵州省的最后一站，通过这里即进入云南省。"[58]

第六章
西南三千五百里（二）

闻一多的写生画

盘县近郊

庭　院

普安文庙

安南县魁星楼

寻路：走向西南联大

曲靖北门外牌坊 　　　　　　安南县东门内

安南县公廨后园 　　　　　　盘县女子小学栏前

第六章

西南三千五百里（二）

① 《西南联合大学纪念册》14 页。《玉屏县政府布告》的原文依据蔡孝敏《旅行团杂忆》33 页。

② 蔡孝敏《旅行团杂忆》34 页。

③ 唐云寿《随意录》105 页。

④ 蔡孝敏《步行杂忆》19 页。闻黎明《闻一多传》162 页。

⑤ 蔡孝敏《步行杂忆》19 页。

⑥ 蔡孝敏《步行杂忆》19 页。

⑦ Agnes Smedley, The Creat Road: The Life and Times of Chu Teh (New York, 1956), p. 315. 日译本『偉大なる道』(阿部知二訳，岩波書店，1988)，123 页。

⑧ Harrison E. Salisbury, *The Long March: The Untold Story* (New York, 1985), p. 106. 日译本『長征』岡本隆三監訳，時事通信社，1990) 137、138 页。1984 年 4 月 18 日于贵阳采访曾宪辉。

⑨ Ibid., p. 108.（日译本，140 页）。

⑩ 旧版《长征日记》中使用了"咸同苗乱"一词，然而在当今的中国并不使用咸丰、同治年间的"苗族叛乱"这样的说法，而是使用"苗族起义"的说法，因此在新版中对原文的苗乱二字加上了引号。

⑪ 吴征镒、钱能欣都记载黄平至重安（经由观音山）为三十里，重安至云溪洞为四十里，云溪洞至炉山为十里。然而『支那省別全誌　第十六卷　貴州省』(東亞同文会，大正九年) 251 页记载，黄平至清平〔炉山〕间"由于跨越潕水（潕水也称溝水）与重安江的分水岭，道路崎岖、步行困难，货物搬运靠挑夫。根据邮图此间里程为七十五里，然而根据我们的实测，其结果如下：黄平至重安江 27.6 里；黄平至观音山 38.5 里；黄平至云溪洞 46.6 里；黄平至清平 57.3 里"。

另外，从吴征镒、钱能欣的记录来看，3 月 26 日在炉山开汉苗联欢会应该是确切的。然而 3 月 24 日离开黄平后直到 26 日在炉山举行联欢会这期间，从哪步行到哪，住宿在哪都不明。在钱能欣的记录中，只有 3 月 23 日离开施秉、3 月 27 日离开炉山写有日期，另外到达炉山县城之日写有"今日全程四十里"。从闻一多画写生画（参见本章注㉒）的日期来看，重安江是 3 月 24 日，重安前行十里处和云溪洞是 3 月 25 日。由此来看，假定黄平与炉山间的距离为吴征镒、钱能欣所记八十里，那么也许 3 月 24 日的行程也是四十里，由黄平经重安到达重安前行十里处住宿，3 月 25 日经云溪洞到达炉山住宿。但是，《年谱长编》中记载 24 日宿重安，25 日过重安江四十里至云溪洞，又十里到炉山县城。

⑫ 依据《年谱长编》531 页。湘黔滇旅行团团长为黄师岳，黄子坚应为旅行团指导委员会主席，然而吴征镒在《长征日记》中将黄子坚记为黄团长。

249

⑬ 《西南采风录》"附录·苗歌" 192、193 页。
⑭ 参见本书 190—196 页。
⑮ 《中国语言学家》编写组《中国现代语言学家》（河北人民出版社,1981年）第一分册 86—92 页。
⑯ 参见本书 129 页。
⑰ 《西南采风录》"总结" 191 页。"总结"中记载书中择录歌谣共 771 首,其中情歌 640 首、童谣 35 首、抗战歌谣 20 首、民怨 13 首、采茶歌 4 首、杂类 59 首。但是在"总结"中所说的童谣和抗战歌谣在该书正文及目录中记为儿童歌谣、抗日歌谣。
⑱ 虽然《西南采风录》于 1946 年 12 月才出版,但是朱自清、黄子坚、闻一多的序文中落款日期为 1939 年 3 月和 4 月,由此可见,该书的编撰应该是在这个时间完成的。另外目录中的"西南采风的经过"在正文中标题被记为"西南采风录"。
⑲ 《西南采风录》90、91 页。
⑳ 《西南采风录》中黄子坚的序文。
㉑ 《南开大学校史》244 页。
㉒ 闻一多于 4 月 30 日从昆明写给妻子的信,《闻一多书信选集》285 页。然而,闻一多在 1940 年 5 月 26 日写给赵俪生的信（《闻一多书信选集》314 页）中却写道"沿途曾作风景写生百余帧"。依据这封 1940 年 5 月 26 日的书信,刘烜《闻一多评传》204 页、季镇淮《闻一多先生事略》42 页都写到闻一多途中所绘写生百余帧。另外,《闻一多研究资料》收录的臧克家《闻一多先生传略》67 页、王玉清、李思乐"闻一多年谱"97 页中也都记载闻一多这个时候所绘写生百余幅。
　而且,1994 年湖北人民出版社新出版了《闻一多全集》（全 12 卷,以前出版的全集为全 4 卷）,其中第 11 卷《美术》中首次收录了其旅途中所绘写生。该书第 7 页中记载旅途中所绘写生原有百余幅,今仅存 36 幅,并将这 36 幅全部收录其中。本书中所用闻一多的写生全部来自该书。
㉓ 闻黎明《闻一多传》162 页。
㉔ 《南开大学校史》243 页。
㉕ 蔡孝敏《步行杂忆》19 页。
㉖ 有关大夏大学的内容依据《抗战时期内迁西南的高等院校》收录的张廷勋《大夏大学内迁记略》140—143 页,王守文《抗战时期的大夏大学》148、153 页及王先烈《大夏大学在赤水》156 页。
㉗ 闻黎明《闻一多传》162、163 页。
㉘ 陈登亿《回忆闻一多师在湘黔滇路上》279 页。
㉙ 刘烜《闻一多评传》201 页。刘烜的原文如下:"旅行团在贵州走的路线,好多是三年前红军长征时经过的地方。在山多人稀地薄之处,民风很纯朴。当地人民见到这么多洋学生,感到新奇。以后,因为这些人说话温文尔雅,买卖公平,也

第六章

西南三千五百里（二）

敢于接近。闲谈间，老百姓经常指着墙上依稀可见的红军的标语讲红军传奇式的故事，讲红军战士开仓济贫、关心人民的事迹。国民党成天叫嚷共产党是土匪，到处杀人放火、共产共妻，现在忽然从老百姓那里听到他们亲身经历的见闻，同学们都觉得很新鲜，闻一多也感兴趣。

㉚ 依据埃德加·斯诺《西行漫记》（董乐山译，生活·读书·新知三联书店，1979年）中的三联书店编辑部"出版说明"、胡愈之"中文重译本序"、埃德加·斯诺"一九三八年中译本（上海复社版）作者序"以及日译本『増補決定版　中国の赤い星』（松岡洋子訳，筑摩書房，1975) 421 頁。

关于《西行漫记》出版的时间，三联书店编辑部"出版说明"中记载为1938年2月。而上海复社版的斯诺"一九三八年中译本作者序"末尾的日期为1938年1月24日，盛平《中国共产党历史大辞典》（中国国际广播出版社，1991年）197 页"西行漫记"的条目中记载为 1938 年 1 月由上海复社翻译出版。

㉛ 闻家驷《忆一多兄》，《闻一多纪念文集》收录，374 页。该文被《闻一多研究资料》再次收录。

㉜ 参见本书 97、98 页。

㉝ 《八年的回忆与感想》18—20 页。

㉞ 有关《西行漫记》的出版时间参见本章注 ㉚。

㉟ 参见本书 85 页。

㊱ 史靖《闻一多的道路》（生活书店，1947 年）71 页。

㊲ 刘兆吉《闻一多先生二三事》109 页。

㊳ 王玉清、李思乐"闻一多年谱"97 页。

㊴ 史靖，前述文献，71、72 页。

㊵ "苗夷"依据旧版《长征日记》记载，新版中修订为"苗人"。

㊶ 蔡孝敏《步行杂忆》19 页。

㊷ 鳥居龍蔵『中国の少数民族地帯をゆく』82 頁。

㊸ 浦薛凤，前述文献，81 页。

㊹ 蔡孝敏《步行杂忆》20 页。

㊺ 参见本书 230 页。

㊻ 季镇淮《闻一多先生事略》41 页。

㊼ Hsu Kai-yu（许芥昱），Wen I-to (Boston, 1980), p. 138.

另外，刘烜在《闻一多评传》201 页如下写道："县长请旅行团中的教员吃饭，学生只得坐在大堂上饿着，情绪颇大。闻一多见到这样的情况，主动到大堂上与学生一起坐着。半夜，同学中发生争吵，闻一多才慢慢站起来，高声说：'我今年已经四十岁了，我也跟你们一样在这里。今天这个样子，谁要是有意弄的，谁就不该活！'他的话使学生平静下来了，有的同学噘着嘴说：'到底是学文学的。'这一夜闻一多不吃不睡，一直和同学一起坐着。"

(48) 王康《闻一多传》(湖北人民出版社，1979 年) 189 页。王康与前述《闻一多的道路》的作者史靖为同一人。

(49) 季镇淮《闻一多先生事略》42 页。

(50) 刘兆吉《闻一多先生二三事》108 页。

(51) 蔡孝敏《步行杂忆》20 页。

(52) 郭沫若《洪波曲——抗日战争回忆录》,《人民文学》1958 年 9 月号 114 页;「抗日戦回想録」岡崎俊夫訳,『中国現代文学選集　第一五巻　記録文学集Ⅰ』(平凡社，1962) 收录，37、38 页。本节中所引用郭沫若的回忆全部依据该书。《洪波曲——抗日战争回忆录》为 1948 年在香港的郭沫若写于《华商报》的副刊《茶亭》上的连载，后来被《人民文学》1958 年 7 月号至 12 月号进行了半年的连载，1959 年 4 月由百花文艺出版社出版。

(53) 《中国抗日战争图志》中编 401 页。另外《抗日战争纪事》56 页中也记载，4 月 6 日，台儿庄大捷，此役共歼灭日军一万余人。4 月 7 日武汉三镇十万人热烈庆祝台儿庄大捷。

(54) 防衛庁防衛研修所戦史室『戦史叢書　支那事変陸軍作戦〈2〉』(朝雲新聞社，1976) 41 页。

(55) 『戦史叢書　陸海軍年表』中有以下记载:

1938 年

3 月 24 日　第 10 师团的一部，开始进攻台儿庄。

4 月 2 日　第 5 师团的坂本支队，进入台儿庄东面区域。

4 月 6 日　第 10 师团的濑谷支队，从台儿庄撤退向北方转移。

4 月 7 日　大本营下令实施徐州作战。第 5 师团的坂本支队从台儿庄附近撤退向西北转移。

4 月 18 日　第 10 师团，台儿庄方向的攻势开始。

5 月 7 日　第 2 军下令发动徐州作战。

5 月 19 日　第 13 师团占领徐州。

(56) 参见本书 149 页。

(57) 依据旧版《长征日记》，新版中记为“三十五公里”。可是钱能欣的《西南三千五百里》中也记载为“今日全程一百里（五十公里)”，因此本书中依据旧版。另外，東亜同文会支那省別全誌刊行会『新修支那省別全誌 第四卷 貴州省』(東亜同文会支那省別全誌刊行会，昭和十八年) 660 页中记载安南与普安间九十支里。

(58) 鳥居龍蔵『中国の少数民族地帯をゆく』91 页。

但是，该书中的“また資孔……”根据原著鸟居龙藏『人類学上より見たる西南支那』188、189 页，钱能欣《西南三千五百里》89 页等，应该是地名“亦资孔”的误记。

第七章

西南三千五百里（三）
——湘黔滇旅行团的长征·行走云南平原

第一节　到昆明的 231 公里
（4 月 19 日亦资孔—4 月 27 日大板桥）

4 月 19 日晴，从亦资孔出发的旅行团一行步行约三十里，由小道登上海拔高达 1800 米的胜境关，此处为云南、贵州两省的省界。再行十五里，于午后二时抵平彝（今富源）。据钱能欣记述，当日全程共六十五里。

关于平彝至亦资孔间的路程，昭和十七年（1942 年）出版的《新修中国省别全志　云南省》中记载，出平彝马上便是山路，渐渐进入云贵省界的山脉。① 行五里有豫顺关，再行五里到达山麓的东面。山谷间有溪流宽五十余米。由此至省界隘口的山路陡峭，且为未铺路石的红土路，下雨时最为难行。位于省界山脉中的胜境关〔又或胜景关〕海拔 1800 米，有一个小村落，此地已属贵州省。由平彝上来的路口处有云南、贵州省界的界坊。界坊为木制，上有"滇南胜境"四字，左边写着"东至贵州亦资孔三十五里"，右边写着"云南平彝县城十五里"。进入贵州省便成为六十度的下坡路，路虽铺石左边却直临千仞的山谷，山间道宽不到两米，从险峻的隘口曲折而下。

对于入滇之后的景象，吴征镒写道："一路各色杜鹃盛开，气象与黔省迥然不同。"鸟居龙藏也写道："进入云南以来，可以感到满目的风景皆有变化。自胜境关开始道路渐行向下，至1450米的地方地形完全显出大陆性平原的特征，地质皆红土，在贵州省少见的树木，到这里后也变得很多，松林尤为茂密。在红色的土地上长满翠绿欲滴的松树，色彩搭配极为美妙并现出某种图案，景色之优美难以言表。开始意识到自己已经进入了平原，同时回想起贵州省的情况，发现那时完全是在山中。"

虽然学生们的旅行是在春天，而鸟居龙藏的旅行是在秋天，但在吴征镒与鸟居的记录中依然能见到许多共通之处。鸟居11月14日到达亦资孔的时候如下写道："罕见地清晨没有起雾，竟是晴天。在贵州省的旅途中，拂晓时分我从没有见过如此万里无云的晴空。想来随着渐近云南省，地形发生变化的同时天气也自然产生了变化。"他还写道："早在贵州的时候就听说，脚一跨进云南风就大了。沿着山路上上下下，在渐渐接近云南的时候，果然是'天风吹客衣'，传言确实为真。"[②] 在吴征镒的日记里，虽然没有如此详细的记录，但"晴"与"风"的记述也有所增加。

另外，贵州省与云南省在语言方面也有较大的差异。吴征镒在《长征日记》4月20日中写道："平彝街期，入滇以后不叫赶

第七章

西南三千五百里（三）

闻一多（左） 李继侗（右）
（闻黎明《闻一多传》）

胜境关
（《西南三千五百里》）

场，而叫赶街。""赶场"与"赶街"都是"赶集"的方言，集、场、街为集市的意思。在中国乡村定期开市的地名中，与"市"相当的说法还有墟、场、街、店、庄、集、屯、堡等。这些说法的使用在地理分布上有明显的地域性，场和街的使用界限几乎就是沿着贵州省和云南省的省界。

从长沙出发已有二个月，终于步入了旅行团的目的地云南省。虽说平彝距昆明尚有231公里，[3]但语言、风景全都发生了变化，山路稍趋平坦，春暖花开，苦尽甘来，个个奋勇前进。[4]据吴征镒记述，20日停留平彝，中午县长招待全团，下午游青溪洞。此外他还记述平彝县境内有一大锑矿，患大脖子病的人很多。

255

寻路：走向西南联大

出发前交代注意事项

(《西南联合大学纪念册》15 页)

第七章

西南三千五百里（三）

云南省政府派来为旅行团接运行李的汽车

（《西南联合大学纪念册》15 页）

在平彝县衙门受到县长欢迎

（《西南联合大学纪念册》15 页）

寻路：走向西南联大

对于到昆明的旅程，有如下的记录：

4月21日　由平彝出发。

〔钱〕六时起身，东方作鱼白色，一勾明月，尚悬在天空。小城还在熟睡中。我们离开静悄悄的街道。

〔吴〕全日多行石灰岩小山间。路极平衍。果松林不断，凡六十五里至白水。

〔钱〕白水原属曲靖县，两年（前）改名金泉镇……去年改属沾益。

4月22日　〔吴〕晴而多风，入滇以后均如此。过公路里程碑一八二公里处有正在建筑的沾〔益〕宣〔威〕路。

〔钱〕自此以西，两旁可耕平地很多，惜乎许多还是尚未开辟的荒地。

〔吴〕凡四十五里至沾益，豁然开朗，有一大平原，其中阡陌纵横，麦浪已黄，油菜、蚕豆将熟，为常德以来所仅见。饭于沾益，地保敲锣，嘱店家勿高抬物价。

〔钱〕我们喝了一点水，匆匆离别沾益。

在沾益是吃了午饭还是仅仅"打尖"呢？或许团员们因人而异，既有匆匆喝了水便出发的人，也有吃了午饭的人。

〔吴〕又三十里至曲靖。

〔钱〕下午四时抵曲靖。〔今日全程共七十五里。〕

刘兆吉在1979年发表的《闻一多先生二三事》中记述，（4月22日）他在通过沾益的时候，从一座破庙的墙壁上抄录了下面的歌谣：

田里大麦青又青，庄主提枪敲穷人；

第七章

西南三千五百里（三）

> 庄主仰仗蒋司令，穷人只盼老红军。⑤
>
> 〔*庄主即地主，蒋司令指蒋介石，二万五千里长征部队曾过沾益县，人民以"老红军"呼之。〕

据刘兆吉记述，闻一多先生看了该歌谣之后，兴奋地说："这才是人民的心声呀！红军受人民的爱戴，由此可知。"对于这类歌谣，刘兆吉在沿途也采集了十多首。闻一多和他都很珍惜这些材料。在初步整理的时候，他本想归并在《西南采风录》的"民怨"一章中，可是那时要出版书刊，首先要经过国民党中央宣传部书刊审查委员会审查，如果有讽刺蒋政权的文字，不仅通不过，反要惹祸上身。

然而，在1946年12月出版的初版《西南采风录》的"民怨"一章中，收录了下面这首与上述歌谣极为相似的作品，并标明采自沾益。⑥

> 田里大麦青又青，庄主提枪敲百姓；
> 大麦只怕天气旱，庄主只怕老红军。

这个情况到底该如何解释呢？或许1979年发表的《闻一多先生二三事》中记载的歌谣才是当时真正采集到的，而《西南采风录》中收录的这首是为了通过国民党中央宣传部的审查不得已改写后的，可是《闻一多先生二三事》中对此并未有任何提及，这也只不过是笔者读了《闻一多先生二三事》后作出的一种推测而已。然而与这首歌谣极为相似的作品被收录于《西南采风录》中着实让人感到意外，因为虽然《西南采风录》中收录的歌谣确实没有出现"蒋司令"的文字，可是"庄主提枪

寻路：走向西南联大

敲百姓""庄主只怕老红军"这样的句子难道就没有问题可以通过审查了吗？

考虑到刘兆吉在《闻一多先生二三事》中完全没有提及《西南采风录》中收录的这首同为沾益采集到的极为相似的歌谣。或许，在撰写《闻一多先生二三事》的时候，其手头并没有该书，而歌谣采集工作已经是四十多年前的事情了，于是出现了记忆偏差（译注：更大的可能，并不是刘兆吉先生没有此书，而是由于在收集歌谣时，该歌谣本身就存在两个版本。但为了规避出版审查，1946年的书中采用了另一个相对保险的版本。）。据刘兆吉记述，该书在特殊年代，竟然成了"走资派"过去在国难期间"游山玩水"的罪证，残存的几本《西南采风录》，在图书馆的被清洗了，在家里的也被查抄了。⑦另外，这首歌谣有可能是红军士兵写在庙壁上的，据说长征途中，有每人每天写三次标语进行革命宣传的规定。此外，刘兆吉在沾益还采集到以前面列举的"高山点豆豆叶黄"为代表的情歌。⑧

4月23日 停留曲靖。

〔吴〕曲靖城周六里，甚坚固。（城内的）石子街道宽阔，铺面古老整齐，有北平风，唯屋矮小。出南门，沿曲〔靖〕陆〔良〕路南行三十里有温泉。

〔钱〕泉不甚大，唯水温甚高。

4月24日 〔钱〕昨夜大风大雨，气温大降；清晨天空还布满着乌云。云南的气候，原来无所谓春夏秋冬，正是"四季无寒暑，一雨变成冬"，据说前几天这里还降过冰雹呢。

〔吴〕行七十五里至马龙，松林多毁于畜牧及放火⑨。

第七章

西南三千五百里（三）

[钱] 今日全程共七十里。

（马龙城）西门外一里许公路旁关帝庙的斜对面，有一个象塚的石碑和石坊。塚因筑路被掘了，石坊石碑还在。石坊上刻着"忠勇异象之坊"，石碑则倒卧在地，⑩大概非其原位，惜乎碑已破断，上半截不知去向。所遗下的大半截，把上面的泥土洗去，字迹尚可辨认。

关于这个象塚，流传着如下的故事：明朝天启年间，此地爆发兵乱，陶土司奉军令平叛。彼时陶饲有一象，某夜其象鼻吸泥水数斛，咆哮跳跃直抵敌营，并将鼻中泥水喷出。敌惊恐万分最终败退，然象中毒弩而死。当地人为纪念其建义象塚。

4月25日 [钱] 从马龙到易隆，沿公路是四十六公里〔合九十二华里〕，为至昆明日程中较长的一段。我们为测验两个月来步行的成绩，把一路的时间和距离记录了下来：晨天晴无风，七时二十分出发，十时二十分抵何家村，三小时走二十公里。休息十五分钟继续前进，十一时四十五分至河边，七十五分钟走九公里。休息半小时，继续前进十公里，又休息十五分，下午三时零五分抵易隆，共计行走时间为六小时四十五分，平均每公里费时八分四十五秒。〔注：同行者一人。〕

易隆镇属寻甸县，全镇一百五六十家，设有区公所。街上有几家方便客栈，四毫洋〔即四分钱〕即可投宿一晚。

[吴]（易隆）镇上有中阿小学，曲靖有伊斯兰礼拜堂。⑪滇省回人<u>势力</u>⑫，实元、明二代陆续移来。

4月26日 [钱] 昨夜借宿民家，臭虫苍蝇骚扰，受累不小。离易隆。

［吴］七十里至杨林。快干了的杨林海盆地颇大，也肥。

［钱］这盆地原来是个大湖，便是地图上的杨林海。现在干涸了，可以放牧，雨季雨发，四周山地的水，都会集于此，顿时成一片汪洋。

［吴］（杨林）镇属嵩明大镇。

［钱］全镇约一千四百户，街道纵横，市况尚盛，有小昆明之称。肥酒为名产。

4月27日 ［吴］由杨林经长坡入昆明境，遇大雨，全日行六十里抵宿大板桥。为（省会）昆明东乡大镇。下午游龙泉寺及花果山水帘洞。闻（一多）、李（继侗）二老均已胡须留得很长。为共摄一影，二老相约抗战胜利后再剃掉。但李师"晚节"不终，到昆明不久就剃掉了。

据记载，由于旅行中的匆忙和劳顿，许多人都是胡须满面，[13]其中闻一多的胡须特别长，沿途大家皆以"大胡子"称之，即便如此其也颔首微笑。[14]

第二节 到达昆明（4月28日大板桥—昆明）

4月28日是旅行团全程的最后一日。钱能欣记述，大家都是平平安安地完毕了这个旅行，每个人都怀着极其喜悦的心情从大板桥出发。日光明丽，道旁的杨柳、梧桐枝条参差，绿叶繁茂，偶尔听到蝉的鸣声，但并不叫人心焦。这里已是初夏，冬之沉水、

第七章

西南三千五百里（三）

春之桃源已匆匆留在身后，前面是夏日。

据其记述，离昆明四公里的地方，有一个叫贤园的私人墓地，树木花卉布置得很幽美，他们在此稍事休息后，整装前进，一小时抵昆明城下。由东门入城，沿着宽阔的石板街道前进，经滇越铁路车站大门而踏上槐荫满街的金碧路。两旁房屋整齐，多数是三层的水泥建筑，但大商店则不甚多。人行道上来来往往的人已是夏天的装束，白色遮阳伞间夹着安南的三角顶草帽，苦力们来往奔跑，挥着汗。满街是阳光，满街是南国的风情。

此外，吴征镒如下写道：

4月28日 至板桥行四十四里⑮抵昆明。休息于状元楼外四公里之贤园，主人以茶点欢迎。午后整队出发，经拓东路，梅（贻琦）校长及校中首脑均来欢迎，并有人献花圈……过金碧路入近日楼，军容甚整，前面正好碰上大出丧，只好慢行。雨中聆训，留有全体摄影。

此后数日，黄（子坚）团长于海棠春（饭店）大宴全团，当时数十桌酒将全团摆下，只费了五千元老滇票（云南旧币）⑯。醉者几乎有一半。后又在大观楼开了一次茶话会，闻（一多）、李（继侗）二老均到场，在唐继尧铜像下话旧。全团各人所拍照片，全部展览了一下。

下面，对到达昆明时的情况作一些补充。

据《云南师范大学校史稿》记载，先期到达的学校领导和师生，在（黔滇公路的）昆明东站迎接旅行团师生，然后整队进入昆明市区。穿过近日楼到达圆通山后，旅行团指导委员会主席黄子坚向旅行团成员讲了话。他说：同学们弱冠年华，步行三千，亲眼

旅行团到达昆明

贤园

(《西南联合大学纪念册》16 页)

昆明街道

(《西南三千五百里》)

第七章

西南三千五百里（三）

校领导与旅行团辅导团成员合影

(《西南联合大学纪念册》17 页)

蒋梦麟和黄师岳团长亲切握手

(《西南联合大学纪念册》16 页)

看到了人民的贫苦生活和缺乏文化教育的状况。每个同学应该意识到自己的责任，发奋有为来振兴国家。黄子坚讲完后，黄师岳团长对旅行团成员点名后将名册郑重地交还梅贻琦校长，表示自己作为领队的任务完成了。梅贻琦对旅行团师生表示热烈欢迎，并在圆通山摄影留念。[17]

据赵元任夫人杨步伟记述，旅行团徒步进城时，由那个曾被说"应该带一具棺材走"[18]的闻一多领队，章元善家两女和赵元任家两女献花篮。关于献给旅行团的花篮杨步伟记述到，旅行团到达昆明的前几天，蒋梦麟夫人陶曾谷、黄子坚夫人和她三人商量献花给旅行团，于是她们上街买了鲜花和一个大竹篮子，扎了一个大花篮。[19]另外她还写到，旅行团经过赵元任等人的住处前（此时中研院历史语言研究所也迁至昆明，语言组入住拓东路华洋义赈会）有欢迎他们的大红布匾，小孩们还唱："It's a long way to 联合大学，It's a long way to go！"[20]5月1日大家又提议包粽子给学生们吃，太太们集中在杨步伟那儿，再加上女佣人，共包了一千个小粽子拿给他们。[21]

至于湘黔滇旅行团的全行程，吴征镒记述计长沙至晃县635.5公里，晃县至贵阳372公里，贵阳至盘县412.3公里，盘县至昆明243.8公里，共1663.6公里，[22]号称"三千五百华里"。然除去乘船乘车外，实在步行距离，无确切记录，大约2600里（1300公里）而已。

即便如此，旅行团的整个行程与自岩手县北上沿东北新干线经仙台、东京，再经东海道、山阳新干线到九州博多的距离相当，实际步行的距离也超过东京、博多间的1175.9公里。并且他们还

第七章

西南三千五百里（三）

是从纬度大致相当于日本秋田的北平、天津千里迢迢南下到纬度相当于奄美大岛的长沙开设长沙临时大学仅仅三个多月后，又再次从长沙步行如此长的距离前往西边的昆明避难的。

此外，浦薛凤记述长沙临大之移滇而改为联大，实属不易。较之西安临大[23]徒步迁陕西省西南部的汉中时某周教授病死而言，长沙临大的湘黔滇旅行团途中无大病或意外，全员平安到达昆明可谓幸运。[24]

另据吴征镒记述，自2月20日晨至4月28日下午，共行六十八天。中间乘船乘车或休息或阻滞外，实走了四十天，每天平均约六十五里，正合一个马站。他还写到曾昭抡教授走路一步不苟，每上下坡必沿公路走之字折，大约为全团走路最多的。其余辅导团诸先生所走距离亦多不比同学差，因同学每人必有担任宿营、购置、押运等职而可坐一天或一天以上的汽车。

更严格地来说，旅行团全团师生及伙夫共三百余人，中途因病或职务关系退出团体，先行搭车到昆明者四十余人。教授五人中有二人中途退出，黄子坚因职务关系先到昆明，途中并时时坐车，袁复礼则因走不动，也坐了许多次的车，始终步行者只有李继侗、曾昭抡和闻一多三人而已。旅行团到了昆明后，人人惊讶并表示钦佩。

上面内容是旅行团到达昆明两天之后的4月30日闻一多致妻子的信中所写。这年1月离开故乡后就没有收到一封家书的闻一多，在到达昆明后收到了妻子和孩子们3月3日的来信——这封信中说以前还写过三封信来。但那些信已被转至蒙自，在昆明

寻路：走向西南联大

未能收到，闻一多5月3日从昆明启程，4日到达蒙自后才终于读到。㉕

收到久违的家书后，闻一多于4月30日的回信中对徒步旅行和对昆明的印象作了详细的记录。信中写道："旅行团到的第二天，正碰着清华二十七周年纪念㉖，到会者将近千人，令人忧喜交集。"另外还写到昆明很像北京，令人起无限感慨以及熊迪之去年到这里做云南大学校长等内容——熊庆来（1893—1969，字迪之）在这之前担任清华大学算学系教授。如常德、贵阳那样，昆明也有大量的人避难而来，据说那个时候有将近一千名清华相关人士待在昆明。

虽然有记载先期到达昆明的师生们迎接了湘黔滇旅行团一行，但至于走海路的学生们是什么时候到达昆明的却不甚清楚。只有4月4日联大到蒙自分校的学生有九十二人以及同月16日《云南日报》报道已有联大教授三十多名和学生一百二十多名抵蒙自的记载。㉗可是，因只有文学院和法商学院设于蒙自分校，所以当旅行团抵达昆明时更多的学生应该已经到达昆明了。浦薛凤也有记述，4月21日学生一百七八十人从海防出发。㉘至于教师，杨步伟记述自2月8日起陆续到昆明，到28日已有五十人（包含家属）到校。㉙

对于昆明像北京这一点，钱能欣也有如下的记述：

"云南如华北"，我们一入胜境关，看见大片平地，大片豆麦，大片阳光，便有这个印象。在途中尽量幻想昆明，是怎样美丽的一个城市，可是昆明的美丽还是出乎我们意料。一楼一阁，以及小胡同里的矮矮的墙门，都叫我们怀念故都（北京）。城西有翠

第七章

西南三千五百里（三）

湖，大可数百亩，中间有堤有"半岛"，四周树木盛茂，傍晚阳光倾斜，清风徐来，远望圆通山上的方亭，正如在（北京的）北海望景山。

寻路：走向西南联大

① 東亜同文会支那省別全誌刊行会『新修支那省別全誌　第三卷　雲南省』（東亜同文会支那省別全誌刊行会，昭和十七年）173—175 页。但是，原文中"彝"使用了俗字，而引用的时候统一为本书中使用的"彝"字。
② 鳥居龍蔵『中国の少数民族地帯をゆく』91、92 页。
另外，关于亦资孔到胜境关的路程，鸟居龙藏还写道"这一路的土地，是沿着贵州、云南两省省界绵延的山脉，土壤多红土，与至此走过的石灰岩地区（贵州省）相比能使人感到其地貌的不同之处"。
③ 吴征镒《长征日记》4 月 19 日。
④ 蔡孝敏《步行杂忆》20 页。
⑤ 刘兆吉《闻一多先生二三事》109、110 页。
⑥ 《西南采风录》174 页。
⑦ 刘兆吉《闻一多先生二三事》109 页。
⑧ 参见本书 218、219 页。
⑨ "放火"在原文中为"纵火"。关于"放火"，『新修支那省別全誌　第三卷　雲南省』第三章林业第一节概说 870 页中记载，云南省几乎全省都是山区，据说古时为郁郁葱葱的大森林地带。远古汉族南下进入本地区，为了驱逐蛮族及野兽等，使用火田法烧尽山林，或者进行采伐开垦，因此森林逐渐减少。不过，至前清道光年间，尚且到处树木茂密。此后，遭内乱，人迹所到之处山林多被踩躏。另外，为了得到制盐用的燃料而砍伐树木，山林渐渐减少，以致到今日之地步。如今在云南省东北部地区山峦几乎都成为秃山，导致木材不足的同时，间接地也带来水灾和旱灾。
⑩ 明治三十五年（1902 年）十一月十九日，停留马龙的鸟居龙藏也去看了"忠象坊"。鸟居龍蔵『中国の少数民族地帯をゆく』100 页中写到，出城东门向南行仅十町，道路左侧有坟堆形的土堆，那就是象的坟墓，其前方建有一块碑碣。其年代并不觉久远，但碑面因风雨侵蚀，刻其事迹的文字已经磨灭，无法读取。不过在其前方有石门，面向碑的一面刻有"忠勇异象"四字，可知是在表扬歌颂。
从该书中可知，那个时候象冢还未被掘起，石碑也还矗立着。
⑪ 到达曲靖是 4 月 22 日，出发是 4 月 24 日，不知为何在 4 月 25 日到达易隆的日记中特意写道"曲靖有伊斯兰礼拜堂"。
『新修支那省別全誌　第三卷　雲南省』114 页中记载，沾益、曲靖间三十华里，曲靖、马龙间五十三华里。由沾益经曲靖至马龙如走三角形的两条边，因此比从沾益直接到马龙约远了十五华里。也许是由于此，鸟居龙藏没有途径曲靖，而是从沾益直接前往马龙，当天便到达马龙，因此他对曲靖的情况不甚了解。不过鸟居

第七章

西南三千五百里（三）

在『中国の少数民族地帯をゆく』102 页中记述，易隆以及从易隆到杨林的路上都有回教的寺院。不知吴征镒的记述是否是"易隆"的误记。

⑫ 依据旧版《长征日记》。原文为"滇省回人势力"，而在新版中为"滇省回人"，省去了"势力"二字。

⑬ 《闻一多全集》，"年谱"64 页。

⑭ 蔡孝敏《步行杂忆》20 页。

⑮ 依据旧版《长征日记》。新版中为"四十里"。『新修支那省别全誌　第三卷　雲南省』104 页中也记载昆明、板桥间四十华里，估计新版将旧版中的错误进行了修正。

⑯ 据『新修支那省别全誌　第三卷　雲南省』1194 页记载，云南旧币 10 元相当于法币 1 元。因此，云南旧币 5000 元换为法币即 500 元。另外，"法币"指法定的纸币，1935 年 11 月国民政府禁止银圆的流通，仅中央、中国、交通、农民四银行发行的纸币可作为通货，称为"法币"。

⑰ 《云南师范大学校史稿》12 页。

⑱ 参见本书 138 页。

⑲ 《南开大学校史》243 页中对于献给旅行团的花，仅记载梅贻琦、蒋梦麟及许多师生在昆明汽车东站夹道欢迎，蒋梦麟夫人陶曾谷、黄子坚夫人梅美德等向步行团师生献花。

⑳ 这应该是第一次世界大战中，英国士兵经常唱到的行军曲"Tipperary"的换词歌曲，原歌词以"It's a long way to Tipperary"开头。

㉑ 杨步伟，前述文献，109—114 页。

据该书记载，正好那时中研院历史语言研究所也迁至昆明，语言组入住拓东路华洋义赈会。赵元任一家 1 月 12 日从长沙出发，走第三条路于 1 月 31 日或 2 月 1 日到达昆明。赵元任从长沙出发时，蒋梦麟和梅贻琦托他到云南后和云南省建设厅厅长张西林、教育厅厅长龚自知接洽临大迁移地的房屋。蒋梦麟已去过一次但还未谈妥，因此要赵元任再和张西林等人交涉，谈妥住处后临大再动身前往。赵元任到达昆明后第二天一大早就去拜访龚自知和张西林谈临大住所之事，他们非常努力帮忙，就将拓东路的迤西会馆作为临大的临时住处。

㉒ "大事记"记载的行程与吴征镒的记述有若干的差异。参见本书 127 页。

㉓ 西安临大，指的是国民政府教育部让国立北平大学、国立北平师范大学、国立北洋工学院等迁至陕西省西安后于 1937 年 11 月 1 日组建的国立西安临时大学。1938 年 3 月，山西临汾沦陷，日军到达与陕西交界的风陵渡。因此西安临大于 3 月 16 日离开西安再度迁往汉中，4 月 3 日改称国立西北联合大学。《中国高等学校简介》（教育科学出版社，1982 年）626 页。《教育大辞典》（上海教育出版社，1991 年）第 10 卷 157 页。

㉔ 浦薛凤，前述文献，81 页。

㉕　闻一多于4月30日及5月5日致妻子的书信,《闻一多书信选集》284—287页。参见本书109页。
㉖　宣统三年即1911年4月29日清华学堂开学,以后学校就定每年4月最末的星期日为校庆(《清华大学校史稿》11页)。
㉗　《云南师范大学大事记》18页。
㉘　参见本书142页。
㉙　杨步伟,前述文献,113页。

终　章

从抗日战争时期的
中国知识分子看抗日意识

第一节　从抗日到全面抗日

在今天的中国，清华、北大、南开三校从长沙西迁昆明，特别是湘黔滇旅行团的徒步旅行，被评价为教育界在抗战时期的一项壮举，在中国教育史上是极为罕见的。而且认为这次旅行，不仅使师生身体得到了锻炼，培养了吃苦耐劳的本领和集体生活的习惯，更重要的是学到了平时在学校里和书本上很难学到的东西。①的确如此，不过换言之，可以说这一切皆因抗日而起，而且是由于抗日意识的进一步高涨而产生的。

湘黔滇旅行团的这次旅行，伙夫与医生同行，并受到保安队和武装同志的护送，是在政府无微不至的保护下完成的。虽然途中也有许多团员因些小毛病常常找医生吃药，②但旅行团还是历时68日，行程约1700公里，穿越了艰险难行的少数民族聚居区，其中也包括土匪出没的边疆地区。自长沙步行至昆明，经过三个省会，二十七个县城，大小村落以千计。③ 即便是在交通工具十分发达的今天，也会感到这个距离的遥远，而他们却是在比今天严酷得多的条件下步行的。虽说旅行是在政府无微不至的保护下完成的，但也绝非轻而易举之事。

平均每日行六十五里，路程长短视途中有无适宜的宿营地而异。多在县城（县政府所在地）投宿，住宿民房次数最多，住宿学校教室或庙宇次之。④ 曾宿于凋零村庄简陋的旅店中、寺庙里停放的灵柩旁，又或在农家地面铺上稻蒿席地而卧，或与鸡猪同睡，也曾因传闻有匪彻夜未眠，或被臭虫困扰整夜。他们一路上是多么艰辛，至此已经作了详细的描述。

尽管如此，旅行结束后回头来看，他们却并不觉得那么地辛苦，反而倒是克服艰辛走完全程的成就感更大些。例如闻一多在4月30日致妻子的信中如下写道：

途中苦虽苦，但并不象当初所想象的那样苦。第一，沿途东西便宜，每人每天四毛钱的伙食，能吃得很好。打地铺睡觉，走累了之后也一样睡着，臭虫、蚤、虱实在不少，但我不很怕。一天走六十里路不算么事，若过了六十里，有时八、九十里，有时甚至多到一百里，那就不免叫苦了，但是也居然走到了。至于沿途所看到的风景之美丽奇险，各种的花木鸟兽，各种样式的房屋器具和各种装束的人，真是叫我从何说起！⑤

从长沙到昆明的大迁徙，他们很少使用交通工具，全程的近八成是步行的。因此，沿途造访了很多名胜古迹，直接接触到很多语言不通的少数民族，亲眼见到了罂粟的栽培、人民的贫困等，

终　章
从抗日战争时期的中国知识分子看抗日意识

亲身体验到祖国幅员的辽阔和自然环境的恶劣。这么多的经历，正如闻一多所说，不知从何说起是好。

看到如此壮美的祖国与祖国存在的诸多问题，他们的抗战意识也愈发地高涨。在阅读每一篇回忆录、每一封书信时，都可以感受到其中充满了他们对亲人的思念，却并没有对前途的悲观。因与反对云南之行的妻子意见对立，心情不畅地离开家乡参加了这次旅行团的闻一多写到，既担心妻子的安危，路上又总是做梦和妻子吵嘴，不知道这梦要做到何年何月为止。⑥他将这样的思念藏在心中，一边写生，一边使劲地和学生一起走路。闻一多在同一封信中告诉妻子，找医生、吃药他一次也没有，他的身体实在不坏，经过了这次锻炼以后，自然是更好了。现在是满面红光，能吃能睡，走起路来举步如飞。

克服了旅途的艰辛，身心都得到锻炼，自信满满的他在给学生时代的好友、教育部政务次长顾毓琇的信中写道"当时所坐而言者，今竟能立而行之也"。⑦可是精神上返老还童一样意气风发的闻一多，外表却似乎相当憔悴。5月4日到达蒙自的时候，浦薛凤描述其满脸是胡须，宛如画中所绘的老人，几乎到了认不出的地步，可想旅途之辛苦。⑧

另外，在这次战时的旅行中，学生们被安排了进行实地调查，并非以单纯的避难旅行而结束，而是对地质学、生物学、少数民族的文物制度等作了各种各样的调查和采集。其成果出版有刘兆吉编写的《西南采风录》和钱能欣的《西南三千五百里》。这些成果也是抗日战争造成的战时"流浪"的纪念。

在刘兆吉《西南采风录》的"弁言"中有如下的记述：

寻路：走向西南联大

书成，内心的确有些沾沾自喜，因为这本书与普通著述不同，不是用脑力想出来的，而是跋涉数千里的收获，是费尽唇舌访问的代价。

国家不抗战，北大清华南开，绝不会并为西南联大而迁昆明，学校不南迁，笔者也绝不能在蛮荒的山国里，步行数千里，所以这本书不仅足以作个人长途旅行的纪念，也是国难期间，三校流亡南迁的文献之一。

刘兆吉采集了两千多首歌谣，当时并没有出版行世的打算。后来许多联大师友对这些材料甚感兴趣，竞相索观。有的说这是现代的《诗经》；有的说这是研究西南民俗及方音的良好资料；有的说这不仅对语言学，对社会学、文学研究也是有用的文献。于是，刘兆吉在许多师友的百般鼓励及热心指导之下，费了半年的时光，编写成了这本小书。⑨作为旅行的纪念，闻一多也在旅途中画了五十几张写生画，他原本打算作一篇序叙述全程的印象，然后一起印刷，但最终画册未刊发出版。⑩

西南诸省因为交通阻塞，能深入其境亲自做"采风"工作的人简直寥如晨星，尤其是涉及贵州、云南的可以说是实在太少了。⑪因此，刘兆吉所编《西南采风录》在民俗学、语言学、社会学研究方面的学术价值是毋庸置疑的。而闻一多不仅看到了这一点，他从刘兆吉采集的这些民间歌谣中还看到了抗日的关键。

闻一多在《西南采风录》的序文中写到，读过这些歌谣后产生了一个极大的感想，不能不尽先提出请国人注意：

在都市街道上，一群群乡下人从你眼角滑过，你的印象是愚鲁，迟钝，畏缩。你万想不到他们每颗心里都自有一段骄傲。

终 章

从抗日战争时期的中国知识分子看抗日意识

闻一多

(《闻一多全集》第 1 卷,湖北人民出版社,1994 年)

在引用了几首民谣之后,他接着写道:

你说这是原始,是野蛮。对了,如今我们需要的正是它。我们文明得太久了,如今人家(日军)逼得我们没有路走,我们该拿出人性中最后最神圣的一张牌来,让我们那在人性的幽暗角落里蛰伏了数千年的兽性跳出来反噬他一口。打仗本不是一种文明姿态,当不起什么"正义感""自尊心""为国家争人格"一类的奉承。干脆的是人家要我们的命,我们是豁出去了,是困兽犹斗。如今是千载一时的机会,给我们试验自己血中是否还有着那只狰狞的动物,如果没有,只好自认是个精神上"天阉"的民族,休想在这地面上混下去了。

之后,闻一多引用歌谣中的词汇,以"在后方几万万以'睡到半夜钢刀响'为乐的'庄家老粗汉',已经保证了我们不是'天阉'！如果我们是一个乐观主义者，我的根据就只这一点……四千年的文化，没有把我们都变成'白脸斯文人'！"来结尾——另外闻一多在这次旅途中一直履行其"赶不走日本人，我就不剃胡子"的誓言，就这样直到1945年8月11日。这一日，他从报纸上得知日本无条件投降的消息后，高兴地跳起来，马上到街上的小理发店把蓄了八年的胡须剃掉。

对于长期在都市生活的学生来说，学校迁至西南边陲的云南，简直意味着"深入不毛"。[12] 可是，克服艰辛徒步如此长距离之后也收获颇多。[13] 湘黔滇旅行团的徒步旅行并非是"退却"，实际上正如西南联大校歌里所唱的那样，是一次"万里长征"。

胡适也曾说，当时长沙临大师生历时六十八日徒步三千余里这一悲壮之举引发他的感动和注意。刚刚担任驻美大使的他曾把这些照片放大，散布全美。[14] 旅行团的这一壮举产生了深刻影响，使得许多人为之感动并引起社会关注。

第二节　国立西南联合大学简史

1938年4月2日，当湘黔滇旅行团还逗留贵阳的时候，国立长沙临时大学奉教育部令改称国立西南联合大学。5月10日，联大英文名称定为"The National South-West Associated University"。6月8日，国民政府颁发的铜制"西南联合大学关防"到校，7月1日正式启用。不久，又制定了三色三角形的联大校徽。10月6日，成立校歌校训制定委员会，11月26日的联大常务委员会会议上确

终 章
从抗日战争时期的中国知识分子看抗日意识

定校训为"刚毅坚卓"。1939年7月11日校歌确定。

长沙临大迁往昆明成立西南联合大学时,最大的困难是校舍问题。战争意外地给昆明带来了"繁荣",许多机关、学校迁到了这里,房舍十分紧张。联大在昆明社会各界大力支持下,学校各院系初步安顿下来。最初,工学院借用拓东路迤西会馆、全蜀会馆和江西会馆上课,学生以盐仓货栈为宿舍。理学院租用西门外的昆华农校、昆华中学、昆华师范上课。联大总办公处设在城内崇仁街46号(后迁至才盛巷2号,又迁龙翔街)。之所以可以租借昆华中学,是因日军飞机轰炸后方各大中城市,昆明部分中学疏散外县。[15]文学院和法商学院因在昆校舍无着,只好在昆明往南三百余公里的蒙自筹设分校,借蒙自东门外原法国银行、法国领事馆及希腊人哥胪士洋行旧址为校舍,不过仅在此进行了一学期的授课。

昆华中学

(摄于1991年3月 现昆明一中旧校舍)

寻路：走向西南联大

由于校舍的筹备等需要时间，加之旅行团4月28日才到达昆明，因此联大未能正常开学。4月30日学校改订1937学年第二学期校历：5月2日至4日学生注册，4日第二学期始业。这一学期，院系设置与长沙临大时期相同，仍然是4院17系。学生总数按6月18日当时的统计共982人〔男生866人、女生116人〕。⑯

1938年8月，蒙自分校撤销，文学院、法商学院回到昆明，租借昆华工校为校舍。同年7月，学校在昆明大西门外的三分寺附近购得124亩（82 671平方米）土地，起建新校舍，于1939年夏开始使用。关于该地块，有说原本为荒地，也有说本是一片坟地，校舍是在坟墓迁走之后盖起来的。⑰新校舍朴实合用，包括100余间土墙泥地草顶〔部分铁皮顶〕的平房及比较高大一点的图书馆和食堂。校园分南北两区，南区为理学院，各系办公室、教室及实验室均在其中，北区为文学院、法商学院、图书馆。后学校各办事机构迁来，这样，除工学院仍在拓东路三会馆旧址外，全校集中于昆明西郊。

闻一多在4月30日致妻子的信中写道："今天报载我们又打了胜仗，收复了郯城。武汉击落敌机廿一架，尤令人兴奋。这样下去，我们回北平的日子或许真不远了。"⑱可是，事与愿违，西南联大自1938年5月4日在昆明正式开课，至1946年5月4日举行最后一次毕业典礼，整整八年，如果加上长沙临大时期，历时几乎九年。

1940年9月，日军进驻越南北部，昆明开始接二连三地受到日本军机的轰炸。关于联大的受害情况，"大事记"中有如下记载：

终 章

从抗日战争时期的中国知识分子看抗日意识

学校大门

(《西南联合大学纪念册》22 页)

新校舍南区全景

(《西南联合大学纪念册》22 页)

西南联合大学教室旧址

(今云南师范大学校内，摄于1991年3月)

茅草顶的教室

(《南开大学校史》)

1938年9月28日　敌机九架犯滇，首次轰炸昆明，学校租借的教职员宿舍昆华师范学校被炸，死军事教官一人及其幼子。

1940年10月13日　本大学师范学院〔在昆华中学旧址〕及清华大学办事处被炸，办事处死工友一人。

1941年1月3日　本大学又遭敌机惨炸。

另外，《北京大学校史》和《南开大学校史》中记载，1940年昆明连遭日机轰炸，联大的图书馆、生物实验室、宿舍都有一部

新校舍被日军飞机轰炸后的情景

(《西南联合大学纪念册》25 页)

终 章
⟨从抗日战争时期的中国知识分子看抗日意识⟩

分被毁。蒋梦麟也记述,联大的校舍约有三分之一被炸毁,联大的校址在城外,而且附近根本没有军事目标,敌机的轰炸行为显然是故意的。[19]

于是联大在四川叙永设立分校,叙永分校下设理、工、文法三个学院,并附设一个先修班[20],除师范学院新生外,1940年录取的其余各院新生一千余人全部在这里上课。1941年1月2日新生注册,1月6日在破旧庙宇中开始上课。不过后来昆明空袭减少,同年8月底,分校结束,迁回昆明。

下面,对西南联大的院系设置以及师生作一些简单的叙述。

院系方面,1938年7月国民政府基于政治及军事上的需要,指令联大工学院增设航空工程学系。8月,联大遵照《师范学院规程》筹设师范学院,这是为当地培养中等学校师资的一项措施。当时与云南当局商定,联大北归时不带走师范学院。同年12月12日联大师范学院正式开学,全院学生246人。师范学院院长由南开大学秘书长黄子坚担任。1940年11月成立西南联大师范学院附属学校〔包括中学、小学两部分。翌年改名为国立西南联合大学附属学校〕。1941年8月,师范学院又设立专修科。

文学院的哲学心理教育学系因教育组划归师范学院成为教育学系,因此改为哲学心理学系。另外1939年2月,工学院电机工程学系附设电讯专修科,同年9月增设先修班。1940年文学院历史社会学系分为历史学系和社会学系,次年社会学系划归法商学院。至此,西南联大成为由5个学院、26个系、2个专修科、1个先修班组成的综合性大学,[21]也是当时中国规模最大的高等学校。

寻路：走向西南联大

教师方面，清华、北大、南开三校的大部分教师都来到了昆明，重新集结于西南联大。其中清华大学的教师最多，有200余人。抗战初期，清华大学原有教师除一部分离职〔约70余人〕外，大部分随校南迁。[22]不过离职的人并非待在北平，如政治学系教授萧公权认为仅迁至长沙依然危险，因此去了四川大学，算学系教授熊庆来出任云南大学校长，已经来到昆明。

全校教师一般在350人左右，约占当时全国国立大学教师总数的9%—10%，集中了中国社会科学和自然科学界一大批精英。大部分教师的聘任采用分别由三校自行聘任，然后再由联大加聘的形式。教师数量逐年有所增加，1942年全校教师358人，1943年增加到421人。教师分为教授、副教授、讲师、教员、助教等级别，其中教授〔含副教授〕的数量很大，1938年135人，1939年177人，1943年186人，1944年162人，1945年210人。在教师总数中，教授人数1938年占60%，1943年占44%。联大的教授大都曾留学外国，如1943年186位教授中有90%在国外受过高等教育，其中仅在美国获得博士学位的就有100多人。同时教授队伍年龄结构比较年轻，以1943年为例，在186名教授中40岁至50岁的78人，30岁至39岁的71人，28岁至30岁的5人。五个院长都40多岁，法商学院院长陈序经最年轻，只有40岁，文学院院长冯友兰年龄最大，也仅48岁。各系系主任也多40多岁，30多岁的系主任也有5人。再者，助教的数量也较多，有211人，与教授之比为1.13∶1，他们很多人是联大研究院毕业的硕士研究生。另外，1943年职工人数为486人，其中职员212人，工警274人。[23]

学生方面，刚由长沙临大迁来时，西南联大的学生人数只有

终 章
从抗日战争时期的中国知识分子看抗日意识

982人，此后骤增，1938年度增至1950人，1939年度达到3019人，约占全国大学生人数的10%。此后学生人数大体保持在2500人至3000人之间，1946年也在2500人左右。这些学生包含了本科生、先修班生、借读生、试读生、旁听生等，是一个多种层次、多种成分的群体。从学籍来说，原来三校学生战时入联大就读的仍保留清华、北大、南开学籍，以后联大统一招收的学生为联大籍，学号分别标明T〔清华〕、P〔北大〕、N〔南开〕、A〔联大〕。

八年中，先后在西南联大学习过的学生有8000余人，取得文凭和毕业资格的有2522人，占31%（本科毕业生2045人）。其中联大学籍毕业生1215人，清华723人，北大372人，南开212人。《南开大学校史》记载，60%多的联大学生未能毕业，有着多种原因，学习成绩不好而退学的只占一小部分，大多则因经济困难、就业、从军等原因离开学校。然而《北京大学校史》却记载，因成绩不及格被淘汰的比例也是很大的，联大实行严格的学分制，规定全学年未取得二分之一以上学分者，即令退学。㉔

未毕业而从军者834人。先是1941年大批联大学生报名投考译训班，为来华美军做翻译工作，1942年又有不少学生参加远征军㉕到缅甸，有记载显示这两年间联大学生有20%参加了远征军或成为美军的翻译。1943年，盟军进入反攻阶段，前线需要大批翻译人员，联大教授会还通过决议，征调应届毕业生中全体男同学入伍。他们舍弃即将完成的学业，投笔从戎，有的到达滇西怒江前线，有的去印度、缅甸，还有的去美国接受登陆作战和跳伞的训练。三年来征调及志愿充任译员的共400余人，加入青年远征军及空军的200余人。而且，1944年年底在知识青年从军运动号召

寻路：走向西南联大

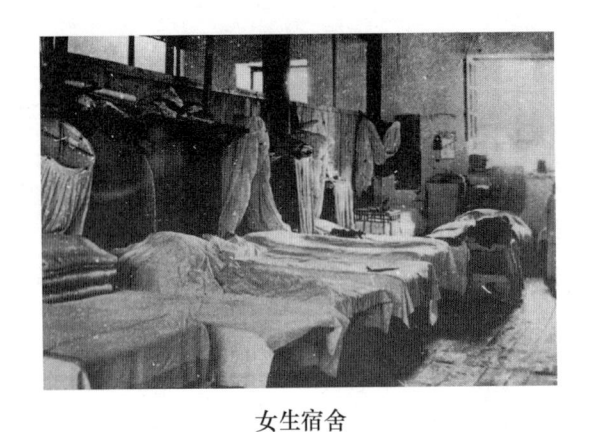

女生宿舍

（原昆华中学南院的西南联大女生宿舍，1间屋内住50余人）

（《西南联合大学纪念册》24页）

学生宿舍

（《西南联合大学纪念册》23页）

终 章
从抗日战争时期的中国知识分子看抗日意识

国立西南联合大学纪念碑

(碑文由冯友兰撰文、闻一多篆额、罗庸书丹,摄于 1991 年 3 月)

下,又有 100 余人参加了青年军。联大从军学生绝大多数是男同学,也有少数女同学,其中就包括梅贻琦的儿子和女儿。战后三校复员前,特地在新校址(今云南师范大学)建立国立西南联合大学纪念碑,碑的阴面刻着全校参军学生的名单——5 名牺牲学生的名字被列在最前面。

寻路：走向西南联大

第三节　结尾语

"长征"，原本有远行、到远方征讨之义，在今天的中国，特指自 1934 年 10 月开始的中国工农红军的二万五千里长征。可是，清华、北大、南开三校从北平、天津经长沙再到昆明的避难之行，即狭义上，长沙临大湘黔滇旅行团从长沙至昆明的徒步旅行，正如西南联大校歌中所唱的"万里长征"那样，在当时也被视为"长征"，因此是"又一次长征"。吴征镒就将这次旅途中所作记录的标题取为"长征日记"。

以 1937 年 7 月 7 日的卢沟桥事变为发端的全面抗日战争与预期相反，一天天地扩大。日军于 7 月末占领北平、天津，11 月占领上海，12 月 13 日占领首都南京。此后，更是于 1938 年 5 月 19 日占领徐州，10 月 21 日占领广东，10 月 27 日占领武汉三镇。在全面抗战的最初两年间，日军占领了中国大部分的主要城市及成为经济动脉的主要河流网，掌握了 90% 的铁路网，中国所有海岸线都在其严密的封锁控制之下。至 1938 年年末，甚至有观点认为"对日本来说，中国已经基本没有具有征服价值的地方了"[26]。

然而，在南京沦陷后，国民政府将位于汉口的主要机关进一步迁至内陆的四川重庆，准备长期抗战。

高等院校由于大部分位于日本侵华路线的沿线地区，因此受害情况也相当严重。全面抗日战争爆发前，中国共有 108 所高等院校，到 1939 年 12 月末，其中 91 所被日军占据或遭到破坏，14 所

终　章

从抗日战争时期的中国知识分子看抗日意识

被完全破坏。最终，108 所高等院校中的 25 所被迫停办，83 所以包括迁至内陆在内的某种形式继续维持。[27] 八年全面抗日战争中，仅四川省就有超过 40 所高等院校内迁至此。[28] 当时不仅长沙临大，其他高等院校也进行了各式各样的"长征"。

　　清华、北大、南开三校也基于政府有关高等院校分散到后方内陆诸城市的方针，在北平、天津被占领后不久便联合在湖南省成立长沙临大，南京沦陷后决定再次内迁云南昆明，并组织了湘黔滇旅行团。该团历时 68 日，完成了艰险难行的约 1700 公里行程。

　　日方有关中国将很快屈服的判断被轻易地推翻了。基于对战争将扩大和长期化的判断，临时大学这样的名字也被认为已经不再适用，于是迁至昆明的长沙临大改称国立西南联合大学，此后一直存在了八年。由于从北平、天津迁至长沙，而后再迁交通闭塞的偏远之地昆明，因此很多书籍丢失，在恶劣的教育条件下，物资缺乏、物价上涨，生活也变得越来越艰难。可是就在这所中国西南部腹地的大学里，云集了如此之多文学、历史学、社会学、政治学等各个领域的大师，孕育了包括中国第一个诺贝尔奖获得者在内的众多优秀学子，"内树学术自由之规模，外来民主堡垒之称号"。西南联大的八年，也是被誉为能代表近代中国知识分子集体的清华、北大、南开三校齐聚一堂的最后一段时期。

　　西南联大沿着校歌歌词中所传唱的历程，最终实现了表达他们决心与愿望的最后一句"待驱除仇寇，复神京，还燕碣"。然而，抗日战争取得胜利后，他们之中有人批判蒋介石的国民党政府，有人在后来前往台湾、美国等地。闻一多 1946 年 7 月在昆明

寻路：走向西南联大

被暗杀，而梅贻琦、蒋梦麟、叶公超、柳无忌、刘崇鋐、吴大猷、浦薛凤等人则出走海外。

　　作为西南联大最高行政领导机构常务委员会的主席，主持联大日常校务的清华大学校长梅贻琦于1949年6月出国，先后到了巴黎和纽约，1955年赴中国台湾，之后历任台湾教育主管部门负责人、台湾"清华大学"校长等职，1962年在台湾逝世。据说1948年8月，事先得知国民党政府要逮捕清华大学"进步学生"的梅贻琦，立即召集校务委员会，最后决定让有关同学十余人立即离校躲避，使他们及时受到了保护。㉙

　　西南联大的教授和学生们战后的足迹丰富多彩、各不相同。例如据1990年的统计，清华大学第十一级即1939年毕业生的156人中，居住在中国台湾的约20人，在美国、中国香港的26人。㉚虽然大部分人留在了中国大陆，但出境的人数也可以说达到了相当的数量。不过，在战争背景下的"抗日"这一点上，正如本书中详细探讨的那样，他们经历了相同的大苦难，走过了相同的"长征"之路。

终 章
从抗日战争时期的中国知识分子看抗日意识

① 《北京大学校史》329页,《南开大学校史》243页,《云南师范大学校史稿》12、13页。

② 闻一多于4月30日致妻子的书信,《闻一多书信选集》284页。

③ 《西南采风录》"弁言"1页。

④ 浦薛凤,前述文献,81页。蔡孝敏《步行杂忆》18页。蔡孝敏在该文中还写到,某晚在贵州境内,他所属的第二大队第一分队住庙中后殿,除四壁供有泥塑木雕之神鬼像外,殿角尚停放灵柩一具,全队整晚难以入睡,平素彼此谈笑风生,该夕均三缄其口。

⑤ 《闻一多书信选集》284、285页。

⑥ 闻一多于4月30日致妻子的书信,《闻一多书信选集》285、286页。

⑦ 闻一多于5月28日致顾毓琇的书信,顾一樵《怀故友闻一多先生》,535页。参见本书95页及第三章注㊻。另外,该文中摘录的闻一多书信的内容如下:"汉皋别后,瞬将半载。尚忆当时与兄谈及临大迁移事,曾主张徒步入滇。不谓当时所坐而言者,今竟能立而行之也。此次经验颇为丰富,他日再与故人聚首,定可再作竟夕谈矣。"

⑧ 浦薛凤《忆清华级友闻一多》,《传记文学》第39卷第1期(1981年7月)收录,65页。

⑨ 《西南采风录》"弁言"(1946年2月25日)。参见本书216页及第六章注⑱。

⑩ 闻一多于4月30日致妻子的书信,《闻一多书信选集》285页。参见本书第六章注㉒。

⑪ 《西南采风录》第2页。

⑫ 傅幼侠《负笈——湘、黔、滇》111页。

⑬ 蔡孝敏在《步行杂忆》22页中写到,回首前尘,团员皆认为不虚此行。与在学校听老师讲课不同,亲身走入社会,用"灵魂之窗"实际去观察,比看死书深刻,且应有尽有,取之不尽,用之不竭。古人谓:"行万里路,胜读万卷书",旨哉斯言。

⑭ "梅贻琦、黄子坚、胡适在联大校庆九周年纪念会上的讲话摘要",《益世报》1946年11月2日原载,《笳吹弦诵在春城》收录,514页。闻黎明《闻一多传》164页。《南开大学校史》244页。

原为北京大学文学院院长的胡适(1891—1962),已决定出任西南联大文学院院长,但未能赴任。其于1937年9月出国,受蒋介石之命,以非官方身份赴欧美,

寻路：走向西南联大

开展争取欧美对抗日战争的同情和援助的活动。1938 年 9 月 17 日，国民政府宣布任命胡适为驻美大使，同年 10 月 27 日正式开始外交活动。(依据耿云志《胡适年谱》[四川人民出版社，1989 年] 等。)

⑮《云南师范大学校史稿》14 页。

⑯《国立西南联合大学校刊》第一期，《南开大学校史》252 页。参见本书 130 页及第四章注㉑。

⑰《云南师范大学校史稿》14 页。《南开大学校史》284 页。

⑱《闻一多书信选集》286 页。

⑲ 蒋梦麟，前述文献，234 页。

《北京大学校史》343 页中更是记载 1941 年以后，昆明屡遭敌机轰炸，同年 8、9 月间，联大遭到敌机轰炸，校舍受到损坏。

另外，查良铮的前述文献第 2 页记载，1938 年 9 月 28 日昆华师范学校遭到轰炸，由天津来的同学 2 人死亡。

⑳ 先修班是根据 1939 年 9 月教育部颁发的《大学先修班办法要点》在大学中设置的。凡日军占领区来内地，未及考入专科以上学校者均可入学。先修班修习期限一年，免收学宿费，期满后成绩优良者可入大学一年级。

㉑ 西南联大的院系设置如下：

文学院
中国文学系、外国语文学系、哲学心理学系、历史学系。

理学院
算学系、物理学系、化学系、生物学系、地质地理气象学系。

法商学院
法律学系、政治学系、经济学系、社会学系、商学系。

工学院
土木工程学系、机械工程学系、电机工程学系、航空工程学系、化学工程学系、电讯专修科。

师范学院
国文学系、英语学系、史地学系、公民训育系、数学系、理化学系、教育学系、师范专修科、师范附设学校（附属小学、附属中学）、先修班。

㉒《清华大学校史稿》292、312 页。

㉓《南开大学校史》268、269 页。《北京大学校史》334、335 页。

㉔《南开大学校史》274、276 页。《北京大学校史》335、395、396 页。

㉕ 远征军指抗日战争中，被派遣到缅甸参加对日作战的中国军队。也称中国远征军、中国援缅远征军。

㉖ Peter Calvocoressi, Guy Wint & John Pritchard, *Total War, the Causes and*

终　章
从抗日战争时期的中国知识分子看抗日意识

Courses of the Second World War（New York, Revised second edition, 1989），p. 811. 日译本『トータル・ウオー』（八木勇訳，河出書房新社，1991）下卷 193 页。

㉗　参见本书 16 页。

㉘　依据《抗战时期内迁西南的高等院校》"附录" 352—356 页。该附录名为"抗日战争时期内迁西南的高等院校情况一览表"，然而说明中指出由于内迁大专院校数量过大，且分布面广，因此一时难以将所有材料搜集起来，此表所列仅仅是内迁大专院校的一部分。作为参考，将该一览表附于本书最后。

㉙　施嘉炀《怀念梅贻琦》，《笳吹弦诵情弥切》收录，15、16 页。黄延复《梅贻琦》，清华大学校史研究室《清华人物史》第三辑（清华大学出版社，1995 年）收录，22—24 页。

㉚　《林徽祁先生事略》91 页。"毕业三十年之大学部第十一级全级名录"，《清华校友通讯》新 28 期（1969 年 4 月）收录，33 页。

附 录

抗日战争时期内迁西南的高等院校情况一览表

院校名称	何时由何地内迁	内迁何地	备注
山东大学	1937年10月，青岛	四川 万县	1946年返青岛复校。
山东医学专科学校	1938年，青岛	四川 万县	1946年返青岛复校。
上海法商学院	1943年，上海	四川 万县	后改名辅成学院。
北平师范大学劳作科	北平	四川 万县	
江苏省立教育学院	无锡	四川 璧山县	后并入重庆国立社会教育学院，1945年返无锡复校。
北平铁道管理学院	1945年1月，北平	四川 璧山县	
杭州艺术专科学校	杭州	四川 璧山县	两校迁至璧山后合并更名正则艺术专科学校，抗战胜利后分别迁返。
北平艺术专科学校	北平	四川 璧山县	
武汉大学	1938年4月，武昌	四川 乐山	1946年迁返。

续表

院校名称	何时由何地内迁	内迁何地	备注
江苏蚕丝专科学校		四川 乐山	
东北大学	沈阳	四川 三台	抗战胜利后迁返,另外部分迁川北大学。
山西工农专科学校	1939年,太谷	四川 金堂	迁川后更名铭贤学院,抗战胜利后迁返山西。
东亚体育专科学校	上海	四川 泸县	
国立戏剧专科学校	1939年4月,南京	四川 江安	
国立女子师范学校		四川 江津	该校为内迁师生新办。
乡村建设学院		四川 巴县	该校为内迁师生新办。
私立朝阳学院	1941年夏,北平	四川 兴隆场	1938年迁成都,后迁重庆。
国立社会教育学院	南京	四川 璧山县	由广西辗转迁来的江苏省立教育学院与其合并。
蒙藏学院	1938年6月,南京	四川 巴县 界石	后改为国立边疆学校。
国立中央大学	1938年10月,南京	重庆 沙坪坝	
中央政治学校	1937年7月,南京	重庆 南温泉	
国立交通大学	1941年春,上海	重庆 九龙坡	

附 录

抗日战争时期内迁西南的高等院校情况一览表

续表

院校名称	何时由何地内迁	内迁何地	备注
私立复旦大学	1938年春，上海	重庆 北碚	后改为国立。
私立武昌中华大学	1938年秋，武昌	重庆 南岸	
国立上海医学院	1940年夏，上海	重庆 歌乐山	
江苏省立医政学院	1939年1月，镇江	重庆 北碚	该院与私立南通学院医科在湖南衡阳合并为国立江苏医学院。
国立音乐学院	1939年冬，上海	重庆 沙坪坝	后改为国立音乐学院分院。
国立中央工业专科学校	1938年2月，南京	重庆 沙坪坝	
私立东吴大学法学院	1938年2月，上海	重庆	三校先后合并，改名东吴、沪江、之江法商工学院，为夜大学。
私立沪江大学	1942年2月，上海	重庆	
私立之江文理学院	1944年夏，杭州	重庆	
国立药学专科学校	1938年2月，南京	重庆 歌乐山	
私立武昌艺术专科学校	1939年春，武昌	四川 江津	
中央国立体育专科学校	1940年冬，南京	重庆 北碚	先迁昆明，后迁重庆。

寻路：走向西南联大

续表

院校名称	何时由何地内迁	内迁何地	备注
私立武昌文华图书馆学专科学校	1938年7月，武昌	重庆 江北	
吴淞商船学校	1939年夏，上海	重庆 江北溉澜溪	
私立两江女子体育专科学校	1938年8月，上海	重庆 南岸	
金陵大学	1937年11月，南京	成都 华西坝	
金陵女子文理学院	1937年从南京迁武昌1938年，武昌	成都 华西坝	
中央大学医学院	1937年，南京	成都 华西坝	
齐鲁大学	1937年，济南	成都 华西坝	
燕京大学	1942年，北平	成都 陕西街	
光华大学成都分校	1938年，上海	成都 西郊	
私立华中大学	1938年，武汉	云南 大理	
国立中山大学	1938年，广州	云南 澄江	
国立西南联合大学	1938年4月，北平、天津	昆明	北大、清华、南开三所大学联合，由"临大"更名"联大"。
国立同济大学	1937年，上海	先迁昆明又转四川	1940年由昆明转迁四川南溪，1946年返上海复校。

附 录

抗日战争时期内迁西南的高等院校情况一览表

续表

院校名称	何时由何地内迁	内迁何地	备注
私立中法大学	北平	昆明	
国立艺专	1937年，北平、杭州	昆明	此校由北平艺专和杭州艺专在湖南合并建立，先迁昆明，后迁重庆。
唐山工程学院	1937年7月，唐山	贵州平越	此校1938年先迁湖南湘潭后迁湖南湘乡，又迁贵州平越〔今福泉县〕，最后迁四川璧山县。
浙江大学	1939年冬，杭州	贵州遵义和湄潭	
之江大学工学院	1938年1月，杭州	先迁上海，又迁邵武，再迁贵州，1944年迁重庆。	
广西大学	1944年秋，桂林	贵州榕江	
桂林师范学院	1944年秋，桂林	贵州平越	此院先迁广西三江县，又迁贵州榕江县。
大夏大学	1937年冬，上海	先迁贵阳，后迁赤水	
湘雅医学院	1938年6月，长沙	贵阳	

后　记

　　本书是以 1990 年 9 月至 1996 年 3 月在同志社大学外国文学会纪要《同志社外国文学研究》上连载 11 回（第 57、58、60、61、64、66、67、70、71、72 与 73 合刊、74 号）的论文《又一次长征——大后方之旅》为基础，经过大幅修改润色，最终汇编而成的。

　　十余年前，笔者从工作单位同志社大学获得在外研究的机会，曾在北京大学生活学习。在那里的一年间，随着北京大学寂静的校园中四季变换、万物更迭，笔者的中心课题——一直以来从事的对近代诗人闻一多的研究得以更加深入。同时，也产生了对他及同时代知识分子的内心世界和生活态度的兴趣。

　　在北京生活期间，笔者也曾多次前往闻一多的母校清华大学。清华大学坐落于北京西郊，是在清代庭院熙春园的旧址上扩建的。自北京大学向东，骑自行车也就数分钟的距离。进入宽广的大学校园，一边听着学生的吵嚷声，一边沿着整齐的林荫道向前走，可以看到建于草坪周围的欧式风格的清华学堂旧校舍。

寻路：走向西南联大

清华学堂设立于 1911 年 4 月 29 日。当时，按照美国的教育模式首先设立了高等科和中等科。后来又设立大学部，校名也从清华学校变更为"国立清华大学"，改变了留美预备学校的风格，发展成为名副其实的"大学"。战后，清华大学的文、理、法、农四学院分别被并入北京大学、中国人民大学、中国农业大学等校。工学院中的石油、航空、地质等学科也被剥离，各自向单科大学发展，建筑、土木、机械、电机等学科得以保留并进行重组，以中国首屈一指的理工科重点大学的定位发展至今。

笔者格外喜爱这个能让人追忆清华学堂设立往事的校园一角，伫立在那里，脑海里浮现出众多年轻时曾在这所学校求学，后赴美留学，学成归国后，与中国的进步和学术发展息息相关的中国知识分子。此外，读清华大学的校史时，知道了距今约六十年前，可以说并不算很遥远的抗日战争时期，"一万余人"的日军士兵曾驻扎在这所大学的校舍里。

笔者在学生时代，从手头的一部《闻一多全集》的"年谱"中，读到过一句"（1938 年）2 月 19 日，临大学生二百多人组织的湘黔滇旅行团准备出发。（闻一多）先生也参加了这个步行入滇的团体"。之后因学习研究关系多次阅读，可是对于"在战火中步行前往昆明"到底是怎样的情况，始终无法在脑海里将其具体描绘。

后来发现关于前往大后方这段旅程的记录，留有吴征镒的《长征日记——由长沙到昆明》，虽说只有 10 页记录，还有些地方因印刷不清连辨认都困难，但是已经能够对那次旅程有大致的了解，这也成为撰写本书的直接起因。不久，吴征镒的《长征日记》

后　记

被收录于西南联大的回忆文集或清华大学的史料集中，没有了无法辨认的地方。就这样，虽然当初在撰写纪要论文的时候资料还十分稀少，但是就在资料收集工作不断推进的同时，新出版的资料也在不断增加。因此连载结束后，笔者对所有论文作了一次重新审视，进行了大幅的修改和润色。

撰写本书的时候，得到了很多人的指导和帮助。恩师清水茂先生（京都大学名誉教授）有机会就给我讲解联大出身的老教授在战争中的逸事。另外，本书中引用到古体汉字时，有不确定的地方也向恩师请教。这类问题也经常向同志社大学的同事小池一郎教授请教并得到其耐心指导。自在北京做研究以来，还得到了北京大学刘烜教授、中央美术学院闻立鹏教授等多位中国学者的指导和帮助。本书中使用的照片，除了从出版物中引录的以外，均为长期从事实地调查的东京外国语大学亚非语言文化研究所的中岛干起博士所摄。中岛先生不仅提供了这些摄于北京、湖南、昆明的珍贵照片，还在中国的少数民族知识和语言方面给予了指导。没有这些好心人的指导和帮助，本书的出版是不可能的，在此向他们表示深深的谢意。

另外，在进行本研究的时候，得到了1991年度同志社大学学术奖励研究费"研究课题：近代中国跨文化接触研究——围绕闻一多及其同时代的文学者"以及1993年度（后期）松下国际财团"研究课题：关于战时的中国最高学府——西南联合大学（1938—1946年）历史意义的实证研究"的资助，在此进行说明并表示感谢。

本书出版的时候，获得了平成八年度文部省科学研究费补助金"研究成果公开促进费"。本书的面世,得到了研文出版的山本实先生的大力支持和鼎力相助,在此衷心地表示感谢。

楠原俊代
1996年11月12日

译后记

楠原俊代（くすはらとしよ）教授曾任职于日本同志社大学全球地域文化学院，长期从事以鲁迅、闻一多、韦君宜等文学家为代表的中国近代知识分子研究。《抗日战争时期中国知识分子研究——又一次长征：通往国立西南联合大学之路》一书是其耗费十余年之功的成果，是极少数由国外学者撰写的研究西南联合大学的著作之一。书中作者以客观、严谨的态度，通过对大量历史碎片的整理分析，尽可能地为我们还原了清华、北大、南开三校南迁至西南联合大学成立的坎坷之路，可以说是西南联合大学成立的前史，为了解和研究这段历史提供了不可多得的参考之资。

然而由于地域、语言等原因，该书虽然出版甚久，但在国内却鲜为人知，仅有闻黎明先生等少数学者曾引用过该书，实属遗憾。作为云南师范大学的一名教师，有幸经程麻、龙美光老师引荐，得到楠原俊代教授的授权，翻译出版该书，深感荣幸也倍感压力，谨希望能够借此为传承校史文化、弘扬联大精神尽一点绵薄之力。

寻路：走向西南联大

翻开此书，参考文献的数量之巨令人印象深刻，既有联大师生所著的回忆录，也有组成联大之三校的校史资料、校友会刊物，还有日本、美国出版的有关中国研究的书籍，这也带来了翻译中的一大难题——文献的"中文回译"问题。思果在《翻译新究》中谈到回译的确是件难事，"本来是外文，不管多难，都可以译成中文；独有原来是中文的外文译文，任何高手也译不回来；意思可以译对，却不是原文"。因此，本书在翻译过程中，对于涉及中文回译的内容，尽量找到原版参考文献进行对照。好在当下信息技术发达，通过图书馆查找、文献传递等多种途径，一百余本中文参考书籍中百分之九十都已找到。在此要特别鸣谢清华大学校友会的解红岩等老师，承蒙他们不辞辛劳将所需《清华校友通讯》的内容一一拍照进行传递。然而找来原版引文直接照搬虽说便捷，却也容易忽略作者在写作时做的摘引、归纳、补充等语言处理及对引文真实含义的理解偏差。为使中国读者既能够读到原汁原味的引文，又不减损作者原文的风格，翻译时在两者之间进行了一定的平衡：原文与引文意思完全一致的按照引文译出；作者明显作了归纳、加工的按照原文译出；作者对引文作了补充的则以加括号的方式体现。当然作此处理是否妥当依然值得商榷。另外，本人为理工科专业出身，加之初事翻译，译文虽尽力做到"信"，但"达"和"雅"却是万万不敢言及的。译本中若有翻译不妥之处，尚祈广大读者与诸位学者不吝指正。

本书虽说不失为一本闲暇之余可在床前案头阅读的好书，但本质上依然是一本学术性著作，因此翻译时尽量忠实于原文，并未作较大的调整。由于中日思维习惯的不同，部分日式的行文逻

译后记

辑可能会让中国读者稍感突兀或不适应，遇此种情况，读者可以向前"回读"以厘清文脉。本书的章后注不仅仅是列出参考文献，有的是对历史问题进行学术性探讨，有的是进行补充说明，建议感兴趣的读者对照阅读章后注。注释中的参考文献格式并未按照中文规范，而是遵从了原文的风格，以书名号标注书籍或刊物名称，以双引号标注书中的文章名；对于已出现过的参考文献名称则使用"前述文献"这一简称，以上问题特请读者知晓。

  本书的面世，离不开程麻、尤伟琼、龙美光、谢锋四位老师的辛勤付出。如果没有他们的积极策划，翻译工作根本无从谈起，并且在参考文献的查找、译文的修改润色方面也得到了几位老师的大力支持，特在此说明并向他们表示衷心感谢。

卢连涛

2023 年 9 月于云南师范大学